지방정치와 엘리트, 시민사회단체, 주민참여: 순천시·나주시

지방정치와 엘리트, 시민사회단체, 주민참여: 순천시·나주시

지충남

한국학술정보㈜

머리말

2006년 현재, 풀뿌리 민주주의로 지칭되고 있는 지방자치가 11년째 진행 중이다. 올해 5월 지방선거를 통해 선출된 제4기 민선자치단체장과 의원들이 지방정치 영역에서 지방정부와 주민을 위해 헌신하고 있다.

지방자치의 실시는 지역 활력사업의 활성화, 자치단체의 경영세수 사업 등의 지역성장 도모, 해바라기 행정에서 주민을 바라보는 행정으로 전환, 관리행정에서 경영행정으로 변화, 지역 주민의 복지 향상, 주민의 정치행정 참여 폭 확대, 자치역량의 강화 등 지방정치 영역에서 상당한 성과를 가져왔다.

그러나 지방자치의 역사와 경험이 일천한 관계로 지방자치의 무용론까지도 등장하고 있다. 단체장과 지방의원의 부패 연루 및 인사 청탁 비리를 포함한 도덕적 해이, 무리한 사업 추진으로 인한 예산 낭비, 선심성·과시성 사업의 졸속 추진, 토착세력과의 결탁 등 많은 한계와 오류가 노출되고 있다.

지방정치에 영향을 줄 수 있는 행위자는 다양하지만, 엘리트, 시민사회단체, 주민은 지방정치의 핵심적인 행위자로 활동하고 있다. 이런 점에서 전남의 중소도시로 규정되는 순천과 나주지역에서 활동하고 있는 엘리트, 시민사회단체, 주민을 대상으로 설문조사를 실시하였다. 그 결과 이들의 구성적 특성, 지방정치에의 참여행태, 정치문화, 지역편견 의식을 분석하였다. 이 책은 총 4장으로 구성되어 있다.

제1장에서 지방정치 및 조사대상 지역을 개괄적으로 살펴보았다. 제2장은 엘리트에 대한 이론적 논의와 함께 지방정치의 엘리트 규명, 정책결정 엘리

트의 구성적 특징, 연결망 분석을 통한 정책집행 엘리트의 추출, 엘리트의 정치문화적 가치관, 지역편견 의식 등을 분석하였다. 시민사회단체를 다룬 제3장은 이론적 논의, 시민사회단체의 특성, 구조적 특징과 행태, 지역편견으로 되어 있다. 마지막으로 제4장은 주민참여에 관한 내용이다. 이론적 고찰과 함께 주민참여 의식과 참여행태에 대한 빈도, 변량, 상관 분석을 했으며, 주민참여의 강도, 정치문화, 지역편견을 살펴보았다.

본 연구의 자료는 순천과 나주시에 거주하고 있는 엘리트, 시민사회단체장, 주민을 대상으로 설문한 결과이며, 바쁜 일정과 업무의 어려움에도 불구하고 소중한 시간을 할애해 주셨던 모든 분들에게 지면을 빌려 감사의 말씀을 올립니다. 특히 학술진흥재단의 기초학문 연구과제인 관계로 충남대학교 정치외교학과 신진 교수, 행정학과 박대식 교수, 전남대학교 지병문, 임채완 교수, 서강정보대학 정대덕, 박홍식 교수 그리고 충남대학교 유병선, 양병창 박사, 아울러 사랑하는 우리 가족(래임, 유림, 수민, 수형) 등 여러분의 도움에 힘입어 책으로 출판이 가능하게 되었습니다. 감사의 말씀을 드립니다. 책의 출판에 직접적인 도움을 주신 한국학술정보 관계자 여러분에게 감사의 말씀을 전하고 싶습니다.

2006. 12.

전남대학 용봉골에서

지충남 씀

목 차

제 1 장 서 론

2006년 5·31 지방선거 이후, 7월부터 각 지역에서 제4기 지방정부가 출범하여 활동함으로써 또 다른 지방정치 시대가 막을 올렸다. 지방자치의 실시 이전, 우리의 정치는 중앙정치만 있었을 뿐, 지방정치는 형식적 명맥만 유지하고 있었다. 그러나 1995년 이후, 본격적인 지방자치의 실시는 지방정치를 새로운 정치공간으로 부상시켰다. 데이비드 이스턴(David Easton 1953, 129)은 정치를 "희소한 가치의 권위적인 배분과정"으로 정의하였다. 따라서 중앙정치가 국민 전체를 대상으로 자원의 권위적 분배과정이라면, 지방정치는 지역과 주민을 토대로 희소한 가치를 배분하는 권위적인 정책과정이다.

　중앙정치의 존재를 부인하거나 그 중요성을 무시하는 것은 아니지만, 지방정치는 주민의 생활에 대해 직·간접으로 영향을 미치고 있다. 따라서 자신들의 생활을 통제할 수 있는 능력을 지방주민이 스스로 확보하느냐 여부는 우리의 정치가 민주적인가 아닌가를 평가하는 기준이 된다. 이러한 이유만으로도, 지방정치의 중요성은 부각되고 있다.

　이달곤은 지방정치의 중요성을 다음과 같이 설명하고 있다(2004, 42). 첫째, 지방정치는 자치(self-government)를 그 핵심으로 한다. 자치는 자기의 자율적 규율이므로 진정한 의미의 민주주의를 실현하는 길이다. 지방의 공동사를 지역 주민들이 자율권을 가지고 결정한다는 의미에서 자치가 그 근간에 있다. 지방이라는 소규모 지역사회에서는 지역의 대소사를 민주적으로 토론하고 참여하여 결정하는 것이 가능하다는 것을 실험할 수 있기 때문이다. 공공부문 혹은 민간부문과 같은 대규모 조직에는 다양한 구성원의 차이를 고려하거나 서로 다른 필요에 대응하는 능력이 부족하게 된다. 또한 큰 조직은 일반시민의 지적인 이해수준을 능가하며 시민의 통제 밖에 있게 되므로 횡포를 부릴 가능성을 갖고 있다. 이런 점에서 지방정치는 그 범위와 규모의 한정성, 그리고 주민의 이해가 가능하고 통제가 미칠 수 있다.

둘째, 지방정치는 일상생활정치(daily life politics)이다. 토크빌과 같은 자유주의론자들은 지방정치를 중앙정치에 비하여 단순하고 이해하기 쉬우며, 지역사회의 정치적 의제를 다루기 때문에 지방정치가 중앙정치보다 직접 민주주의에 가깝고, 민주주의의 이상이 잘 구현될 수 있다고 보았다. 지역 주민의 의사가 상대적으로 잘 반영될 수 있는 지방정치를 민주주의의 훈련장으로 간주하여 왔으며 중앙정치는 이러한 지방정치를 바탕으로 이루어지는 보다 고차원적인 정치로 이해하였다. 중앙정치는 국가의 중대사를 취급하고 있다. 따라서 그 범위가 넓고 통제가 어렵다. 중앙정치에서 직접 참여란 한정적으로 이루어질 수밖에 없고, 입법자를 선출하는 대의제적 성향이 강하게 내포되어 있다. 다루는 문제들도 제도·정책인 경우가 많아 일반적이며 포괄적인 성격을 갖고 있다.

지방정치의 주요 행위자는 지방정부, 지역 언론, 주민, 시민사회단체, 정당, 기업과 시장(市場) 등으로 구분할 수 있으며, 엘리트로 분류되는 정치인과 관료, 시민사회단체, 주민 등은 지방정치에 있어 중요한 행위 주체이다(박종민 2000, 348). 특히 지방정치의 참여자로서 엘리트, 시민사회단체, 주민의 요구나 역할의 중요성은 민주화가 가속되면서 과거와는 다른 양상을 보이며 확대되고 있는 실정이다. 이러한 점을 고려하여 지방정치의 핵심 행위자인 엘리트, 시민사회단체, 주민참여를 살펴보겠다.

이 연구의 목적은 다음과 같다. 먼저 엘리트와 관련하여 첫째, 지역의 정책결정 과정에 영향력을 가지는 사람은 누구인가를 규명한다. 이를 위하여 정치·행정 엘리트뿐만 아니라 경제·사회 엘리트를 포함하는 지방정치의 권력구조를 이해하고 분석한다. 둘째, 지역의 정책결정 엘리트뿐만이 아니라 연결망 분석을 활용하여 정책집행 엘리트도 분석한다. 특히 각 지역에서 중요한 사업을 선정한 후, 각 사업 영역에서 주도적 역할을 수행한 인물을 찾아내는 과정을 통하여 실제 우리 사회에서 시민들이 느끼는 정책집행 엘리트가 누구인가를 규명한다. 셋째, 지역사회 엘리트의 구성적 특징을 규명한다. 본 연구에서는 엘리트들의 수학배경, 지역배경, 사회적 배경 등을 조사하고 이를 기초로 네트워크 구조분석을 통하여 그 특징을 분석할 것이다.

시민사회단체의 연구목적은 첫째, 지역의 언고, 종교, 직능단체를 포함한 시민사회단체의 특성을 파악한다. 둘째, 시민사회단체의 역할과 기능을 규명한다. 셋째, 시민사회단체가 지방정부의 정책결정 과정에 미치는 영향력을 분석한다.

마지막으로 주민참여이다. 첫째, 지방정치에 대한 주민참여 의식수준과 형태를 파악하고 주민참여 의식에 대한 결정요인을 규명한다. 우리나라의 경우 주민들의 정치참여 의식은 상당히 높은 수준이라고 할 수 있다. 즉 주민들이 참여하는 정치구조의 중요성의 정도에 따라 참여율이 달라진다. 반면에 지방정치와 같이 중요성이 낮은 정치구조에의 참여는 저조하다고 할 수 있다. 따라서 주민들이 지방정치에 대해 어떻게 생각하고 있는지 또한 주민들의 이러한 생각에 영향을 미치는 결정요인이 무엇인지 규명하겠다. 둘째, 지방정치에 대한 주민들의 참여행태를 고찰하고 참여 의식과 참여행태 간의 관계를 분석하고자 한다. 주민참여에 대한 실태파악은 주민참여가 지방자치의 본질임을 상기할 때에 매우 중요하다. 셋째, 주민들의 지방정치에 대한 참여 의식이 그들의 참여행태에 어떻게 영향을 주고 있는가를 분석한다. 의식이 행태를 유발하게 된다는 문화적 접근법의 기본전제를 인정할 때에 참여 의식과 참여행태 간의 불가분의 관계에 대한 분석은 주민참여에 관한 체계적인 분석틀의 정립을 위해서 필수적인 일로서 여겨지기 때문이다.

위와 같은 연구목적 이외에도 지방의 정치문화와 관련하여 엘리트, 시민사회단체, 주민을 대상으로 이들이 가지고 있는 정치적 가치, 의식 및 신념체계, 지역편견 의식을 분석하며, 이러한 정치문화가 지방의 정치권력구조에 미치는 영향은 어떻게 전개되고 있으며, 개선방향에 대한 시사점을 제시하겠다.

다음은 조사지역에 대한 기초환경 자료이다. 각 지역에 형성되어 있는 하부 정치문화 연구를 위해 먼저 전남에서 두 개의 도시를 선정하게 되었다. 순천시와 나주시가 이에 해당된다. 조사대상 지역으로 선정된 이유는 첫째, 도농복합도시 특징을 지니고 있어야 하며 둘째, 본 연구가 진행된 2003년 9월 1일을 기준으로 정부통계 자료에 따른 인구 10-30만 이내 도시 규모로 21세기형 성장발전 잠재력을 지니고 있는 도시를 선정하였다.

전남 동부지역을 대표하는 순천시와 광주광역시에 인접해 있는 나주시는 중앙정부의 도농통합도시의 정책추진 결과, 1995년 1월 1일 인근 군 지역을 흡수하여 도농통합도시로 거듭났다. 두 지역에 대한 기초적 환경조건으로 도시연혁, 행정구역 및 지방정부 구성, 인구, 예산 등을 살펴보았다.

순천(順天)은 삼한시대에 마한의 땅이었으나 삼국시대에는 백제에 속하는 감평군이라 불렸고, 신라의 삼국통일 이후에는 승평군으로 불렸다. 서기 940년 고려 태조에 승주로 개칭되었으며, 1310년 충선왕 2년에 순천부로 개칭되어 순천이란 이름을 처음 갖게 되었다. 조선 태종 13년(1413년)에 순천도호부로 개칭되었으며 세조 이후에는 군사행정의 요지가 되었다. 일제시대인 1931년 11월 지방조직 개편 때 순천읍으로 승격되었고, 1949년 8월 순천읍이 인근 9개 리와 해룡면 일부를 편입하여 순천시로 승격되었고 나머지 지역은 승주군으로 개칭되었다. 1994년 4월 도농통합에 대한 주민투표 결과 주민 다수의 찬성으로 경기도 남양주시 등 33개 도농복합 형태의 시 설치 등에 관한 법률에 의거 1995년 1월 도농복합 형태의 새로운 순천시로 발족하였다.

'아름다운 사람들의 도시'를 표방하는 순천시의 지역 특성은 한반도의 서

남부 동부지역에 위치하며 북쪽은 곡성군, 동쪽은 광양시, 서쪽은 화순군과 보성군, 남쪽은 여수시와 경계하고 있다. 면적은 907.32㎢이며, 행정구역은 1읍 10면 33개 법정동이다. 행정부 구성은 1시장, 1부시장, 5국(의회사무국, 행정지원국, 문화경제국, 복지환경국, 도시건설국), 19과, 2직속기관, 6사업소로 구성되어 있다. 광양만권 중심도시로 발전해 가고 있는 순천시의 인구는 272,124명이며, 예산규모는 467,492백만 원이었다. 한편 순천시는 건설교통부가 후원하는 '2003 도시평가'에서 최우수 도시로 선정되어 대통령상을 수상했으며, '2004 도시평가' 부문에서는 주민참여와 관련하여 우수 도시로 선정되었다.

나주(羅州)는 백제시대에는 발라·통의라 칭하였으며 통일신라시대 903년에 금성군이라 칭하다가 나주로 개칭되었다. 고려 983년 전국 12목(牧) 중의 하나로 나주목이 설치되었다. 1895년 조선 고종 때 갑오경장으로 근대적인 지방행정제도 개혁에 따라 나주군이 되었고 나주관찰부를 설치하였다. 일제시대인 1931년 11월 나주면이 나주읍으로 승격하여 1읍 17면이 되었다가 1937년 7월 영산면이 영산포읍으로 승격되어 2읍 16면을 형성하였다. 1981년 7월 나주읍과 영산포읍이 금성시로 승격하여 나주군에서 분리되었으며, 1986년 1월 금성시가 나주시로 명칭이 변경되었다. 1995년 1월 도농통합으로 나주시와 나주군이 통합하여 나주시로 불렸다.

전국에서 가장 많은 배를 생산하는 나주시의 지역 특성은 우리나라 4대강의 하나인 영산강이 시가지를 관통하여 지세를 남북으로 양분하고 있다. 광주에서 서남쪽으로 26.7㎞ 거리에 위치한 나주시는 동으로는 화순군, 서쪽으로는 함평군과 무안군, 남쪽은 영암군, 북쪽은 광주광역시와 경계하고 있다. 면적은 603.88㎢이며, 행정구역은 1읍 12면 6동으로 구성되어 있다. 행정부는 1시장, 1부시장, 2국(자치행정국, 건설교통국), 12과 2직속기관 6사업소이다. 호남곡창을 상징하는 나주평야, 광주학생독립운동의 진원지인 나주시의 인구는 101,708명이며, 예산규모는 229,014백만 원이다. 산업구조를 보면 경제활동 인구는 67.9%인 73,959명이 활동하고 있었다. 1차

산업 종사자는 35,057명(인구의 47.4%), 2차 산업 12,351명(16.7%), 3차 산업 26,551명(35.9%)으로 나타났다.

참고문헌

박종민(200). "한국의 지방정치와 권력구조." 박종민 편. 「한국의 지방정치와 도시 권력구조」. 나남출판.

이달곤(2004). 「지방정부론」. 박영사.

Easton, David(1953). The Political System: An Inquiry into the State of Political Science. New York: Alfred A. Knopf.

제 2 장 지방정치와 엘리트

제1절 서 론

1. 연구목적

1995년 지방선거 이후, 본격적인 지방자치가 실현되었지만 하부 정치문화의 범주로 분류되는 지방의 중소도시 및 농어촌 지역에서는 여전히 연고중심주의와 인간관계 중심의 정치문화가 남아 있다. 또한 이러한 요인이 지방정치의 권력구소 형성과 긴밀히 연관되어 있다. 문제는 일반 대중과 엘리트 중 누가 이러한 중심에 있느냐이다. 아마도 하부 정치문화를 수도하는 사람 혹은 집단을 의미하는 엘리트(elite)로 인식하고 있다.

국내에서 엘리트에 관한 사례연구가 다수 진행되었다. 중앙정치의 엘리트 연구, 광역시 중심이 엘리트 연구, 정책결정 과정에서 영향력을 행사하는 엘리트 연구가 그 중심이 되어 왔다. 또한 정책결정 과정의 엘리트가 정책집행 과정에서도 동일한 영향력 행사자로 간주되어 왔다. 그러나 중소도시로 규정되는 지방정치에서 이러한 이론적 적용이 가능한가. 다시 말해 정책결정 과정과 정책집행 과정에서 지역 엘리트로 규정된 인사들이 핵심적 역할 혹은 영향력 행사자로 역할하고 있느냐이다.

이 같은 필요성에 의해 전남지역의 인구 10만-50만 정도의 중소도시 중 전남을 대표하는 표본 중소도시 2곳을 선정하였다. 선정기준은 첫째, 표본도시는 전남지역의 정서와 문화를 잘 반영하는 곳으로서, 가능하면 2곳의 표본도시가 전남지역이라는 공통성과 함께 서로 차별성을 나타낸다면 많은 유의미한 분석결과를 얻을 수 있을 것으로 판단된다. 둘째, 1995년 1월 이후 도농통합도시로 생성된 곳이다. 이러한 기준을 가장 잘 충족시킨 도시는 순천시와 나주시이다. 순천시는 전남 동부권에 위치한 인구 27만 명 정도의 중소도시로서 바다를 끼고 있는 그리고 보수와 진보적 성향이 혼재된 도시이다. 반면 나주시는 광주광역시에 바로 인접하고 있으며, 인구 10만 명 정도의 전형적인 농촌도시이다.

본 글은 지방정치를 주도하는 엘리트가 누구인가를 규명하고자 한다. 이를 위해 전남의 중소도시인 순천시와 나주시를 연구대상으로 선정하였다. 흔히 엘리트라고 칭한다면 핵심적 역할 또는 영향력 행사자를 의미한다. 지위법과 평판법에 따른 엘리트 추출 역시 이와 유사하다. 엘리트는 지역의 중요한 정책결정 과정에서 유무형의 영향력을 가진 존재로 알려져 있다. 그렇다면 정책집행 과정에서도 이들이 엘리트로서 핵심적 역할 또는 영향력을 행사하고 있는가. 아마 소수의 엘리트만 해당될 것으로 추정할 수 있겠다.

지위법과 평판법에 의해 엘리트로 분류되지는 않았지만, 정책집행 과정에서 핵심적 역할이나 영향력을 행사하고 있다면, 이는 엘리트인가. 엘리트에 대한 일반적 정의, 즉 핵심적 역할이나 영향력 행사라는 개념을 수용한다면 이 또한 엘리트로 분류될 수 있다. 따라서 본 글에서 엘리트는 정책과정에서 핵심적 역할 혹은 영향력 행사자 모두를 엘리트로 정의한다.

지방정치를 주도하는 엘리트 규명을 위해 첫째, 순천과 나주지역에서 지위법과 평판법을 통한 엘리트는 누구인가. 둘째 연결망 분석을 통해 추출된 정책집행 과정에서의 엘리트는 누구인가. 셋째, 지역 엘리트의 특성 넷째, 엘리트의 가치관 분석 다섯째, 지역 엘리트가 갖고 있는 지역편견에 관한 의식 등을 살펴보고자 한다.

2. 연구방법

지방정치의 핵심층을 엘리트라고 가정한다면, 지역사회의 권력집중·행사 또한 이들이 주도하고 있을 것이다. 사회구조와 메커니즘 안에서 실제 권력을 행사하는 것은 하나 또는 집단적인 행위자이다. 여러 행위자들 가운데 가장 중요한 역할을 수행하는 행위자는 핵심 행위자(key actor)로 표현되며, 이를 밝히기 위해 4개의 방법론이 주로 사용되어 왔다.

첫째, 중요한 경제적·정치적 단위 안에서 선출 혹은 임명된 인물이나 조직을 분석하는 지위법(Positional Methods)이다. 둘째, 체계 내에서의 정책결정을 주도하거나 영향을 주는 행위자를 판별하는 의사결정법(Decisional Method)이다. 셋째, 식견을 갖춘 연구자들의 판단에 의해 체계를 좌지우지할 만한 실제적·잠재적인 힘을 보유하고 있다고 인정되는 사람을 분석하는 평판법(Reputational Methods)이다. 넷째, 힘을 보유하고 있는지에 대한 평판의 질문상에서는 잘 드러나지는 않지만, 다른 체계의 구성원들과 중요한 정치적 관계를 가지고 있는 사람을 규명하는 관계법(Relational Method)이다(박대식 외 2003, 3-67). 기존 연구는 위와 같은 4개의 방법론을 사용하여 핵심 행위자를 찾아내고 분석하였다.

문제는 4개의 방법론을 각각 분리시켜 핵심 행위자를 추출하려 할 때 상당히 어렵다는 것이다. 지방정치에서 영향력을 발휘하는 주도층의 사회적 연결망(Elite Social Network)을 파악하기 위해 엘리트가 인식하고 있는 과거의 주요 사업을 선정하고, 그 사업에 대해 영향력을 행사한 인물을 엘리트들에 의해 지목을 받는 방법으로 시 단위의 권력구조를 분석할 것이다. '연결망 분석'으로 지칭되고 있는 방법론이다.

순천과 나주지역 엘리트의 구성적 특징, 가치관, 지역에 관한 편견 의식, 정책결정과 집행과정에서의 영향력 등을 분석하기 위해 사회조사와 대면 면접법을 사용하였다. 조사대상의 선정은 지위법과 평판법을 이용하였다. 먼저 각 도시에서 현직에 있는 정치·행정·경제·사회 엘리트를 선정한다. 전·현직 엘리트로 분류되는 대상자를 상대로 인적특성 조사의 데이터를 수집하며, 현직 엘리트에게는 설문지를 부여하여 작성케 한다.

한편 이들 간의 연결망 분석을 위해 "지난 2년간 시의 가장 중요한 사업이 무엇이었는가?"에 대한 1차 설문과 응답을 통해 빈도가 높은 3개의 주요 사업을 결정한다. 스노우볼 접근법(snow ball approach)을 통해 정책집행 엘리트의 사업단위별 네트워크를 분석하겠다. 또한 두 지역 현직 엘리트의 정치적 가치관, 개인주의와 집단주의 성향, 이들 엘리트의 지역편견에 대한 분석 등을 통해 바람직한 지방정치의 모형을 제시하겠다.

연구의 조사대상인 지역 엘리트는 4개로 분류되며, 1995년 1월 도농통합 이전의 승주군과 나주군도 포함시켰다. 이들에 대한 자료수집 시점은 1981년부터 2004년까지이다. 첫째, 순천과 나주의 정치 엘리트는 지역 국회의원, 도의원, 시의회의 의장, 부의장, 각 상임위 위원장이다. 둘째, 행정 엘리트는 시장, 군수, 부시장, 부군수, 각 실국장이다. 셋째, 경제 엘리트는 6명으로 구성되었다. 지역의 제조업, 유통업, 금융업, 건설업, 토착기업 등에서 종업원 수, 상위 매출액 기업을 대상으로 했으며, 금융업의 경우 지역의 대표적 은행을 선정하였다. 금융 엘리트는 광주 전남을 대표하는 광주은행의 순천/나주 지점을 선정하였다. 넷째, 사회 엘리트는 6명으로 언론인 3명, 대학교 2명, 지역 교육장 1명 등이다.

다음은 지방정치를 주도하는 엘리트의 독립변인에 대한 설명이다. 성별, 연령, 초등학교까지의 성장지, 최종학력 등 4개 항목으로 구성되어 있다. 첫째, 성별은 남과 여로 구분된다. 둘째, 연령은 40대, 50대, 60대 등 10년 단위로 구분하였다. 셋째, 성장지로서 초등학교까지 어느 지역에서 주거하였느냐를 묻는 내용이다. 넷째, 최종학력은 무학부터 대학원까지를 나타내는 것으로 7개 문항으로 구성되어 있다.

제2절 이론적 논의

1. 엘리트

1) 엘리트의 개념

엘리트(elite)란 누구인가. 엘리트에 대한 일반적 정의는 첫째, 사회집단 속에서 가장 많은 권력을 획득한 사람(Lasswell and Kaplan, 1950: 201) 둘째, 권력과 부(富)에 있어서 사회적으로 가장 높은 지위를 차지한 사람 셋째, 권력의 계층구조에서 상층에 위치하며 최고의 권위와 영향력을 토대로 각종 자원의 통제를 행하는 사람을 의미한다. 반면 엘리트의 상대적 개념으로는 권력과 부, 권위를 향유함에 있어서 제한적인 사람들을 뜻하는 대중(masses) 또는 비엘리트(non-elite)가 있다. 대중들은 엘리트가 결정하고 통제하는 사회구조 속에 귀속되어 엘리트가 향유하는 권력과 권위에 대해 정통성을 부여하고 순응하고 있다.

엘리트와 영향력이 존재하는 정치체제는 권력, 지배, 또는 권위를 중요한 요소로서 포함하는 인간이 맺는 여러 관계의 연속적인 모형이다(Dahl, 1963, 5). 권력이란 정치체제 내의 다양한 인간관계에서 표출되고 있으며, 그 관계 속에서 영향력이 행사되고, 매개체 역할을 하고 있다. 이런 점에서 핵심적 역할 또는 힘이 집중된 인물이 바로 엘리트이다.

한편 엘리트는 조직사회의 기능적 일면을 설명하는 개념으로도 사용되고 있다. 엘리트는 정책을 결정하는 사람을 포함하여 정부의 의사결정에 영향력을 행사하는 보다 광범위한 세력 군을 의미한다(Parry 1977, 30). 그러나 현대사회가 지닌 대중성과 다원성을 고려한다면 중앙정부를 포함하여 지방에서도 정책결정과 정책집행 과정에 영향력을 미치는 인물에 대하여 엘리트라는 표현을 사용할 수도 있다.

밀즈(C. Wright Mills 1959)의 지위법(Positional Methods)에 따르면 중요한 직책을 점유한 사람, 헌터(Floyd Hunter 1953)의 평판법(Reputational Methods)은 엘리트에 의해 영향력을 갖고 있다고 지명된 사람, 다알(Robert Dahl 1961)의 의사결정법(Decisional Methods)은 공공 정책과정에서 영향력을 행사하는 사람들을 엘리트로 규정하고 있다. 엘리트를 핵심적 역할, 영향력 보유 또는 힘이 집중된 인물이라고 가정한다면, 특정 사업의 정책결정 과정뿐만 아니라 정책집행 과정에서 중요한 역할, 실질적 영향력을 행사하는 사람도 엘리트로 개념화시킬 수 있다.

지위법에 따른 엘리트 분류는 중요한 직책을 점유한 사람만을 엘리트로 규정하고 있지만, 중요한 직책은 갖고 있지 않더라도 사업의 집행과정에서 영향력을 행사하고 있다면 이 또한 정책집행 과정에서의 엘리트로 포함시킬 수 있다. 따라서 엘리트란 정책결정·정책집행 과정에서 영향력과 힘을 행사할 수 있는 사람을 뜻하는 개념으로 사용된다. 다시 말해 중요한 직책은 아닐지라도 또는 사회적 지위가 낮더라도 정책의 집행과정에서 핵심적 역할이나 영향력을 행사하였다면 이 사람도 엘리트로 포함된다.

전남의 중소도시인 순천/나주지역에서 엘리트로 선정된 사람들은 지역의 정치·행정·경제·사회의 각 분야에서 정책결정 또는 정책집행 과정에서 중심적 역할을 하고 있다. 첫째, 정치·행정 엘리트로 분류되는 엘리트는 지역의 발전, 정책, 행정 문제와 직·간접적 연관을 맺고 있다. 둘째, 경제 엘리트는 지역민고용 창출의 기회 제공, 지방정부의 세수(稅收)에 대한 공헌, 지역경제의 활성화 등등에 기여하고 있다. 셋째, 사회 엘리트는 지역의 언론, 교육분야에서 많은 영향력을 행사하고 있다. 이들 정치·행정·경제·사회 엘리트는 일반 대중과는 달리 많은 인적 관계를 형성하고 있으며, 지역의 중요한 문제나 정책에 관해 일반인보다 더 많은 관심, 그리고 정책결정 과정에서 영향력을 행사할 수 있는 위치를 점유하고 있다. 넷째, 사업의 정책집행 과정과 관련하여 실질적 영향력과 힘을 행사하는 엘리트이다. 예컨대, 시가 특정 사업을 집행한다면 담당 공무원, 후원단체, 사업관계자, 자문 역할자 등이 포함될 수 있다. 다섯째, 중요한 직책을 점유하지 않은 이익집단 단체장 및 시민이다. 그러므로 본 논문에서 언급하는 엘리트는 중요한 직책의 점유, 정책결정·정책집행 과정에서 영향력과 힘을 행사하는 사람 모두를 엘리트 범주에 포함시킨다.

2) 정책결정 과정의 엘리트

지방정치의 정책결정 과정에서 영향력 행사자를 분석하기 위해서는 지역의 권력구조를 이해하여야 한다. 지역의 권력구조에 관한 연구는 크게 두 개로 대별된다. 다원주의와 엘리트주의이다. 다원주의는 권력이 지역사회에 분산되어 있으며, 정책의 결정은 사안에 따라 관련 당사자들 사이에 공개적 질차에 따라 이익표명과 타협에 의해 투명하게 결정되고 있음을 주장하고 있다. 엘리트주의는 지역사회 내에서의 정책결정은 경영자, 금융대부 등 비교적 소수의 사람들에 의해 행해지고 있으며, 이들은 대중의 영향을 거의 받지 않고 있다. 그리고 선출된 정치인이나 공직자들은 이들 엘리트들의 명령을 충실히 수행하고 있다.

도시화와 산업화 요인이 지역의 정책결정에 있어 직접적·개인적인 시민참여를 어렵게 만들고 있다고 주장하는 엘리트주의는 다양한 쟁점에 대하여 결정을 내리는 단일 지도집단의 독점적 엘리트 구조를 주장하는 반면, 다원주의는 서로 다른 쟁점 영역 내에 존재하는 다양한 엘리트 집단들 간에 경쟁과 타협 그리고 권한의 배분을 특징으로 하는 다중심적 구조를 주장한다. 그렇지만 다원주의 이론이나 엘리트 이론 역시 지역사회의 권력구조 파악에 한계를 갖고 있다. 따라서 문제영역에 따라 참여집단과 수준이 달라지는 복합적 모델을 상정하여야 한다.

지역사회의 경제적 능력을 직접 향상시키는 사회 간접자본의 확충, 산업체의 유치, 후진지역의 재개발 등과 같은 개발정책에 대해서는 경제 엘리트들이 직접적으로 관련되고 일반시민들 역시 중요한 개발정책은 이들에 의해 결정된다고 믿는다. 둘째, 지역사회 내의 중하위 계층 주민들에게 혜택이 돌아가는 사회보장, 복지, 의료 및 실업보험 등의 분배정책은 직접 공동체의 경제력을 증대시키는 고안은 아니지만 공동체의 안정을 위해서는 지역정부가 필연적으로 대응해야 하는 문제이다. 셋째, 공공 서비스 분야이다. 지방정부에 의해 시행되는 각종 서비스와 관련하여 교육, 상수도, 쓰레기 처리시설 등의 주민 편의시설의 경우, 개발 및 분배정책과는 달리 중립적이어서 지역의 경제 엘리트가 직접 개입하는 일은 매우 드물다. 이 영역에서의 정책결정은 선출된 공직자나 이들에 의해 고용된 직업 경영인들에 의해 이루어지는 경향이 많지만, 또 한편으로는 시민단체 관계자나 직접적 이해당사자인 주민참여도 많은 편이다.

결국 엘리트 이론은 공동체 내의 중요한 제도적 위치를 차지하고 경제적 자원을 통제하는 인물을 가려낼 수 있도록 하는 반면에 다원주의 이론은 중요한 공적 결정과 이 결정에의 능동적인 참여자를 밝히는 데 도움을 주고 있다. 한편 지방정치에서 영향력과 공공정책 결정에 있어서의 중요한 역할 담당에 관한 기존의 연구에 따르면 시장, 지역 국회의원, 지역 언론, 지역 유지, 시민단체, 지역 자본가, 자치단체 공무원 등에 대한 응답 빈도가 높았다는 사실에 도출되었다(박대식 2004).

지방정치의 엘리트는 제도적 엘리트와 비제도적 엘리트로 구분할 수 있다. 제도적 엘리트는 지역사회의 정치·행정 엘리트로서 광역단체장과 기초단체장, 서기관급 이상의 지자체 고위 공무원과 지역의 국회의원, 지역 정당 엘리트와 광역·기초의회 의원 등이 포함된다. 이들은 지방정치 및 행정의 일차적인 담당자를 의미한다. 비제도적 엘리트는 경제 엘리트와 사회 엘리트로 구성된다. 경제 엘리트는 지역 내 기업의 자본가, 경영관리자, 각종 경제단체의 간부들이 이에 포함된다. 이들이 역대 총선과 지방선거를 통하여 정치·행정 엘리트로 진출하였음을 감안할 때 지역사회 내에서 이들의 영향력을 간과할 수 없다. 사회 엘리트는 지역사회의 언론기관, 대학교, 교육장 등을 포함한다. 이러한 구분을 기초로 하여 이들 간의 직·간접적인 권력과 영향력의 교환관계를 분석함으로써 지역사회에서의 정책결정 과정에 영향력을 가진 자를 추출해 낼 수 있을 것이다.

3) 정책집행 과정의 엘리트

정책과정의 단계는 학자들의 관점에 따라 다양하지만, 단순화하면 4단계로 설명된다. 정책의제 설정, 정책형성, 정책집행, 정책평가 단계이다(이해영 2004, 107-140). 이러한 과정 가운데 특히 정책집행은 정책과정의 핵심이 된다. 정책의제가 형성되고 대안이 선택되어 정책결정이 이루어졌지만, 정책집행이 안 되었다면 이는 정책으로서의 가치가 상실된다. 따라서 정책은 집행을 통해서만 그 결과를 얻을 수 있기 때문에 아주 중요하다. 정책집행은 결정된 정책을 구체화시키는 활동을 의미한다. 즉 공식적으로 표명된 정책목표를 달성하기 위하여 결정된 사항을 구체화시켜 나가는 과정이다.

정책집행은 정책의 내용을 실현시키는 과정을 의미한다(정정길 2000, 541). 개괄적인 기본정책, 구체적인 집행상황, 특정한 정책 대상 집단의 요구와 기대를 실천적 행동으로 통합해 간다. 첫째, 정책집행은 정책형성과정의 연장이다. 형성된 정책은 기본정책으로서 구체적인 집행상황과 특정한 정책 대상 집단의 기대와 욕구에 적합하도록 특정화할 필요가 있다. 둘째, 정치적 과정으로서의 기술적·배분적 성격이다. 정책집행은 정책을 능률적으로 실천하는 기술적 과정, 그리고 가치를 실제적으로 배분하는 과정이다. 문제는 가치배분의 과정에서 수혜자와 피해자가 발생한다. 개인 또는 다양한 집단이 자신의 의사를 정책집행 과정에 반영시키려고 하고, 이를 위해 정치적 과정, 즉 협상, 설득, 조정, 투쟁, 강압 등을 사용한다. 셋째, 정책집행은 특정의 집행상황과 집행대상 주민의 욕구, 기대 등의 특성을 고려함으로 집행담당자의 적절한 재량권을 중시한다. 예컨대, 시가 사업 주체일 경우, 담당 공무원이 사업집행 과정에서 영향력을 행사할 수도 있다.

다음은 전통적·현대적 정책집행에 관한 설명이다. 전통적 정책집행 관점은 기본정책을 단순히 행동화한다고 평가한다. 따라서 정책집행의 과정도 정책집행기관의 일방적·하향적 단순 과정으로 해석하였다. 그러나 현대적 정책집행 시각은 개괄적이고 전체적인 맥락에서 형성된 기본정책을 구체적 집행상황과 일정한 정책 대상 집단의 욕구·기대를 고려하여 행동화하고 있다. 즉 정책집행은 집행 담당기관의 관점에서 기본정책이 집행상황과 조화 있게 실천될 수 있도록 재해석되고 구체화되는 과정이 존재한다. 이것은 정책집행에 있어서 집행기관의 적절한 역할과 기능을 인정하고, 그에 합당한 일련의 과정을 강조하는 관점이다(채경석 외 1997, 273-278).

정책집행은 집행대상인 국민의 관점에서 기본정책의 내용이 적절하고 충분히 수용될 수 있는가를 검토, 점검하는 과정이다. 이는 집행대상인 국민의 역할을 인정하고, 그에 합당한 일련의 과정을 강조하기 때문이다. 정책집행은 단순한 일방적이고 하향적인 과정이 절대 아니다. 정책집행은 정책

형성 기관과 집행기관 그리고 집행기관과 국민, 거시적으로는 정책형성 기관과 국민 사이를 연결시켜 주는 과정이다.

정책을 집행하는 집행 주체는 집행을 담당하는 집행기관과 집행담당자가 있다. 정부정책의 경우, 정책집행은 정부의 행정기관, 공·사영역이 중첩되어 있는 공공기관 등이 담당한다. 먼저, 현대 정부는 공공문제에 대하여 직·간접의 해결자로서의 역할하고 있다. 사회적 가치배분을 둘러싼 다양한 이해관계 속에서 개인, 사회공동체의 발전을 위해 지원자, 조정자, 심판자, 규제자, 감독자의 기능을 담당하고 있다. 정부기관은 이러한 기능을 분업적으로 분담하여 수행하고 있다. 기본정책을 형성하는 기관은 중앙, 본부나 본청 등이 있으며, 각급 지방자치단체와 중앙정부기관의 일선기관은 주로 기본정책을 구체화시켜 집행을 담당한다.

다음으로 공적 영역과 사적 영역이 연계·중첩되는 공공부문(public sector) 또는 제3부문(third sector)이다. 소비자단체·시민단체 또는 각종 공사 등이 그 예로서 제3부문이 정책집행에 참여하여 집행기관이 되기도 한다. 예컨대, 정책과정에서는 정부가 정책을 형성, 사회 공익단체 혹은 공공기업이 집행을 담당, 민간기업이 참여한다. 주택정책에 있어서 기본정책 형성은 건설교통부, 정책집행은 토지공사 및 주택공사, 그리고 민간기업이 참여하는 형태를 취하는 것이 보통이다. 오늘날에는 공·사영역이 중첩되는 공공부문이 집행기관이 되어 정책집행의 기능을 수행하는 경우도 많다.

정책집행기관의 구조와 기능은 정책집행 과정을 특징적으로 규정하고 제약한다. 중앙집권화된 체제에서 집행기관의 행동은 자율적 영역이 제한되고 규제된다. 이러한 체제의 정책집행기관은 기본정책에 대한 재량권 행사의 여지가 적은 반면 기본정책을 강력하게 수행하는 역할만을 강요받는다. 이와는 달리 연방제 국가처럼 각급 지방정부의 자율성이 큰 지방분권적 정책체제에서는 정책집행기관의 권한과 역할이 폭넓나.

한편, 구체적인 집행상황을 파악하고 현지성의 감각을 갖기 위해서는 집행담당자의 전문적 지식과 경험이 중요하나. 따라서 정책집행 담당자는 바

람직한 집행을 위해서 전문적 지식을 갖추어야 한다. 예컨대, 환경오염 방
지정책의 집행에서 집행자가 오염의 종류별 성질에 관한 전문성이 취약하다
면 그 정책을 성공적으로 집행할 가능성은 매우 희박하다.[1]

　이렇듯 정책집행 과정에서 영향력을 행사하는 자는 정책집행의 주체, 집
행기관의 구조와 기능, 정책이 집행되는 사업의 성격에 따라 소수 혹은 다
수일 수도 있다. 예컨대, 지방정부가 공공 서비스 정책의 일환으로 도서관
을 건립할 경우 정책집행의 주체는 지방정부이지만, 집행과정에서 관련 담
당 공무원, 시민사회단체 등 다양한 집단 또는 특정 엘리트의 영향력이 반
영될 수 있다. 그러므로 정책결정 과정보다는 정책집행 과정에서 더 많은
사람의 참여나 영향력이 행사되고 있다.

　흔히 정책결정 과정에서 영향력을 행사하는 자를 우리는 엘리트라 부른
다. 이들 엘리트는 지역 내에서 중요한 직책을 가진 사람, 또는 엘리트에
의해 영향력을 갖고 있다고 지명된 인사들이다. 그러나 중요한 직책은 아닐
지라도 또는 지역 내에서 엘리트로 지칭되지 않더라도 정책의 집행과정에서
영향력을 행사하고 있다면 이 또한 정책집행 과정에서의 엘리트로 분류할
수 있다. 엘리트를 정책결정 과정이나 정책집행 과정에서 영향력과 힘을 행
사할 수 있는 사람으로 규정한다면, 담당 공무원, 사업집행에 관한 자문 역
할자 등도 엘리트가 될 수 있다는 의미이다. 따라서 지위법·평가법에 의한
엘리트가 아닐지라도 정책의 집행과정에서 핵심적 역할, 영향력을 행사하였
다면, 이 사람은 정책집행 과정에서의 엘리트가 된다.

4) 엘리트 연구

　핵심적 지배계급(엘리트)의 존재를 국가구조와 정치과정 안에서 파악하기

---

1) http://www.i-kaps.or.kr/lecture/lecture_hall/12_1.12_2. htm

위한 연구가 다양하게 진행되어 왔다. 다원주의자(pluralist), 마르크스주의자(Marxist), 엘리트주의자(elitist), 조합주의자(corporatist), 국가-중심 이론가(state-centric theorists) 등은 국가 운영자(state managers), 정당(political parties), 조합 조직(corporate organizations), 이익집단(interest groups), 사회운동(social movements), 대중(mass public), 계급 분절(class segments), 그리고 기타 사회적 구성물(Social Formation) 등의 집단적 행동에서 나타나는 다양한 메커니즘(mechanism)을 추론하였다 (Knoke 1993, 23).

그러나 이러한 사회구조와 메커니즘 안에서 실제 권력을 행사하는 것은 하나 또는 집단적인 행위자이다. 여러 행위자들 가운데 가장 중요한 역할을 수행하는 행위자는 핵심 행위자(key actor)나 엘리트로 표현되며 이를 밝히기 위해 4개의 방법론이 사용되어 왔다. 첫째, 중요한 경제적・정치적 단위 안에서 선출 혹은 임명된 인물이나 조직을 분석하는 지위법이다. 둘째, 식견을 갖춘 연구자들의 판단에 의해 체계를 좌지우지할 만한 실제적・잠재적인 힘을 보유하고 있다고 인정되는 사람을 분석하는 평판법이다. 셋째, 체계 내에서의 정책결정을 주도하거나 영향을 주는 행위자를 판별하는 의사결정법이다. 넷째, 힘을 보유하고 있는지에 대한 평판의 질문상에서는 잘 드러나지는 않지만, 다른 체계의 구성원들과 중요한 정치적 관계를 가지고 있는 사람을 규명하는 관계법(Relational Method)이다. 기존 연구는 위와 같은 네 개의 방법론을 사용하여 엘리트를 추출하고 분석하였다.

문제는 4개의 방법론을 각각 분리시켜 엘리트를 추출하려 할 때 상당히 어렵다는 것이다. 예컨대, 엘리트에 대한 평판은 그의 현 지위의 재직기간, 과거행위 또는 미래에 있을 결정과 관련한 정보 제공자의 인식 등이 복합적으로 작용할 수 있다(Knoke 1993, 31). 이러한 맥락에서 헌터(Floyd Hunter 1953)는 애틀랜타 시(Atlanta City)의 권력관계를 분석하고자, 시 위원회(civic committees), 법인 위원회(corporate boards), 사회 클럽 (social clubs) 등의 구성원들 사이의 관계를 연구하였다. 독일 중소도시의 권력관계를 분석한 라우만과 파피(Laumann and Pappi 1976)의 연구, 그리고 호주(Higley and Moore 1981), 서독(Higley, Hoffmann-Lange, Kadushin, and Moore 1991) 등을 사례로 선정하여 연구가 진행되었다. 이러한 연구들에서는 과거 1년 동안 국가적인 사업에 있어 영향력을 행사한 인물을 지목하는 방법을 사용하였다.

2. 연결망 분석(network analysis)2)

1) 기본 개념3)

연결망 분석은 다양한 상태 혹은 각 집단의 구성원을 연결망 꼭짓점으로 표시하고 이들 사이의 인과관계, 상호관계 등을 변으로 나타내어 상태 또는 구성원 사이의 의사소통의 정도, 영향을 미치는 정도 등을 정량화(定量化)한 뒤, 각 변에 대응시켜 이를 분석하는 방법이다. 따라서 연결망 분석은 관계의 양상을 요약하고 가시화하는 것이 최대 강점이다.

경험적 분석으로 분류되는 연결망 분석은 연결망의 강도, 빈도, 거리 등을 분석한다. 즉 엘리트의 영향력을 행위자들의 신분, 직위, 직책과 같은 속성으로 분석하는 것이 아니라, 엘리트 상호간에 형성된 사회적 관계망 속에서의 중첩성과 방향성, 강도에 기초해서 분석한다. 이를 통하여 사회적

---

2) 연결망 분석에 관한 이론적 논의는 지충남·유병선, 연결망 분석을 통한 정책집행과정의 엘리트 연구—순천시 사례를 중심으로, 한국정책학회보, 제14권제1호(2005년), p.7~120 참조.
3) 이 논문에서는 Steven Borgatti, Martin Everett, Linton Freeman 등 3인이 사회적 연결망 분석(Social Network Analysis)을 위해 개발한 UCINET 6이라는 window software를 활용하였다.

관계에서 핵심적 역할을 수행하는 인물을 탐색하고, 연결망의 역학관계를 규명하고 있다.

연결망 분석의 기본적인 아이디어는 사회적 연결망 행위자들의 집합으로 규정되며, 연결망 자료는 행위자들의 관계를 수학, 그래픽 등을 이용하여 체계적으로 묘사한다. 또한 이것을 컴퓨터 프로그램을 이용하여 단시간 내에 처리하여 '그림'과 '표'를 통해 연결망 관계를 표현함으로써 명확한 데이터를 제시한다(Hanneman 2001, 18). 연결망 분석에 있어 조사를 누구로부터 시작하느냐가 중요한데, 그것은 시작을 잘못했을 경우 상호 연결되어 있는 행위자들의 하부집합(sub-sets of actors)들이 드러나지 않을 수 있기 때문이다(Hanneman 2001, 8).

연결망 분석에 있어 권력에 대한 정의는 권력을 어떻게 규정하느냐에 따라 다양한 의견이 있을 수 있지만, 경험적인 권력의 지표로서 더 많은 사람과 연계를 맺고 있는 행위자는 그렇지 못한 행위자보다 더 많은 영향력을 행사하고 있는 것으로 가정한다. 이러한 지표로서 중심성의 정도(Degree of centrality)가 사용될 수 있다(Hanneman 2001). 상대적으로 많은 연계를 가지고 있는 인물은 욕구를 만족시킬 수 있는 대안적인 경로를 더 많이 가지고 있으며, 다른 개인들에게 덜 의존적이다.

또한 많은 연계를 가진 사람은 더 많은 자원에의 접근이 용이할 뿐만 아니라 많은 요구를 할 수 있다. 따라서 이들은 다른 사람들 사이의 교환에서 종종 제3자로 나서고, 중개인이 되기도 하며, 중개업(brokerage)으로 이익을 얻을 수도 있다. 그러므로 행위자의 중심성(centrality)과 권력 잠재력(power potential)의 단순하고 효율적인 측정치는 이들 간의 연결망에서 접촉하는 인물의 수의 정도(degree)로 나타나고 있다.

2) 연결망 분석의 선행연구

연결망 분석의 선험적 연구는 사회심리학자들에 의해 행해졌다. 대표적 학자로는 모레노(Moreno 1934), 하이더(Heider 1944), 바벨라스(Bavelas 1948), 페스팅거(Festinger 1954), 카트라이트(Cartwright 1959), 뉴컴(Newcomb 1961) 등이 있다. 이들은 그래프-이론 모델(graphtheoretical model)을 통해 소규모의 그룹을 하나의 단위로 하여 조직구조가 어떻게 개인의 성향과 조직행태에 영향을 미치는가를 분석하였다.

그러나 다양한 사회조직의 급격한 확대는 분석방법에 있어 변화를 모색하게 만드는 전기를 제공하였다. 1970년대에 들어 사회학에서는 연결망 분석의 구체적인 골격을 갖추는 선도적인 작업이 진행되었다. 이러한 연구들은 연구목적상 두 가지 방향으로 전개되었다. 하나는 프랭크(Frank 1971, 1978, 1979, 1981), 그라노베터(Granovetter 1977) 등에 의해 이루어진 거시적 관점에서의 분석, 즉 세계적 차원에서 사회구조를 분석하는 것이다. 시스템이 얼마나 강도 있게 연결되어 있으며 유대가 교환되는 정도를 분석하는 것이 연구의 초점이었다. 두 번째는 미시적 관점에서의 분석이다. 행위자들 간의 모든 가능한 유대에 분석의 초점을 두었다(Laumann and Pappi 1976; Laumann, Marsden, and Galaskiewicz 1977).

1980년대 이후, 연결망 분석은 사회학자들에 의해 인간의 행태, 사회조직을 이해하기 위한 목적에서 주로 사용되었다(Galaskiewicz & Wasserman 1993, 4). 연구방법에 있어서도 획기적인 변화가 나타났다. 컴퓨터 소프트웨어 기술의 발달과 더불어 SAS, SPSS와 같은 통계처리 프로그램의 출현, 행위자들 간의 연결망 데이터를 분석할 수 있도록 고안된 포괄적 분석 프로그램인 연결망 분석 프로그램-UCINET(Borgatti, Everett, and Freeman 1992), GRADAP(Sprenger and Stokman 1989), SONIS(1990), and STRUCTURE(Burt 1992)-이 등장하였다(Knoke 1993, 33).

이러한 통계 프로그램의 등장으로 많은 정치학자들이 관심을 갖게 되었다. 정치학자의 대표적인 연구로는 길-멘디에타와 슈미트(Jorge Gil-Mendieta & Samuel Schumidt 1996)가 행한 멕시코의 정치적 연결망 분석에 관한 것이다. UCINET IV 프로그램을 이용하여 분석한 결과, 1920년대 이후 멕시코의 정치과정이 두 개의 연결망으로 구성되어 있음을 밝혀내었다. 분석된 연결망 가운데 하나는 군부에 기반을 둔 집단(a military-based group)이었으며, 다른 하나는 재정에 기반을 둔 집단(a financial group)이었다. 연구자들은 이러한 연결망 분석을 통해 정치기구 안에서의 권력의 집중과 영향력의 분배를 설명하였다.

한편, 국내의 연결망 분석에 관한 연구를 살펴보면 이우권(2003)은 연결망 분석의 여러 특징과 함께 이 분석기법이 또 하나의 방법론으로서 행정학에서 사용될 수 있는 가능성을 시론적인 차원에서 제시하였다. 송호근·김우식·이재열(2004)은 '한국사회의 연결망 연구'에서 연결망 이론의 문제의식과 분석방법론을 노동시장, 증권회사, 사회운동 단체, 고급 사교모임 등의 영역에 적용시켜 연결망의 내부구조와 작용양상을 밝혀내었다. 한국이론사회학회(2003)는 '사회연결망 분석과 이론적 함의'라는 주제를 가지고서 연결망 이론의 배경과 의미, 데이터와 자료구조, 역할지위 등위성과 블록모델링, 응집성과 파당, 그리고 분야별 연구사례로는 초·중등 교과서 분석, 사회운동, 상류사회, 기업연결망 등을 분석하였다.

3. 정치문화

예로부터 호남지역은 한(恨)과 신명이 공존하는 상생의 문화를 지니고 있었다. 이 때문에 호남은 정치·경제적으로 가난과 핍박 속에서 살아왔다. 따라서 진보적 정치문화를 가지고 있다. 또한 다른 지역에 대비되는 호남지역의 문화적 특성에 대해서는 상식적 차원에서 많은 얘기가 있는 것이 사실이다. 소위 지역편견이라고 하는 차원에서 호남지역 주민들의 정치문화적 특성을 얘기할 때 주로 언급되는 것은 "신뢰성이 없다." "막무가내이다." "반골기질이 강하다" 등이다.

이러한 속성들이 정치적 영역으로 투영될 때, 몇 가지 독특한 특성이 유추되기도 한다. 예를 들면, 여론조사자에 따르면 선거예측 조사를 할 때, 호남지역은 특정 정당에 대한 절대적 지지, 즉 몰표현상이 가장 두드러진 지역이다. 따라서 반대당에 대해서는 극소수만이 지지를 보내고 있다. 또한 호남지역주의의 특성에 대해서 언급할 때 많은 사람들이 투쟁적, 반골적 성향이 깊다고 평가하고 있다. 그러나 이러한 특성의 대부분은 경험적으로 검증되지 않은 속설에 불과하며, 또한 실제로 이것을 과학적인 기법을 통해 직접적으로 검증하는 것은 매우 어려운 일이다. 따라서 지역에 대한 정치문화 속설을 검증하기 보다는 객관적으로 측정이 가능한 요인들을 중심으로 정치문화를 분석하여야 한다.

1) 정치문화 개념

한 사회의 문화란 여러 가지의 다양한 측면을 포함하지만, 정치문화는 '정치적으로 의미가 있는 상징물들에 대한 심리적 경향'으로 간주될 수 있다 (전득주 외, 1999: 27). 정치문화에 대한 개념적 정의는 학문적 영역별로 다양하다. 하지만 몇 가지 두드러진 개념정의를 살펴보면 다음과 같다.

① 정치문화는 정치체계와 그의 여러 부문에 대한 태도, 정치체계에 있어서 자아의 역할에 대한 태도를 구성한다(Almond & Verba, 1963). ② 정치문화는 정치과정에 대하여 질서와 의미를 부여하고 정치체계에 있어서 행동을 지배하는 기본적인 전제와 규칙을 제공하는 태도, 신념 및 감정의 집합이다(Lucian W. Pye, 1965). ③ 문화는 시공을 초월하여 특정 사회의 정치체계 및 정치적 행위 속에 내재되어 있다(Woshinsky, 1995). ④ 정치문화는 사회성원의 정치행위를 결정짓고 정치행위의 결과적

산물이 바로 정치질서와 제도이다(김호진, 1995). ⑤ 문화는 인간의 모든 삶에 내재하고 있고, 인간이 만들고 있는 모든 것은 문화적인 상징성을 띠고 있다(Richardson, 2001).

위와 같이 정치문화에 대한 정의는 다양하다. 하지만 정치문화는 일반적으로 특정 사회의 대다수의 구성원들이 공유하고 있는 가치체계로 이해하고 있다. 본 연구에서 정치문화는 앞서 언급한 바와 같이 외부로 드러난, 다시 말하면 이론적으로나 분석학적으로 한국의 문화유형이라 규명된(또는 예를 들면 지역시민들이 표출한 선거형태를 통해 구체화된) 표층구조(表層構造, layer structure)와 각 지역의 개개인의 의식에 잠재하고 있는 심층구조(深層構造, in-depth structure)를 포괄하는 정치적 상징성 및 의미를 가진 의식체계로 설명하고자 한다.

2) 선행연구

정치문화에 대한 일반론적 연구는 크게 세 가지로 분류할 수 있다. 마르크스주의자들은 정치문화를 정체성을 띠고 있는 자본가 또는 기득권세력의 이해관계를 보호하기 위한 수단으로 이해하고 있다. 정치문화는 특정 사회의 물질적 상호작용의 부산물로서 노동자 계층과 자본가 계층의 생산 및 사회관계를 규정하는 의식체계라는 것이다(Ferguson, 1995; Offe, 1984; Poulantzas, 1980; Althusser, 1971; Miliband, 1970). 베버주의자들은 다원주의 사회 속에서 독립적이고 자생되는 시민의 정치문화 그리고 정치문화의 변화와 정치구조와의 연관관계에 더 많은 관심을 두고 있다.

이와 더불어, 정치문화를 하부 정치문화로 분류하여 분석한 G. Almond 등의 학자들과, 한배호, 어수영 등의 한국학자들의 연구가 있다. 본 연구는 정치문화를 사회화 및 정치참여의 과정으로 그리고 사회적 토론과 담화의 통로로서 설명하고자 한다(Woshinsky, 1995; Putnam, 1993; Eckstein,

1988; Inglehart, 1987; Pye, 1965; Almond and Verba, 1963).
최근 포스트모더니스트들은 정치문화의 보편성과 일반성을 부정하고 문화의
다양성과 창의적인 생활양식이나 가치체계를 선호하는 주장을 피력한다. 이는
과거의 구습 내지는 권위적인 체제와의 단절과 타파를 추구하는 사회성향과
일치한다(Fowler, 1997; Boudieu, 1993; Derrida, 1992; Connor,
1989; Edelman, 1988; Lyotard, 1984).

정치문화의 이론적, 방법론적 학풍이나 패러다임은 다양하지만, 정치문화
연구에 있어서 주류는 정치문화를 사회화 및 정치참여의 한 과정으로 인식
하는 것이었다. 또한 다양한 정치문화의 변화에 대한 논의와 가치체계의 방
향에 대한 논의도 지속되고 있다. 따라서 정치문화의 연구경향에 대한 국내
외 선행연구를 정치이념, 문화의 변화양상, 그리고 정치행태로 구분하여 분
석하여 보고자 한다.

(1) 정치이념에 대한 연구

정치이념에 연관된 연구는 일반적으로 지방화 시대를 맞이하여 지역 주민
들이 바라보는 세계관 내지는 의식 및 가치체계는 무엇인지를 고찰한다. 정치
문화의 정체성에 대한 논의에 대한 설명이다. 이는 곧 지역사회가 추구해야
한다고 믿고 있는 규범적 정치이념이 무엇인가라는 질의와도 일맥상통한다.
여기서 정치이념은 좌우익의 연속선상에서 개혁과 전통, 자유와 보수 그리
고 중도성향 등과 같은 이념을 의미한다. 정치이념은 구체적으로 지역 주민
들이 바라보는 민주주의체제에 대한 신념이나 가치관, 정치적 또는 사회적
권리 즉 자유와 평등과 같은 천부적인 근본이념에 대해 국민들이 가지고 있
는 이념체계를 포괄한다. 정치이념의 규범적인 측면과 더불어 지역 주민들
이 가지고 있는 제도적 차원(삼권분립, 대의제도, 정당제도 등) 및 절차적
차원(선거양식 및 원칙, 소수의 권리, 타협과 토론절차 등)의 인식과 평가
또한 여기에 포함된다. 정치이념에 대한 부분은 이현출·길병옥(2000),

김만흠(1997), 최장집(1992), 박광주(1988), 한배호·어수영(1987), 길
승흠(1985), 한승조(1984), 차기벽(1978), Sowell(2002), Wolf(1999),
Dryzek(1996), Chee(1993), Cotton(1992), Shin(1989), Satori
(1987), Bell(1978), Henderson(1974) 등이 포함된다.

(2) 문화의 변화양상에 대한 연구

정치문화 연구에 있어서 정치문화는 가변적이고 고정적이지 않으며 항상 새
로운 형태를 띤다는 학풍은 정치문화의 본질을 변화의 대상으로 여긴다. 문화
의 변화양상에 대한 연구는 특정 사회의 정치적, 경제적, 사회적 체제의 변화
와 관련지어 정치문화가 특정 정부의 정책결정 및 정책결과에 어떠한 영향이
있는가를 살펴보는 것이 일반적이다. 일례가 한국의 경제성장에 가장 큰 영향
을 끼친 정치문화는 유교적 윤리에 바탕을 둔 공동체 의식 및 희생정신이었다
는 주장이다. 이러한 의견개진은 현재 많은 논란이 되고 있지만, 아시아 경제
성장과 위기의 동인은 아시아의 가치(Asian values)에 있다고 보는 견해와
상통한다(Kim, 2000; Yang and Kim, 2000; Lee, 2000; Glazer,
1999; Yang, 1999; Zakaria, 1994). 또한 학자들은 사회가 발전할수록
물질주의적인 성향에서 탈물질적인 가치를 선호한다고 주장한다(Inglehart,
1997, 1987; Abramson and Inglehart, 1995). 즉, 성장우선주의나 안
보우선주의의 경향에서 환경보호주의로 전환하는 정치문화의 변화를 의미한
다. 더불어 정보화, 세계화, 다양화 및 지방하는 서구문화와의 접변을 폭넓은
분야에서 가능하게 하고, 특정 사회의 문화가 전통적으로 가지고 있던 가치와
는 다른 성향으로 전개된다는 주상이 있다. 예를 들면, 전통적인 유교적 공동
체주의(Confucian communitarianism)에서 개인의 사회적 성취나 능력
을 중시하는 자아실현주의(self-actualizationism)로 전환되어 간다는 논리
다. 또한 학자들은 후기산업사회(post industrial society) 및 탈현대사회
(post-modern society)에서 두드러진 특징은 과거의 체제나 문화의 권위적

인 정체에서 벗어나 개인의 자율성 및 다양성을 추구하는 경향을 지적한다
(Nelson, 1995; Connor, 1989). 과거 사회와의 단절과 타파를 추구하는
사회성향은 획일적 권위주의체제보다는 다양하고 창의적인 생활양식이나 가치
체계를 선호하는 경향으로 전개되는 문화의식을 의미한다(Derrida, 1998,
1994, 1992; Baudrillard, 1988; Foucault, 1984, 1977; Lyotard,
1984; Barthes, 1973).

(3) 정치행태에 대한 연구

정치문화에 있어서 정치행태에 대한 연구는 앞서 언급한 정치문화의 표층
구조에 대한 설명이다. 정치행태에 연관된 기존의 연구는 정치문화가 지역 주
민들의 투표행태와 정계개편과 같은 정치권력구조 또는 정치기회구조(poli-
tical power / opportunity structure)의 변화에 미치는 영향을 분석한
다. 정치기회구조의 변화는 주민들의 정치참여도, 집권당 및 야당의 정계개편
및 정치지도자들 간의 알력이나 타협 등과 같은 정치환경의 차원에서 일어나
는 구조적 변화를 의미한다(Tarrow, 1994). 일반적으로 정치문화는 정치적
태도, 정치적 신념체계, 정치적 정향을 모두 포괄하는 것으로 정치적 대상에
대한 정치적 인지, 감정, 평가 등의 형태로 나타날 수 있다(신도철 외 3인,
1990; 박동서 · 김광웅, 1987). 이러한 연구는 정치문화와 정치발전과의 상
호연관성을 규명하고자 했고, 그 내용은 특정 정부에 대한 지지도, 정치적 신
뢰도, 정치적 성숙도, 정당 지지도, 정치적 관심도, 지역정치 현실과의 연계
성 등이 있다(박상훈, 2001; 양창윤, 2001; 박희봉 · 김명환, 2000; 고영
진, 2000; 온만금, 2000; 김만흠, 1997; Rhodes, 1997; Mair, 1996;
Jordan, 1994; Lijphart, 1989; Huntington, 1984; Lipset, 1981;
Dahl, 1971; Almond and Verba, 1963).

선행연구의 문제점은 기존의 연구가 정치문화를 규명하는 데 있어 상당히
기술적인 묘사에 치우쳤다는 점이다. 더불어 지역의 구도에서 정치문화와

정치권력구조와의 연계성에 대해 등한시하였을 뿐만 아니라 상당히 부분적
인 의식체계를 보편화시키고자 하였다는 데 있다. 기존의 정치이념, 가치의
변화 및 정치행태의 연구는 또한 한국의 각 지역실정과 구체적으로 어떠한
연관성이 있는지 지역 내의 특수성은 무엇인지에 대한 구체적 설명이 미흡
하였다. 따라서 본 연구는 지역사회의 정치권력구조에 대한 연구와 병행하
여 각 지역에서 고유한 정치문화를 발굴하고 나아가 지역의 정치문화와 사
회체제와의 관계를 정립해 보고자 한다.

4. 지역편견4)

지역편견이나 지역감정에 의한 지역적 갈등구도의 형성은 우리의 정치를
지역 패권주의, 지역 정당, 지역주의 투표행태, 지역연고주의, 지역적 균열
등의 요인을 산출하였다.5) 그 결과 영·호남 간의 갈등, 호남 대 비호남
간의 갈등으로 나타났다. 특히 영·호남 간의 심각한 지역적 갈등 현상은
한국의 정치발전을 위해 그 무엇보다 먼저 치유되어야 한다.

한국의 현대정치에서 영남 출신 박정희 대통령부터 문민정부라고 칭하는
김영삼 정권까지 지역감정에 의한 정치적 구도의 형성에서 정치적·경제적
피해자는 호남인이었다. 호남인 상대적 박탈감은 그 자신들로 하여금 역
대 선거에서 그 어느 지역민보다도 강한 지역적 결집을 표출시켰다(최영진
1999, 143-145). 호남향우회와 같은 호남인의 놀라운 결속력은 '사회익'의

---

4) 지역편견에 대한 이론적 논의는 지충남·오관석, 호남 중·소도시인의 지역편견에 대
   한 고찰, 내한정치학회보, 제14집제2호(2006년), p.21 - 50 참조.
5) 이 개념들에 대한 일반적 설명은 노병만 1998, 59-85; 최순영·김순웅 2000,
   53-83 참조.

의미는 없지만 흔히 고려대 교우회, 해병대 전우회 등과 함께 국내 3대 마피아(mafia)로 통용되고 있다(한겨레 18.0° 05 / 06 / 17, 4-5).

본 연구는 정권의 정치·경제적 차별과 정치권의 지역 패권주의 경쟁이 지역민들에게 지역편견과 지역감정을 산출했으며, 지역편견과 지역감정은 지역주의라는 고착화된 갈등을 양산하였다는 사실에서 출발하고 있다. 특히 지역편견과 지역감정은 타 지역민에 대한 부정적 이미지를 형성케 하였다. 지역편견은 긍정적, 부정적인 것이 있지만, 타 지역민에 대한 부정적 지역편견은 우리의 정치문화를 병들게 하는 한편 정치적으로는 강력한 지배 이데올로기로 작용하고 있다. 이런 점에서 지역편견에 관한 분석은 편견 자체의 허구와 독선을 새롭게 뒤집어볼 수 있는 연구가 될 수 있다.

사회에서 출신지역이 달라도 개인 대 개인으로 접촉하면 지역편견 또는 지역감정과 같은 갈등요인을 찾아보기 힘들뿐만 아니라 외부로 표출되지도 않는다. 그러나 집단 대 집단의 대결이라는 선거과정에서는 빈번하게 지역편견과 지역감정이 작용하여 지역주의적 투표행태가 횡행하고 있다. 이는 기본적으로 특정 지역의 패권에 대한 반발이 집단적 피해의식이라는 형태로 유권자들의 심리에 내재되어 있기 때문이다(최준영·김순흥 2000, 75).

문제는 지역주의라는 갈등의 표출과는 상관없이 우리 국민들의 마음속에 타 지역민에 관한 부정적 지역편견과 차별이 고착화되어 있다는 사실이다. 다른 지역 주민과 일부분 교류 혹은 일체의 접촉이 없었던 상황에서 특정 지역민에 대한 부정적 관념이 형성되어 있다. 정부를 비롯한 정치권은 이같은 문제의 해소 방안으로 행정구역의 개편, 선거제도의 개선, 인적 교류 등을 제시하고 있다. 그러나 이러한 대안은 지역편견이나 지역감정을 해결하는 임시적 방편은 될 수 있지만, 근원적 대안은 절대 아니다. 보다 근본적으로는 특정 지역민이 갖고 있는 타 지역민에 관한 부정적 이미지를 불식시키거나 또는 긍정적 이미지를 가질 수 있는 환경을 조성하는 것이다.

호남인에 대한 타 지역민의 심각한 지역편견에 비례하여 호남인 역시 타 지역민과 같이 강한 지역편견을 갖고 있는 것으로 예단할 수 있다. 흔히 호

남인에 대한 다른 지역민의 평가는 '신뢰할 수 없다' '전라도 사람은 조심하
라'는 등 아주 부정적이며 왜곡되어 있다. 그러나 전라도 사람들의 다른 지
역에 대한 배타성은 상대적으로 미약한 것으로 알려져 있다(나간채 1991).
따라서 타 지역민에 대해 호남의 중·소도시 지역민들이 갖고 있는 지역편
견을 분석함으로써 현재 우리 사회에서 여전히 진행형을 띠고 있는 편견의
고착화 및 세대 간 전이, 그리고 재생산되고 있는 그 실상을 파악할 수 있
을 것이다.

1) 지역편견과 언어 형태

(1) 지역편견과 지역감정

편견은 현실적 갈등, 집단 범주화에 근거한 사회적 정체감을 높이기 위해,
그리고 어렸을 때부터의 사회화 과정이나 확인 편파를 일으키는 고정관념 등
의 인지적 과정에 의해 발생하고 있다(김혜숙 2001, 1). 편견은 자신의 존
재에 대한 타자의 일방적·폭력적 무시와 배제, 혹은 감정적 재단의 결과물
이다. 또한 편견은 집단 간 적대감의 감정적 요소로 어떤 집단 구성원에 대
한 부정적인 감정을 가리킨다(Allport 1954; Ashmore & Del Boca
1976). 따라서 편견의 구조는 단순하지만 집단 적대감의 가장 핵심적인 요
소이며 동시에 가장 변화시키기 어려운 요소이다(Rosenberg 1960; 오수
성 1996, 206). 편견에 대한 고정관념은 어떤 범주의 사람, 제도, 또는 사
건에 대해 다수의 사람들이 공동적으로 갖고 있는 난순화된 심상을 의미한다
(Stally 1997, 203; 백정현 1999, 191). 편견의 성격은 첫째, 특정 사회
집단의 구성원에 대한 것이다. 둘째, 부정적 감정을 내포하고 있다. 셋째, 부
정적 감정은 근거가 박약하거나 과장되어 있다.

편견이 반드시 사회적 차별을 산출하지는 않지만 많은 부분에서 타인에게 차별적 요소를 주는 부정적 면을 갖고 있다. 이러한 편견이 차별과 갈등을 더욱 심화·증폭시키고 있었다. 편견은 개인 혹은 집단의 직접적 경험이나 무경험을 토대로 사회에서 학습되고, 여러 계층으로 확산, 세대 간에 전이되어 가는 특성을 보여준다(서경주 2002, 281). 부모가 영남 혹은 호남 출신인 서울 태생 대학생의 경우 부모의 출신지역민에 대해서는 선호적 태도를 보인 반면 상대 지역민에 대해서는 배타적 감정을 보임으로써 편견의 세대 간 전이가 있음을 주장하였다(김혜숙 1988).

지역편견(regional prejudice)은 특정 지역에 거주하는 집단이나 개인들에 대한 부정적 태도나 감정에 의해 형성된다. 개인경험의 유·무, 언론이나 정치권의 비하적 태도 등이 작용함으로써 다른 집단이나 개인이 소속된 지역을 부정적으로 인식한다. 지역편견은 그 지역 출신 소수자의 행위를 전체로 과대평가함으로써 특정 지역인에 대한 편견적 태도와 행동을 유발하고 있다. 집단의 특성에 대한 신념인 고정관념보다는 감정적인 요인들에 의해 더 크게 영향을 받을 수 있는 지역편견은 지역감정의 하위 개념이다(김혜숙 2001).

지역편견보다 더 광의적 의미로 사용되고 있는 지역감정은 지연(地緣)에 기초하여 형성된 특정 지역에 대한 부정적·편견적인 속성의 심리상태를 가리킨다(조경근 1987, 107-126). 또 한편으로 지역감정은 지역적 연고(緣故)에 따라 구분되는 사람들 사이에 존재하는 집단적 적대감을 의미하기도 한다. 집단 간 적대감은 고정관념(stereotype)이라는 인지적 요소 둘째, 편견이라는 감정적 요소 셋째, 차별(discrimination)이라는 행동적 요소 등 3개 요인에 의해 구성된다(민경환 1991, 172; 김도종 2004, 168-176). 지역감정은 주민이 소속된 집단의 영향을 더 많이 받고 있는 것으로 알려져 있다.

지역편견은 타 지역민이 특정 지역민에 대해 갖고 있는 부정적인 선입견을 의미하며 지역감정은 지역편견을 토대로 특정 지역에 대해 갖고 있는 배타적인 감정을 뜻한다. 그러므로 본 글에서는 지역감정의 하위 개념인 지역 편견을 광의적으로 해석하여 적용할 것이다.[6]

(2) 각 지역민에 대한 폄하적 언어

가) 강원도

'감자바위(우)'의 원래 의미는 강원도가 논·밭보다는 산이 많아 주식이 쌀·보리보다는 감자였다. 쌀, 보리 등의 곡류를 먹지 못하고 구황식물인 감자를 주식으로 하다 보니 영양 공급이 부족하여 얼굴이 경직되고 시커멓 게 타들어간 모습이 마치 바위를 연상시키는 안상을 주었다. 그러므로 강원 도 사람들을 감자바위로 비유하였다(달고나 2003).

이러한 본래적 의미는 부정적으로 변화되었다. 선거에서 항상 집권당을 지지하지만, 선거 후 정권의 정치·경제·사회정책의 집행 측면에서 항상 푸대접을 받았다. 그러나 거의 불평을 하지 않았고 여전히 다음 선거에서 집권당을 지지하였다. 강원인들은 이해득실의 관계에서 비타산적 성향이 많 았다. 즉 불만이 있지만 불평하지 않고 바위처럼 묵묵히 집권당을 지지하는 성향을 보여주기 때문에 강원도인들을 감자바위라고 폄하하였다.

나) 경기도

경기도 주민에 대한 대표적 폄하 언어는 2개이다. 먼저 '들러리'라고 부른 다. 이는 수도인 서울 밑에 위치하여 심부름만 하고 실속은 없다는 비유이 다. 두 번째는 '깍쟁이'라는 표현이다. 이는 서울지역 사람들을 폄하하는 대 표적 용어이지만 서울·경기도를 수도권으로 묶어 경기도 사람들도 이 부류 에 포함시켜 부르고 있다. 자기 일만 챙기고 다른 일에는 관심을 두지 않는

---

6) 김대중, 김근태, 장준만 등은 시역감정을 시역차별로 해석하였다. 지역감정은 지역 차별주의를 호도하기 위한 마술적 언어라고 주장하고 있다. 강준만 1995, 33-36 참조

이기적 그리고 이해타산적인 사람을 의미한다.

다) 충청도

충청인에 관한 폄하 언어는 4개이다. 대표적 표현은 '멍청도'이다. 누가 때리면 맞고, 대응할 줄 모르며 동작과 언어 표현이 여타 지역 사람과 비교하여 아주 느리다. '느리다'와 '정치의 중심이 없다' 해서 붙여졌다. 두 번째는 '멍청도 더듬수'이다. 이는 충청인의 행동이 타 지역 사람에 비해 매우느린 것을 비유한 언어이다. 세 번째는 '곰퉁이'라는 표현으로 충청인에 대해 미련하다는 의미로 사용되고 있다. 흔히 충청도를 '멍청도' 충청인을 '멍청이'라고 한다. 이것은 충청도 지역의 고대사를 반영하고 있는 별명이다. 충청인을 '미련한 곰퉁이'라고 한 것에서 "충청도 멍청이"라는 말이 나간 것이다. '곰퉁이'는 '곰동(童)이'에서 유해하였다. '곰동(童)이'는 '곰'땅에서 태어난 아이라는 말이다.

마지막으로 '핫바지'이다. 이 언어는 핫바지 같은 사람이라는 뜻으로 '촌스러운 사람'이나 '시골사람' '무식하고 어리석은 사람'을 뜻하는 말로 쓰인다. 핫바지는 충청도 사람들이 시골사람으로 행동이 세련되지 못함을 빗대어 표현한 말이다. 정치적으로는 권력의 하수인 역할을 잘 하지만, 실제 권력은 장악하지 못함으로서 집단 심리적 소외의식을 뜻한다. 1995년 6월 제1회 전국동시지방선거에서 자유민주연합 총재인 김종필이 충청인의 표 결집을 위해 "충청도 핫바지론"을 주장하였다(지병문 외 2001, 428).

라) 경상도

경상도에 대한 폄하 언어는 3가지이다. 'TK·PK 마피아'는 노태우 정권 시절 대구·경북, 김영삼 정권 때 부산·경남이라는 특정 지역과 지연을 토대로 만들어진 정치적 거대 세력집단을 의미한다. 두 번째는 영남지역 사람들을 흔히 '보리 문둥이'로 폄하하여 지칭하고 있다. 경상도는 지역 특성상 밭농사 위주였고 주식이 보리였다. 또한 토양이 척박하였으므로 콩보리밥도

배불리 먹을 수 없는 지역이었다. 그래서 먹을거리의 양을 부풀리기 위해서 보리에 시래기를 넣어 죽을 쑤어서 보리시래기죽을 끓여 먹었다. 그러다 보니 영양 공급이 불충분하여 얼굴에 부종기가 가실 날이 없어서 문둥이 상호를 하고 있었기 때문에 '보리 문둥이'라는 별명을 얻었다. 그렇지만 박정희의 경제개발5개년계획 추진 이후 경상도는 그 어느 지역보다 가장 부유한 지역으로 부상하였다.

세 번째는 '문둥이'이다. 이 용어는 경상도에서 사용하는 일종의 '애칭'으로 전라도에서 친한 사람 간에 부르는 "염병(학질)할 놈"이라는 말과 동격인 언어이다. 경상도에서는 좋은 의미로 사용되고 있지만, 다른 지역에서는 나병환자의 의미로 사용되고 있다. 경상도를 제외한 지역에서는 직접 대면하기 싫어하는 혐오적 인물을 뜻하는 의미로 사용되고 있었다.

마) 전라도

전라도에 대한 대표적 폄하 언어는 5개이다. 어느 지역보다 많은 폄하 언어를 가지고 있다. 먼저 '따블빽'은 너무 가난하여 이삿짐을 싸는데도 이것저것 가릴 것 없이 한꺼번에 보따리 안에 넣어 다녔다는 의미이지만 좀도둑을 뜻하기도 한다. 특히 이 용어는 군대에서 호남인을 지칭하여 가장 많이 사용되는 용어이다. 두 번째는 '깍두기'라는 표현이다. '조직 폭력배'를 의미하는데 그들의 머리가 깍두기 형태처럼 네모지게 잘려 있기 때문이다. 문제는 이 언어를 전라도인에 대한 표현으로 사용한다는 점이다. 즉 서울 경기지방에서 활동하는 조직 폭력배 가운데 호남이 높은 비율을 차지함으로써 붙여졌었다. 거칠고 남을 위협하고 주먹을 휘두르고 못 배워서 폭력배가 되었는데 특히 전라도인 폭력배를 비유하지만 호남인을 지칭하는 의미로 사용되기도 한다.

세 번째는 전라도 사람들을 '깽깽이'라고 부른다. 전라도말의 언어적 특성에서 비롯된 말이다. 전라도 말은 말끝이 '-당께' '-게라우'와 같은 특이한 씨끝이 많은데 이러한 씨끝 중에서 인상적인 '-께'가 자주 반복된다는 뜻에

서 '깽깽이'로 불리고 있다(하사가 2004). 네 번째는 '개땅쇠'이다. 이 말의
의미는 쓸모없는 개펄이 많고, 반역의 땅이나 유배지 등을 일컫는 하도(下
道)의 의미로 사용되었다. 다시 말해 못 쓰는 땅에 사는 천한 놈이라는
의미로서 지배권력층에 의해 비하적 의미로 사용되어 왔다(최협 1996, 28).
마지막으로 전라도 사람들을 비하하는 언어로서 '뒤통수'가 있다. 이는 경제
적 거래나 단체생활에서 신의가 없고 배반을 잘 한다는 의미의 폄하 언어이
다. 호남인을 '신뢰할 수 없다' '처음과 끝이 다르다'는 편견에서 사용되고
있다.

우리 사회에서 주민들에 의해 의식적 또는 무의식적으로 통용되고 있는
특정 지역에 대한 비하적 언어 사용은 해당지역 사람들의 면모를 악의적으
로 깎아내리고 깔아뭉개는 의미로 이용됨으로써 지역편견을 조장시키는 데
일조해 왔다. 각 지역민에 대한 부정적 언어편견은 여러 지역에서 열등적
차별화를 생산시켜 왔고, 특정 집단에 대한 집단의 차별화 및 정신적 폭력
으로 사용되었다. 특히 지역적 편견언어는 지역갈등을 자극하는 사람들이
많이 언급하는 경향이 있다.

2) 호남인에 대한 편견의 정체

오늘날 우리 사회에서 발견되고 있는 호남인에 대한 편견을 객관적으로
분석하기 위해서는 무엇보다 먼저 현상의 면밀한 분석이 선행되어야 한다.
다시 말해 호남인에 대한 구체적 편견의 정체를 밝혀야 한다. 이를 위해 호
남이란 특정 지역에 관해 호남 이외의 지역 구성원들이 갖는 역사적·문화
적·심리적·사회경제적·정치적 측면에서 부정적 편견을 살펴보겠다.

먼저 호남인에 대한 지역편견을 언급한 역사적 고문서들이다. 풍수지리설
을 토대로 차령산맥 이남과 호남인들에게 벼슬을 주지 말라는 왕건의 '훈요
십조,' '훈요십조'를 위작(僞作)하여 옛 백제 땅은 기풍이 사납고 굳세어 큰

난을 꾸밀 것이라는 내용을 언급하고 있는 '삼한산림비기(三韓山林秘記),' 영남은 땅이 두텁고 산이 빼어나 많은 인재가 배출되고, 호남은 거꾸로 달리는 산이 많으니 불충불효하고 간사한 무리들의 소굴이라고 묘사한 '정감록,' 호남을 반역과 요사와 미신과 재앙의 땅이라고 저술한 이중환의 '택리지' 등이 있다. 문제는 이러한 기록들이 주관적인 관점에 의해 저술되었다는 점이다. 예컨대 훈요십조의 제8조에 호남 기피의 조항이 들어 있었는지, 조선시대 영남지방에서 발생한 반란은 12회, 호남지방은 4회에 불과하였다는 점에 비추어보면 '비기'와 '정감록'의 허구성이 입증되고 있다. 호남 땅을 밟아보지도 않은 이중환의 평가 등등을 타 지역민들이 사실로 수용함으로써 역사적 저술물들이 비호남인들의 호남인 편견에 많은 영향을 주었다.7)

문화적 측면에서 아픔, 소외, 저항, 항쟁, 그리고 유배의 땅이라는 표현은 호남의 문화를 전라도의 힘들었던 역사적 경험과 결부시켜 파악하고 있다. 언제부터인가 전라도 문화를 소외와 저항과 한(恨)의 문화로 규정하려는 시각이 존재해 왔다. 백제의 멸망, 왕건의 훈요십조, 정여립의 모반사건과 연관시켜 호남에 대한 차별과 소외 등이 등장하였다(최협 1996, 20). 근 · 현대사에 있어 동학농민항쟁, 한말의 의병항쟁, 광주학생독립운동, 5 · 18 민중항쟁 등은 호남의 저항문화를 대표하는 사건들이다. 이러한 호남의 저항문화가 타 지역민들에게는 '반골,' '반역의 땅'으로 변질되고 왜곡된 채, 호남에 대한 편견을 가속화시켰다. 한편 일부 실학자들의 풍속고(風俗考)에서도 호남 편견이 언급되고 있다. 안정복은 그의 '임관정요(臨官政要)'에서 호남풍속은 겉모양만 그럴듯하고 경박하며, 면전에서만 진실한 척하고 속마음은 다르다고 평하면서 영남지역에 대해서는 호의적 평가를 하였다.8)

---

7) 역사적 시각에서 지역편견에 대한 보다 자세한 내용은 남영신 1993, 90-124 참조.

8) 호남에 관해 긍정적 편견을 기술한 저술도 있다. '동국여지승람'에는 호남지역을 어진 사람이 많고, 순박 · 검소하다. 정철과 윤선도는 호남을 칭송하고 노래했으며, 임진왜란과 관련하여 호남 이병들이 활동을 '충의지향(忠義之鄕)'으로 평가되고 있으며, 징조는 호남을 '최명현질의시향(最名賢節義之鄕)'으로 구성하였다(이병유 1991, 85-121) 참조.

지역편견의 발생근거와 문화적 인식차원에서 취급하는 역사·문화적 방법
이 개인의 주관적 논리에 의존하였다면 현대적 지역편견에 관한 연구물은
경험적 조사를 토대로 이루어졌다. 심리학적 접근은 고정관념과 편견의 문
제를 위주로 호남인의 행태 또는 성격과 관련시켜 연구하였다. 이진숙
(1959)은 팔도인의 성격적 특성을 25개의 형용사를 사용하여 분석하면서
전라도 사람은 '간사하다'고 규정했으며, 국민들은 각 지역에 따라 일정한
지역편견을 갖고 있다고 밝혔다.9) 고흥화와 김현섭(1976)은 전라도인은
사교적이지만 신뢰성이 없다고 했다(홍기훈 1996, 248에서 재인용).10) 서
울, 충청, 경상, 전라도 대학생을 대상으로 지역민의 편견을 조사한 김진국
(1977)은 "전라도 사람은 타산적이고 야심적이다"고 분석하였다.11) 김혜숙
(1988)은 서울·충청·영남·호남인을 대상으로 이들이 타 지역민에 대해
갖고 있는 편견을 고찰하였다. 조사결과 호남인에 대해 "믿을 수 없다" 등의
부정적 성향을 보여주었으며 타 지역민과 비교하여 호남인을 더 싫어했으
며, 호남인과의 접촉에 대해 회피성향을 보여주었다. 오수성(1996)은 타
지역민이 호남인을 배척하는 주된 이유로 '성격'을 제기하자, 이를 규명하기
위해 영남과 호남의 중·고·대학생을 상대로 성격 검사를 실시하였다. 연
구 결과, 호남인과 영남인 간 성격상 차이가 거의 없는 것으로 나타났으며,
호남인에 대한 타 지역민의 배척은 호남인의 성격에 문제가 있기보다는 호
남인에 대한 부정적 관념 내지 편견이 바탕에 깔려 있다고 주장하였다.

최준영·김순흥(2000)은 친구삼기, 집 세주기, 자녀의 결혼, 본인의 결
혼과 같은 변수를 사용하여 지역 간 거리감을 측정하였다. 도시일수록 지역

---

9) 그 외에 강원도 사람은 온순하고, 우둔하고, 단순하다. 서울 사람은 깍쟁이, 간사
   하고, 사교적이며, 경우가 밝다. 경기도 사람은 온순하고 깍쟁이다. 충청도 사람은
   온순하고, 예의바르며, 보수적이며, 완고하다. 경상도 사람은 무뚝뚝하다.
10) 강원도인은 검소하다. 서울인은 사교적이고 영리하지만, 이기적이고 인색하다.
    충청도인은 다정하고 겸손하나, 보수적이고 결단성이 없다. 경상도인은 생활력이
    강하고 결단성이 있지만 시끄럽다.
11) 서울 사람은 사교적이고 타산적이며 이기적이다. 충청도 사람은 예의가 있고 소
    박하고 성실하다. 경상도 사람은 시끄럽고 의지 있고 결단력이 있다.

감정의 강도가 낮았으며, 영·호남 간의 지역대립보다는 충청과 강원인의 영·호남인에 대한 지역감정이 높다는 결과를 추출하였다. 따라서 우리 사회에 지역주의적 편견이 높게 자리하고 있으며, 타 지역민들은 호남인보다는 영남인에게 더 높은 호감도를 갖고 있다고 밝혔다. 따라서 타 지역민들은 호남인에 대해 부정적인 고정관념과 편견을 갖고 있으며, 사회적 거리감을 느끼고 있었다. 문제는 편견이란 그릇된 태도를 의미함으로써 호남인의 기질, 성격에 관한 일반적 태도는 객관적 사실과는 관계가 없을 가능성이 많다(최협 1996, 25).

사회·경제적 접근은 지역 차별정책에 따른 지역 간 격차를 다루었다. 타 지역민의 호남인에 대한 대표적 편견은 "간사하다." "믿을 수가 없다." "뒤끝이 안 좋다." "겉과 속이 다르다" 등으로 함축될 수 있다. 이는 박정희 시대부터 추진된 경제개발과 관련이 있다. 공업과 경상도 위주의 지역개발은 농업을 주축으로 하고 있는 호남을 피폐화시켰으며, 지역적 불균등 발전의 결과 많은 호남인들이 생계를 위해 서울, 경기도, 경상도 지역으로 이주하였다(박혜자 1992). 이주자는 주로 하층민들로서 거주지에서 하층구조를 형성했으며, 이들의 직업은 막노동, 노점상, 공장직공, 가정부, 청소부 등이었다. 일부는 직업을 갖지 못해 조직 폭력배가 되었다. 이러한 것 외에도 TV, 라디오에서 최하층의 역할, 죄수, 건달 등 천박하고 이미지가 나쁜 악역은 전라도 사투리를 쓰는 사람들이었다(이상현 2003).

나간채(1991)는 "지역민의 사회적 거리감"의 연구에서 타 지역민들은 전라도 사람에 대해 유독 높은 거부감을 갖고 있는 반면 경상도 사람에 대한 거부감은 상대적으로 낮다고 분석하였다. 이 같은 사회적 거부감과 관련해서 호남 사람들 다수는 스스로 차별받고 있는 것으로 인식하고 있었다. 결국 역사적·문화적으로 호남인에 대한 부정적 편견, 하층민의 주류를 형성하였던 호남인들의 생계를 영위하기 위한 각박한 삶, 영남 정권시대 방송에서의 호남인에 대한 나쁜 인식 능이 복합적으로 겹쳐진 결과, 타 지역민들은 호남인들의 단면만 보고서 부정적, 나쁜 편견을 재생산하고 있었다.

특정 지역 출신의 대통령 만들기 경쟁은 한국정치에서 지역 간 갈등관계를 심화시킨 요인으로 작용하였다. 지역 패권주의를 위해 정치인들은 유권자를 대상으로 호남인 전체에 대해 부정적 편견을 사용하였다. 즉 지역편견이 정치적인 역동성을 갖게 만들었다. 예컨대, 1971년 대통령 선거에서 박정희 정권은 반공이념과 지역편견을 교묘히 접목시켜 전라도 출신 김대중을 모함하는 선거 전략을 동원하였다. "호남인이 집권하면 경상도 사람은 다 망한다"(김종철 1991, 17). 유신정권의 출범 이후, 집권세력은 김대중의 과거 전력을 문제삼아 '빨갱이'로 매도했으며, 김대중은 급진주의자, 급진주의는 혼란, 김대중과 전라도 사람들은 혼란을 부추기는 집단이라는 대중조작을 전개하였다(남영신 1993, 126-135).

1979년 박정희의 사망 이후, 최규하 정권하에서 발생한 '광주민중항쟁'과 관련하여 신군부는 김대중을 '내란 수괴' 혐의로 구속하였다. 집권세력들은 호남 정치의 상징인 김대중을 체제의 대표적인 적으로 규정하면서 급진적, 반체제적, 나아가서는 '공산주의자'에 가까운 혁명적 이미지로 채색하고 반김대중 감정을 조장하였다(최장집 1991, 34). 그럼에도 불구하고 김대중은 1997년 대선에서 김종필의 자민련과 연합하여 대통령에 당선되었으며, '국민의 정부'의 최고 수장이 되었다. 김대중이 대통령이 되었다고 해서 지역편견 혹은 지역감정이 완전히 해소되지는 않았지만, 김대중과 관련된 편견의 허구성은 검증되었다.

타 지역민의 호남인에 관한 편견은 대체로 부정적이었다. 타 지역민들이 호남인들에 대해 갖고 있는 편견의 정체는 역사적 · 문화적 · 심리적 · 사회경제적 · 정치적 측면에서 부각된 부정적 편견들이 아무런 여과장치 없이 지역민들에게 수용되고 누적되고, 때로는 각 요인들이 상호 복합적으로 작용한 결과였다. 따라서 호남인은 간사하고, 신뢰할 수 없으며, 저항적이며, 급진적이라는 편견은 말 그대로 편견에 지나지 않을 가능성이 많다.

특정 지역민 소수의 행위를 그 지역민 전체 행위로 인식하는 지역편견은 그 지역 사람들의 품성과 도덕성을 대표하지 않는다. 광주민중항쟁 기간 동안 치안을 담당하는 공권력의 실종 상태에서도 강도와 절도가 없었다는 사실이야말로 타 지역민이 갖고 있는 호남인에 대한 부정적 편견을 불식시키는 단초가 될 수 있다(김종철 1991, 20). 결국 타 지역민이 인식하고 있는 호남인에 대한 편견은 극히 일부 호남인을 호남인 전체로 확대하여 과장된 것이며, 정치적 측면에서 호남인을 대상으로 한 정치적 상징조작의 결과이다. 호남인도 타 지역민과 동일하게 여러 부류의 사람들이 함께 공동체 생활을 영위하고 있는 보통 사람에 불과하다.

3) 분석틀

한국에서 지역갈등의 출발점은 특정 지역에 대한 정치적·경제적 차별과 지역 패권주의 경향 때문이었다. 영남 출신 집권자인 박정희 정부부터 김영삼의 문민정부까지 호남지역은 타 지역에 비해 엘리트 충원, 지역경제 발전 등에 있어 차별을 받아 왔다(최장집 1996; 황태연 1997; 최영진 1999). 이러한 차별구조는 호남인으로 하여금 정치적 박탈감, 경제적 소외감을 갖게 만들었다. 또한 특정 지역 출신들의 기득권 유지는 지역 패권주의를 산출하였다.

남영신(1991)은 지역문제를 지역감정의 차원이 아닌 지역 패권주의 시각으로 접근하였다. 그는 지역 패권주의를 한 국가의 일부 영토에 존재하는 특정 지역 출신 집단이 그들 지역 주민들과 결탁하여 국가경영에 주도권을 행사함으로써 배타적이고 독점적인 정치권력을 획득·유지·강화하려는 정치적 이념으로 정의하였다.

정치·경제적 차별과 지역 패권주의는 호남 대 영남, 호남 대 비호남이라는 구도를 형성시켰다. 그 결과, 특정 지역민에 대한 지역편견과 지역감정을 확산시켰다. 지역편견과 지역감정의 원인으로 가장 많이 지적되고 있는 요인은 첫째, 불균등한 사회경제적 발전, 특히 영·호남 간의 경제적 편차를 들 수 있다. 둘째, 지역민 간에 존재하는 호오도(好惡度), 고정관념, 편견 등의 심리적·감정적 태도이다(이갑윤 1998, 49; 김진국 1989; 나간채 1991). 이들 연구에 의하면 한국인에게서 발견되는 보편적인 심리적 태도는 같은 지역 출신의 내집단을 다른 지역 출신의 외집단보다 더 선호하고 있으며, 비호남지역민들이 호남인에 대해 다른 외집단에 비해 낮은 평가를 하고 있다고 밝혀내었다. 셋째, 엘리트 충원의 특정 지역 편중 현상으로 불리는 영남지역 패권주의이다(김만흠 1997; 이갑윤 1998).

지역민들에게 의식적 혹은 무의식적 영향을 미친 지역편견과 지역감정은 각종 선거에서 유권자들로 하여금 특정 지역 출신과 지역을 배경으로 하는 특정 정당에게 몰표를 주는 지역주의를 유발하였다. 2000년 이후 대표적 사례는 16대 총선에서 보여준 영·호남 유권자의 투표행태, 17대 총선에서 나타난 영남지역 유권자의 투표성향이다. 반면에 충청지역은 16대 및 17대 총선에서 지역주의적 투표성향이 상당히 약화되었다.

각 지역으로 확산된 지역주의는 또 다시 각 지역민들 사이에서 지역갈등을 촉발시키는 영향요인으로 자리하고 있었다. 지역갈등은 잠재화된 상태의 지역편견이나 지역감정이 어떠한 사회적·정치적 계기를 통해 집단갈등의 모습으로 드러난 상태이다(노병만 1998). 따라서 지역갈등은 지역편견, 지역감정, 지역주의에 영향을 받아 나타났으며, 현세대에게 각인되어 있는 지역갈등은 의식적 혹은 무의식으로 다음 세대에게 전이되고 있다.[12]

호남인의 타 지역민에 대한 편견을 고찰하기 위해서는 응답자들의 내면에 잠재되어 있는 의식을 파악해야 한다. 먼저 ① 타산적이다 ② 우둔하다 ③ 막무가내이다 ④ 우유부단하다 ⑤ 신뢰성이 없다 ⑥ 이기적이다 등 6개의 부정적 문항을 제시한 후, 응답자로 하여금 각 지역민의 특성이라고 생각되는 것 하나를 선택하게 하였다.[13]

---

12) 최준영·김순흥은 지역갈등은 쌍방향적이므로 지역편견, 지역감정이 있다고 해서 지역갈등이 반드시 존재하는 것은 아니라는 견해를 갖고 있다(최준영·김순흥 2000, 53-83) 참조.

나간채(1991, 205-209)의 연구에 따르면 호남인에 대한 타 지역민의 거부감은 연령, 교육, 소득수준이 높은 집단에서 심한 거부감을 갖고 있는 것으로 조사되었다. 호남의 2개 도시민들의 요인별 수준도 이들 타 지역민과 유사한 결과로 도출된다면 그 원인을 규명해 보아야 한다. 또한 김혜숙(1988)은 편견의 세대 간 전이를 주장하였다. 편견의 세대 간 전이가 진행되고 있다면 젊은 층의 편견 의식이 높게 나올 것으로 추정할 수 있다.

편견의 부정성에도 불구하고 고려시대부터 현재까지 지역편견은 세대 간 전이가 행해지고 있으며, 연령, 교육, 소득이 높을수록 지역편견 의식이 높은 것으로 알려져 있다. 지역편견으로 인한 이득은 소수의 인사들이 독점한 반면 일반 주민과는 거의 동떨어진 것이었다. 또한 지역사회 내에서 지도층의 낮은 편견 인지도는 지역편견의 해소에 기여할 것이다. 이런 점에서 지역편견에 대한 사회 인구학적 요인별 분석이 필요하다.

본 연구의 조사대상은 중·소도시에서 생활하고 있는 엘리트, 이익집단, 주민 등 3집단이다. 집단간 상호 비교를 통해 지역민들이 갖고 있는 편견의 수준을 살펴보려고 한다. 엘리트나 이익집단 대표들은 지역사회의 여론 형성을 주도하는 인사들이다. 만약 이들에게서 높은 지역편견 의식이 발견된다면, 지역 간 편견이 심화될 가능성이 많은 반면, 반대일 경우 지역편견은 점차적으로 완화될 여지가 있기 때문이다.

---

13) 부정적 6개 항목은 우리 사회에서 각 지역민과 관련하여 널리 통용되고 있는 단어들이다. 특히 각 지역민에 대한 부정직 언어 6개보나 너 폄하적 단어들노 많이 있다. 그러나 명예훼손의 문제 그리고 지나친 언어적 비하는 오히려 지역편견을 더 조장할 수 있다는 생각에서 가장 순화된 단어들을 선택하였다.

제3절 정책결정 엘리트의 구성적 특징: 순천

1. 평판법에 의한 엘리트 선정

지위법에 의한 엘리트 분류는 중요한 직책을 점유한 사람을 의미한다. 정치, 행정, 경제, 사회 엘리트로 구분된다. 엘리트의 영향력을 측정하기 위해서는 평판법이 사용되고 있다. 엘리트들에게 누가 영향력이 있는지 질문하고, 질문에 대한 응답에 따라 영향력 수준을 측정한다. 그 결과, 251명의 엘리트가 선정되었다. 이들은 순천지역에서 1981년부터 현재까지 정치·행정·경제·사회 분야에서 중심적 역할과 함께 영향력을 가진 자로 드러났다. 정치 엘리트 79명, 행정 엘리트 120명, 경제 엘리트 24명, 사회 엘리트 28명 등이다.

2. 구성적 특징

1981년부터 2004년 5월 말까지 순천시에서 활동하였던 정치·행정·경제·사회 엘리트에 관한 인적특성 자료를 수집하였다. 1995년 1월 정부의 도농통합 방침에 따라 전남 순천시와 승주군이 통합하여 현재의 순천시로 발족하였다. 따라서 조사대상은 도농통합 이전의 순천시와 승주군 엘리트를 포함하며, 1995년 이후로는 통합 순천시의 엘리트가 그 대상이 된다. 전체 조사대상자는 251명으로 이들은 대분류 기준에 의거 엘리트로 분류된다.

〈표 2-1〉 순천 역대 엘리트 유형

	빈 도	%
경 제	24	9.6
사 회	28	11.2
정 치	79	31.5
행 정	120	47.8
전 체	251	100.0

1981년부터 2004년 현재까지 순천지역의 역대 엘리트는 251명이다. 이들을 중분류 기준에 의거 분류하면 정치 엘리트 79명(31.5%), 행정 엘리트 120명(47.8%), 경제 엘리트 24명(9.6%), 사회 엘리트 28명(11.2%)이다. 경제와 사회 엘리트의 빈도가 낮은 이유는 회사의 설립 시점이 짧으며, 또한 직책에 따른 인원의 변동이 적었다. 반면 행정 엘리트가 근무하는 자치단체는 존속 시점이 중앙정부의 출범과 함께 시작됐다는 점에서 그리고 직책에 따른 이동이 많았기 때문에 행정 엘리트의 빈도가 제일 높다. 정치 엘리트는 1991년 지방선거 이전까지는 지역 국회의원만 해당되며, 지방선거 이후, 광역과 기초의원이 조사대상에 포함되었다. 한편 정치와 행정 엘리트의 과도 대표율은 본 연구가 역내 엘리트들의 특성에 관한 데이터베이스(data base) 구축을 목표, 즉 과도 대표된 정치와 행정 엘리트를 대상으로 여론조사를 모두 실시한 것이 아니라, 후속 연구자를 위해 데이터베이스 구축을 목표로 하기 때문에 상대적으로 많았다.

<표 2-2> 순천 역대 엘리트 종류와 직책

유 형	종 류	직 책	조사대상자 수
정치 엘리트	국회의원	국회의원	11
	도의원	도의원	21
	시군의원	의장, 부의장, 상임위원장	47
행정 엘리트	시 장	시 장	16
	부시장	부시장	17
	군 수	군 수	10
	부군수	부군수	8
	행정부서실국	행정지원국	10
		기획실장	9
		감사실장	3
		문화공보실장	18
	경제부서실국	건설국장	8
		농업경제국장	2
		도시건설국장	2
		산업경제국장	8
	사회문화부서실국	복지환경국장	1
		시민복지국장	8
		환경위생국장	1
경제 엘리트	제조업장	성창기공 대표이사	1
	유통업장	뉴코아백화점 점장	4
	금융업장	광주은행 순천지점장	16
	건설업장	제이에이건설 대표이사	1
	토착기업장	제일토건 대표이사	1
		파루 대표이사	1
사회 엘리트	신문사장	순천신문 대표이사	3
		전광일보 대표이사	1
	방송사장	CBS 전남방송 본부장	3
	대학 총학장	순천대학교 총장	6
		순천청암대학 학장	2
	교육청	순천시 교육청 교육장	13
총 계			251명

역대 순천 엘리트는 4개 영역으로 구분되어 있다. 정치 엘리트는 국회의
원 11명, 도의원 21명, 시의원 47명 등이다. 정치 엘리트들 가운데 시의원
이 제일 많은 것은 시의원은 의장, 부의장, 각 상임위원장 3명을 포함시켰
기 때문이다. 행정 엘리트는 시장 16명, 부시장 17명, 통합 이전 승주군수
10명 및 부군수 8명이며, 행정부서실 국장 40명, 경제부서실 국장 20명,
사회문화부서실 국장 10명 등이다. 경제 엘리트는 제조업, 유통업, 금융업,
건설업, 토착기업 등 총 24명으로 구성되어 있다. 마지막으로 사회 엘리트
는 신문사, 방송사, 대학, 교육청 등 27명이다.

〈표 2-3〉 순천 역대 엘리트 성별·연령·학력

		빈 도	%
성 별	남	250	99.6
	여	1	.4
	전 체	251	100.0
		빈 도	%
연 령	40대	18	6.8
	50대	54	21.5
	60대 이상	180	71.7
	전 체	251	100.0
최 종 학 력	중졸 이하	6	2.4
	고 중퇴	1	.4
	고 졸	68	27.1
	대 중퇴	12	4.8
	대 재	2	.8
	대 졸	83	33.1
	대학원졸	59	23.5
	중 졸	5	2.0
	초 졸	15	6.0
	전 체	251	100.0

순천지역의 역대 엘리트는 251명이다. 남 250명, 여 1명이다. 여성 1명은 CBS 전남방송 본부장을 역임하였던 엘리트이다. 하부 정치문화로 내려갈수록 여성의 엘리트 비율이 아주 낮다. 역대 엘리트의 연령대를 보면 60대 이상이 180명(71.7%)으로 엘리트 구성에 있어 아주 고령화되어 있다. 순천 역대 엘리트 251명 중 대졸자는 83명(33.1%), 대학원졸 엘리트는 59명(23.5%)으로 10명 가운데 5명 이상이 대졸 이상의 학력을 갖고 있는 것으로 나타났다. 즉, 순천시 역대 엘리트의 70% 이상이 60대 이상이라는 점을 고려하면 우리 사회에서 지역 엘리트로 활동하기 위한 기본 조건으로 대학 이상의 학력이 필요함을 알 수 있다.

3. 엘리트의 집중성

엘리트의 집중성 분석을 위해 성장지, 출신고, 출신대를 중심으로 살펴보겠다.

〈표 2-4〉 순천 역대 엘리트 성장지

	빈 도	%
지역 불분명	1	.4
강원 홍천	1	.4
경기 여주	1	.4
경남 함안	1	.4
경북 울진	2	.8
광주광역시	24	9.6
전남 강진	6	2.4
전남 고흥	5	2.0
전남 곡성	6	2.4

	빈 도	%
전남 광양	10	4.0
전남 나주	8	3.2
전남 담양	6	2.4
전남 무안	1	.4
전남 보성	13	5.2
전남 순천	130	51.8
전남 여수	7	2.8
전남 영광	3	1.2
전남 영암	3	1.2
전남 장성	4	1.6
전남 장흥	3	1.2
전남 진도	1	.4
전남 함평	5	2.0
전남 해남	3	1.2
전남 화순	4	1.6
전북 김제	2	.8
충북 충주	1	.4
전 체	251	100.0

순천지역 엘리트의 성장지를 보면 6명(2.4%)을 제외하고는 245명(97.6%)
이 광주·전남 출신이다. 지역별로 세분하여 보면, 순천 토박이는 130명
(51.8%)으로 반수를 약간 넘는 높은 집중성을 보이고 있다. 그다음은 광
주광역시 24명(9.6%)으로 이는 행정 엘리트의 인사이동에 따른 빈도로 추
정할 수 있다. 전남 보성 출신이 13명(5.2%)으로 보성은 순천시와 바로
인접해 있는 군이다.

<표 2-5> 순천 역대 엘리트 출신고

	빈 도	%
무	25	10.0
강진 강진농고	3	1.2
검정고시	5	2.0
경기 여주상고	1	.4
광양 광양농고	2	.8
광양 진상고	1	.4
광주 광주고	25	10.0
광주 광주공고	3	1.2
광주 광주농고	2	.8
광주 광주사범고	8	3.2
광주 광주상고	5	2.0
광주 광주일고	10	4.0
광주 송원고	2	.8
광주 송정직업고	1	.4
광주 숭실고	1	.4
광주 숭일고	2	.8
광주 조대부고	5	2.0
광주 진흥고	3	1.2
구례 구례농고	1	.4
나주 공립실고·나주고	2	.8
담양 담양농고	2	.8
동경 수덕상고	1	.4
마산 마산고	1	.4
목포 목포사범고	1	.4
보성농고·벌교상고	2	.8
부산 해동고	1	.4
서울 경기고	2	.8
서울 사대부고·상지고	2	.8
서울 서울고	2	.8
서울 서울공고	2	.8
서울 중앙고	3	1.2
서울 한영고	2	.8

	빈 도	%
순천 매산고	17	6.8
순천 순천고	56	22.3
순천 순천농고	20	8.0
순천 순천사범고	8	3.2
순천 순천실고	3	1.2
여수 여수공고	2	.8
여수 여수상고	3	1.2
여수 여수실고	1	.4
영광 영광고	1	.4
익산 남성고	1	.4
일본 광도고·복정상고	2	.8
일본 내판낭상고	1	.4
진주 기전여고	1	.4
진도 진도농고	1	.4
춘천 춘천고	1	.4
충주 충주고	1	.4
함평 학다리고	2	.8
화순 화순고·화순농고	2	.8
전 체	251	100.0

순천지역 역대 엘리트의 출신고교를 보면 56명(22.3%)이 순천지역의 가장 명문고인 순천고를 나옴으로써 다른 고교 출신에 비해 현저한 집중성을 보여주고 있다. 그다음으로는 광주광역시에서 과거 명문고로 알려진 광주고 출신 25명(10.0%)이나. 이들은 주로 행성 엘리트로 분류되는 인사늘이다. 또한 농촌노시라는 시역석 특성을 삼안한다면 순천농고 출신이 20명(8.0%)으로 나타났다. 순천지역에서 역사가 오래된 순천매산고 출신도 17명이었다. 광주·전남에 소재하지 않은 타 시·도 또는 일본외 고교를 졸업한 엘리트는 18명(7.1%)으로 외부 출신이 순천지역에서 엘리트로 활동하는 빈도가 아주 낫음을 알 수 있다.

〈표 2-6〉 순천 역대 엘리트 출신대

	빈 도	%
대졸 미만	95	37.9
건국대	1	.4
경희대	3	1.2
고려대	3	1.2
공주사대	2	.8
광주대	10	4.0
국민대	1	.4
근기대	1	.4
단국대 중퇴	3	1.2
대구대	1	.4
대전대	2	.8
동국대	3	1.2
동아대	1	.4
명지대	1	.4
명지실업대	2	.8
방송통신대	6	2.4
서울대	15	6.0
성균관대	14	5.6
순천공전 중퇴	1	.4
연세대	2	.8
원광대	2	.8
육 사	2	.8
전남대	38	15.1
전북대	1	.4
전주대	1	.4
조선대	23	9.2
중앙대	6	2.4
한려대	3	1.2
한양대	2	.8
한양대 중퇴	4	1.6
홍익대	2	.8
전 체	251	100.0

순천지역 역대 엘리트 251명 가운데 95명(37.9%)이 고졸 이하의 학력을 갖고 있었다. 대졸자의 출신대학을 보면 광주·전남의 명문대학인 전남대 출신이 38명(15.1%)으로 높은 집중성을 띠고 있으며, 그다음으로는 조신대 23명(9.2%), 서울대 15명(6.0%), 성균관대 14명(5.6%) 순이다. 대졸자 중 서울에 소재한 대학을 나온 엘리트는 중퇴자를 포함하여 62명(24.7%)으로 지방에 있는 대학보다는 서울에 소재한 대학을 선호하고 있다. 이는 취업, 사회적 활동 등에서 더 유리하기 때문이다.

제4절 정책집행 엘리트 네트워크: 순천

연결망 분석(network analysis)을 활용하여 순천시의 정책집행 과정에서의 엘리트를 규명하고자 한다. 먼저 순천시의 정치·행정·경제·사회 엘리트 및 시민·사회단체 대표들이 인식하고 있는 과거의 주요 사업 가운데 중요한 것 3개를 선정받고, 그 사업에 대해 영향력을 행사한 인물을 엘리트들에 의해 지목받는 방법으로 정책집행 과정에서의 엘리트를 추출한다. 또한 이들 간의 연결망 분석을 통해 순천시의 권력구조도 함께 분석한다. 정책집행 과정에서의 엘리트 규명과 함께 도시 권력구조를 분석함에 있어 생소한 언결망 분석이 얼마나 석실성을 가실 수 있는가를 검승하는 것도 학문직으로 근 의미를 지니기 때문이나.

이글 위해 첫쌔, 성책십행 과성에서 엘리트는 누나인가. 우리가 흔히 지위법과 평가법에 의해 엘리트로 규정하고 있는 사람들인가, 아니면 새로운 사람들인가. 둘째, 주요 사업의 정책집행 과정에서 나타난 엘리트 간 영향력 관계, 즉 연계성, 집중성, 매개 중심성, 교류 매개 중심성의 정도 등을 분석할 것이다. 셋째, 순천시는 어떤 권력구조의 형태를 갖고 있는가 넷째, 연구의 한계점은 무엇인가 등을 논의하겠다.

1. 사업단위별 분석

지방정치의 정책집행 과정에서 나타난 엘리트들 사이의 영향력 관계를 규명하기 위해 사회적 연결망(Social Network) 방법으로 접근하고자 한다. 조사방법은 기본적으로 사회조사와 대면 면접법을 사용한다. 조사대상의 선정은 지위법과 평판법을 이용하였다. 먼저 엘리트는 각 도시에서 정치, 행정, 경제, 사회 엘리트 30명을 선정한다. 또한 이익단체의 장을 엘리트로 규정하여 역시 30명을 선정한다. 이들 엘리트들 간의 연결망 분석은 도시에서 "지난 2년간 주요 사업이 무엇이었는가?"에 대한 1차 설문과 응답을 통해 빈도가 높은 3개의 주요 사업을 결정한다. 분석의 순서는 다음과 같다.

〈1단계〉 Snowball 접근을 위한 사업단위 결정
지역사회의 권력구조를 탐색하기 위해 도시의 중요정책, 예컨대 개발정책, 분배정책 및 공공 서비스 분야의 가장 대표적인 사업을 선정하여 이들 분야의 정책집행에 있어 주도적으로 참여한 지역사회의 엘리트를 추출함으로써 지역사회 권력구조를 잠정적으로 구성한다. 한편 지역사회 내의 영향력과 공공정책 결정에 있어서의 중요한 역할 담당에 관한 기존의 조사결과에 따르면 시장, 지역 국회의원, 지역 언론, 지역 유지, 시민단체, 지역 자본가, 자치단체 공무원 순으로 응답 빈도가 높았다는 사실에 주목하여 지역사회의 권력구조와 이를 구성하는 엘리트에 대한 일차 조사를 실시한다.

① 엘리트로 분류된 대상 중 한 사람에게 지난 2년간 해당지역에서 시행되었던 사업 중에서 가장 중요하다고 판단되는 사업을 일정 수(예컨대, 3가지: 각각, a, b, c) 지정하도록 하며, 다른 엘리트에게도 이와 동일한 방법으로 중요 사업 3개를 선정받는다.

② 이러한 과정을 모든 엘리트에게 적용한 결과, 사업의 내용과 빈도를 기초로 범주화하여 최종적으로 일정 수의 사업을 선정한다.

〈2난세〉 사업난위별 엘리트 연결망 파악

① 최종적으로 선정된 사업을 토대로 특정인(예컨대 시장14))에게 선정된 각각의 3개 사업에 대해 사업과 관련된 정책집행 과정에서 중요한 역할 또는 영향력 행사를 한 인물을 일정 수(예컨대, 사업 a에 대해서 A, B, C, 사업 b에 대해서 D, E, F, 사업 c에 대해서 G, H, I.) 지명하도록 한다.

② 첫 번째 인물이 사업 a에 대해서 중요한 역할 또는 영향력이 있었다고 지명한 A, B, C에게 ①과 동일한 질문을 하여 또 다른 인물 3명을 추천받는다. 사업 b에 대해서도 D, E, F에게 동일한 질문을 한다. 사업 c도 위와 같은 동일한 질문을 던져 3명을 추천받는다.

③ 각각의 사업에서 새롭게 지명된 사람을 대상으로 동일한 질문을 반복한 결과, 이미 거론되었던 사람이 재추천을 받으면 종결한다.

〈3단계〉 사회적 연결망 분석

사업단위를 결정하고 각 사업단위마다 엘리트 연결망 분석을 통해 얻은 자료를 입력하고 분석을 실시한다. 다시 말해 사업 a에 대해 A, B, C,

---

14) 본 연구는 시의 사업에 있어 시장의 역할이 강조될 것을 고려하여 첫 번째 면접대상을 시장으로 선정하여 조사를 진행하였다.

D, E, F, G, H라는 인물이 정책집행 과정에서 중요한 역할을 한 인물들이고, A는 B, C, D를, B는 A, C, D를, C는 B, D, E를, D는 E, F, G를, E는 A, G, H를, F는 E, G, H를, G는 A, C, E를, H는 D, F, G를 지명하였다면,

	A	B	C	D	E	F	G	H
A	0	1	1	1	0	0	0	0
B	1	0	1	1	0	0	0	0
C	0	1	0	1	1	0	0	0
D	0	0	0	0	0	1	1	1
E	1	0	0	0	0	1	1	0
F	0	0	0	0	1	0	1	1
G	1	0	1	0	1	0	0	0
H	0	0	0	1	0	1	1	0

와 같이 통계처리를 위한 자료를 입력한다. 그 결과 다음과 같은 통계치를 얻을 수 있다. 각 인물들의 집중성과 강도에 대한 결과치를 얻음으로써 사업별로 정책집행에서의 영향력의 정도를 확인할 수 있다.

2. 사업 선정 과정

순천시의 지난 2년간 주요 사업을 결정하기 위해 정치 엘리트 9명, 행정 엘리트 6명, 경제 엘리트 6명, 사회 엘리트 6명, 이익단체 대표 28명 등 55명의 엘리트를 조사대상으로 선정하였다.[15] 이 가운데 설문 거부자 2명,

설문에 응했지만 "지난 2년간 주요 사업이 무엇이었는가?" 문항에 대한 무응답이 10명으로 실제 응답자는 43명이었다. 그 결과, 기적의 도서관 건립 - 14명, 담장허물기 운동 - 12명, 동천가꾸기 운동 - 10명, 칭찬합시다 - 9명 순으로 나타났다. 이러한 조사결과를 토대로 상위 3순위에 해당하는 빈도수를 가진 기적의 도서관 건립사업, 담장허물기, 동천가꾸기 사업 등 3개를 선정하여 순천시의 엘리트 연결망 분석을 실시하였다. 조사 시점은 2004년 3월 초부터 5월 말까지 3개월이었다.

3개 사업의 사례 선정에 대한 적절성과 관련하여 2003년도 12월 16일부터 17일 양일간에 걸쳐 '순천시민의 신문' 주관하에 시민 978명을 대상으로 순천의 10대 뉴스를 조사하였다. 선정 결과 1위는 기적의 도서관 유치, 2위 동천가꾸기 사업, 3위 고교평준화 입시제도 개선 결정이 시민들이 선정한 3대 뉴스였다.[16]). 따라서 순천시의 엘리트나 이익집단 대표들이 선정한 사업과 시민들이 뽑은 사업 가운데 1개 사업 외에는 차이가 나지 않음으로써 엘리트나 이익집단 대표들의 사례 선정이 타당성을 지니고 있다고 평가할 수 있다.

3. 엘리트 연결망

선정된 세 가지 사업을 토대로 2차 면접조사를 실시하였다. 제1순위 응

---

15) 정치 엘리트는 국회의원(1명), 도의원(3명), 시의원(5명)이다. 행정 엘리트는 시장, 부시장, 국장(4명)이다. 경제 엘리트는 제조업, 유통업, 금융업, 건설업 각 1명, 토착기업인 2명이다. 사회 엘리트는 언론사(2명), 방송국(1명), 대학교(2명), 교육장(1명)이다. 이익집단은 연고단체(4명), 지능단체(12명), 시민사회단체(12)명이다. 따라서 순천시의 엘리트 총원은 55명이나.

16) 「순천시민의 신문」03 / 12 / 23

답자는 순천시장이다. 각 사업별로 중요한 영향력을 미친 인물을 세 사람씩 선정해 달라고 요청한 결과, 언급된 인물은 다음과 같다. 실명과 구체적인 직책을 밝힐 경우 발생할지도 모르는 민감한 사항을 고려하여 주도층을 확인할 수 있는 실명과 구체적 직책은 생략하고 알파벳과 기구(부서)명으로 표현하였다. UCINET 6 프로그램을 활용하여 순천시의 주요 사업에 대한 주도층 연결망을 〈그림 1〉, 〈그림 2〉, 〈그림 3〉과 같이 나타내었다. 또한 이들 간의 집중성 정도를 알아보았다.

사업 1. 기적의 도서관 건립 사업(15명)

a 순천시장   b 책읽는사회만들기국민운동 사무처
c 남도평화문화재단 사무국 d 기용건축사무소
e 책읽는사회만들기국민운동 공동대표 f 문화방송 느낌표 피디(PD)
g 순천중앙도서관 계장   h 기적의 도서관동호회 총무
i 제주도 기적의 도서관개관 준비위원회 j 유탑엔지니어링 현장사무소
k 기적의 도서관 건립위원회 l 중앙도서관
m 세계청소년태권도대회사무처 n 연향도서관 사서
o 한미파센스 차장

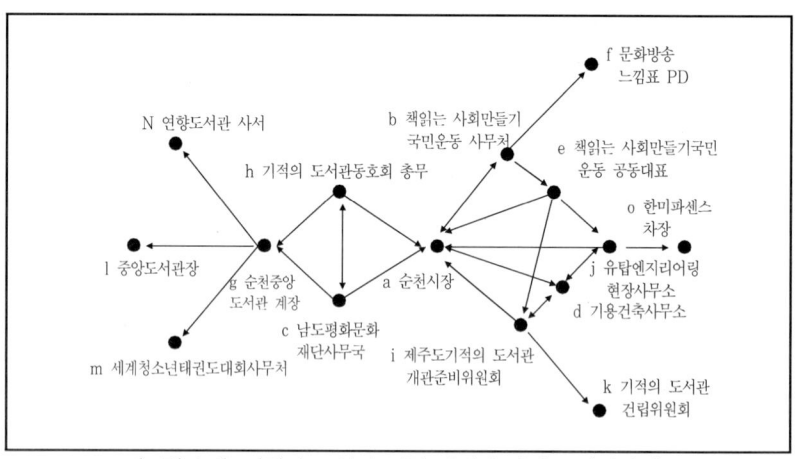

〈그림 2-1〉 기적의 도서관 건립 사업의 엘리트 연결망[17]

〈표 2-7〉 기적의 도서관 건립 사업 집중성 측정(Degree Centrality Measures)

		Degree Centrality Measures	
		사업1: 기적의 도서관	
		Degree	NrmDegree
	a	11.000	78.571
	g	11.000	78.571
	j	10.000	71.429
	d	9.000	64.286
	i	8.000	57.143
	e	8.000	57.143
	h	7.000	50.000
	c	7.000	50.000
	b	6.000	42.857
	f	3.000	21.429
	o	3.000	21.429
	n	3.000	21.429
	m	2.000	14.286
	l	1.000	7.143
	k	1.000	7.143
평 균		6.000	42.857
표준편차		3.445	24.606
Net Centralization		41.21%	
Homogeneity		8.86%	

기적의 도서관 건립 사업과 관련하여 이들이 지목한 인사에 대한 기초 자료를 순위별 복록 구성(ranked list format)을 통한 통계처리를 함으로써, 다음과 같은 여러 형태의 영향력 관계를 나타내는 결과치를 얻을 수 있었다.

---

17) 이 그림은 UCINET 프로그램에서는 점(●) 옆에 알파벳으로만 표현되지만, 식별을 용이하게 하기 위해 재구성하였다. 〈그림 2〉와 〈그림 3〉도 동일한 방식이다.

　권력을 보다 많은 사람들과 맺고 있는 연계성이라는 측면에서 보면 기적의 도서관 건립의 예에서 행위자 a(순천시장), g(순천중앙도서관 계장), j(유탑엔지니어링 현장사무소), d(기용건축사무소)가 상대적으로 높은 정도(degree)를 갖고 있으며, 가장 영향력이 있는 것으로 간주된다. a는 '책읽는사회만들기국민운동'이 후원한 도서관 건립과 관련하여 순천시에 기적의 도서관 건립을 직접 유치한 공로 및 사업집행의 주체이다. g는 도서 및 각종 하드웨어와 소프트웨어 확보에 기여하였으며, j는 도서관 건물의 시공사이다. d는 어린이 도서관의 특성을 살리기 위한 설계를 맡았다.

　〈표 2-7〉에서 nrmDegree(normed degree)는 상이한 크기 혹은 밀도의 연결망과 비교하기 위해 정도 측정치를 k-1의 수로 나누어 측정치를 표준화한 것이다(k는 연결망에 들어온 인물의 수). 평균과 표준편차의 값은 집중성(meso) 수준을 보여준다. 즉 행위자의 중심성의 정도 득점(degree centrality scores)의 분포를 해석하기 위한 지수로 사용된다. 평균적으로 기적의 도서관 사업은 6.00, 표준편차는 3.445이다. 따라서 기적의 도서관 건립 사업은 비교적 낮은 수준에 해당된다.

　마지막 정보는 망 집중성(net centralization)으로 프리만의 그래프 집중성(Freeman's graph centralization) 측정치이다. 프리만(Freeman)은 행위자들의 정도(degree)에서 변수의 정도를 표현하기에 유용한 방법은 동일한 크기의 '별 연결망(star network)'에서의 비율이라고 생각하였다. 이것이 그래프 집중성 측정치를 이해할 수 있는 방법이다. 즉 동일한 크기의 완벽한 별 연결망에 대한 비율로써 부등(inequality)의 정도, 혹은 연결망에서의 변량을 나타낸다. 각 사업단위별 전체 연결망에서 실질적인 집중성의 양을 가리키는 그래프 집중성의 이론적 최대치를 보면 기적의 도서관은 41.21%이다.

사업 2. 순천시 동천가꾸기 사업(13명)

a	순천시장	b	순천청암대 교수
c	풍덕동통장협의회	d	시청 건설과 주사
e	코리코	f	시청 환경위생과 수계관리계
g	도시건설국	h	동부엔지니어링
i	제이에이건설	j	동부엔지니어링 설계이사
k	시청 건설과	l	시청 상수도과 연구사
m	시청 건설과 하천관리계		

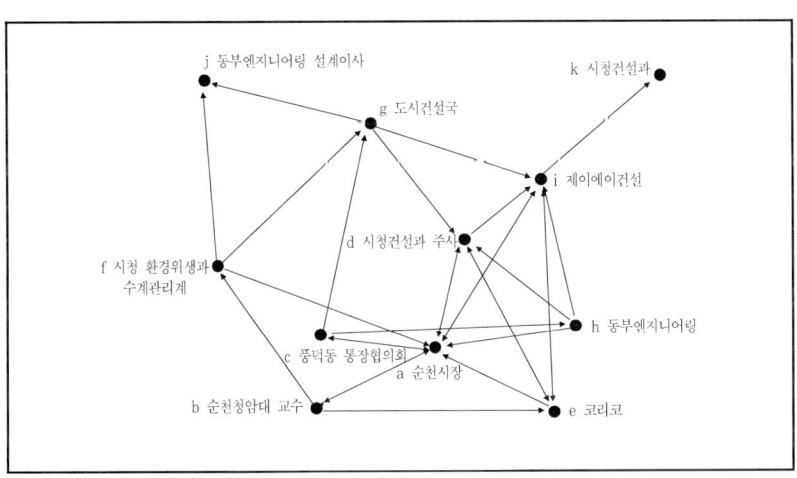

〈그림 2-2〉 동천가꾸기 사업의 엘리드 언걸망

〈표 2-8〉 동천가꾸기 사업 집중성 측정(Degree Centrality Measures)

Degree Centrality Measures			
		사업2: 동천가꾸기	
		Degree	NrmDegree
	i	13.000	130.000
	a	12.000	120.000
	d	11.000	110.000
	g	10.000	100.000
	h	9.000	90.000
	f	9.000	90.000
	e	9.000	90.000
	c	7.000	70.000
	b	6.000	60.000
	j	6.000	60.000
	k	2.000	20.000
평 균		8.545	85.455
표준편차		2.996	29.959
Net Centralization		54.44%	
Homogeneity		10.21%	

기초 자료를 순위별 목록 구성(ranked list format)을 통해 통계 처리
한 결과, 동천가꾸기 사업에서는 i(제이제이건설), a(순천시장), d(시청 건
설과 주사), g(도시건설국)가 상대적으로 높은 집중성 정도를 갖고 있다. i
는 동천가꾸기 사업의 시공사이며 순천시에 소재한 여러 건설사 가운데 가
장 규모가 큰 회사이다. 또한 지위법과 평판법에 의해 경제 엘리트로 분류
된 인사이다. a는 시장이다. d와 g는 사업을 직접 관할하는 담당 공무원이
다. 사업집행 과정에서 담당 공무원의 감독 및 결재 권한은 유무형상 많은
영향력을 내포하고 있다.

이 사업의 평균과 표준편차의 값을 보면 8.545, 표준편차는 2.996을 나

타내고 있다. 그러므로 동천가꾸기 사업은 높은 수준을 가리키고 있다. 동
질성의 정도를 보면 동천가꾸기 사업은 10.21%로 높은 연결망적 동질성을
보이고 있다. 연결망에서 변량을 나타내는 집중성의 경우, 동천가꾸기 사업
은 54.44%로 나타났다.

사업 3. 순천시 담장허물기 사업(11명)

a	순천시장	b	가우환경조경연구소
c	사계절조경	d	시청 산림녹지과 주사
e	시청 산림녹지과	f	순천의료원
g	에코환경디자인	h	사계절조경
i	시청 산림녹지과 계장	j	시청 환경보호과 주사
k	시청 문화경제국		

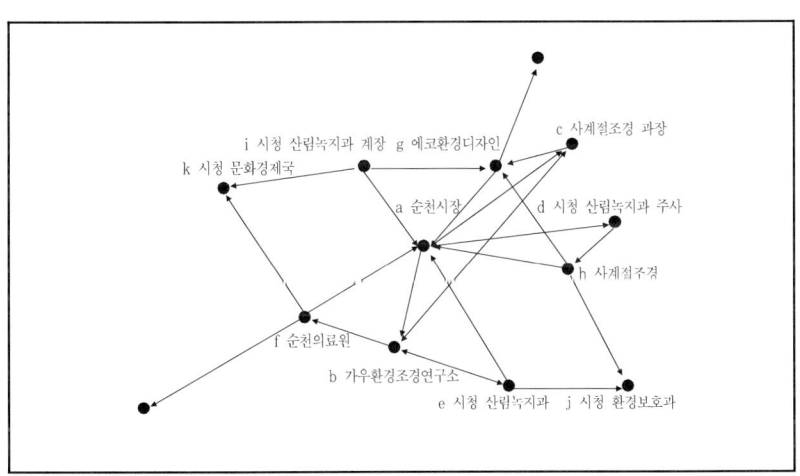

〈그림 2-3〉 순전시 담장허물기 사업의 엘리트 연결망

〈표 2-9〉 담장허물기 사업 집중성 측정(Degree Centrality Measures)

		Degree	NrmDegree
Degree Centrality Measures			
	사업3: 담장허물기		
	a	13.000	108.333
	g	10.000	83.333
	i	9.000	75.000
	f	9.000	75.000
	b	8.000	66.667
	h	8.000	66.667
	d	8.000	66.667
	e	6.000	50.000
	c	6.000	50.000
	j	6.000	50.000
	k	4.000	33.333
	l	3.000	25.000
	m	2.000	16.667
평 균		7.077	58.794
표준편차		2.895	24.122
Net Centralization		58.83%	
Homogeneity		8.98%	

이들이 지목한 인사에 대한 기초 자료를 순위별 목록 구성(ranked list format)을 통한 통계처리의 결과, 여러 형태의 영향력 관계를 나타내는 결과치를 얻을 수 있었다. 담장허물기 사업에서는 a(순천시장)와 g(에코환경디자인)가 비교적 높은 정도를 갖고 있음으로써 이들이 각각의 사업에서 상대적으로 높은 영향력을 행사했음을 알 수 있다. a는 시장으로서 순천시청의 담장허물기 운동을 주도하였으며, 또한 다른 기관들의 담장허물기 및 공원조성에 대해 시가 예산을 보조해 주도록 했다. g는 담장을 제거한 뒤, 주변 지역과의 조화 속에서 조경수, 잔디 등으로 공원을 조성하는 데 큰 기여

를 하였다. 이러한 이유로 각각의 사업집행 과정에서 거론된 인사들이 상대적으로 높은 연계성을 갖고 있었다.

집중성 수준을 나타내는 담장허물기 사업의 평균과 표준편차의 값은 7.077, 표준편차는 2.895를 나타내고 있다. 동질성의 정도를 보면 담장허물기 사업은 8.98%를 보이고 있다. 망 집중성의 경우, 담장허물기 사업은 58.83%로 한 개인(즉 시장)의 영향력이 다른 사업에서보다 상대적으로 높게 작용하고 있음을 보여준다. 연결망 분석방법을 순천시의 3개 사례에 적용한 결과 시장 영향력이 1순위로 나타났다. 따라서 순천시의 권력구조는 시장주도형 결정 유형임을 입증하고 있다.

제5절 정책결정 엘리트의 가치관 분석: 순천 / 나주

1. 구성적 특징

순천과 나주지역 현직 엘리트의 유형, 종류, 성별, 연령, 성장지, 거주지, 거주기간, 최종학력, 출신고, 출신대, 출신대학 전공, 출신대학원, 출신대학원 전공 등을 살펴보겠다.

<표 2-10> 엘리트 유형

	순천 빈도	%	나주 빈도	%	순천/나주 빈도	%
경 제	6	23.1	6	24.0	12	23.5
사 회	6	23.1	6	24.0	12	23.5
정 치	9	34.6	7	28.0	16	31.4
행 정	5	19.2	6	24.0	11	21.6
전 체	26	100.0	25	100.0	51	100.0

순천시의 엘리트 유형을 보면 전체 26명 중 국회의원, 도의원, 기초의원이 포함된 정치 엘리트가 9명(34.6%)으로 가장 많다. 나주시 또한 순천시와 같이 동일한 범주에 의해 분류한 결과, 전체 25명 가운데 정치 엘리트가 7명(28.0%)으로 가장 높게 나타나고 있다. 두 지역 정치 엘리트의 차이는 광역의원의 숫자에서 비롯되고 있다. 순천과 나주지역 엘리트를 중분류 기준에 의해 <표 2-12>로 구성하였다. 전체 51명 중 정치 엘리트가 차지하는 빈도는 16명(31.4%)으로 나타났다. 이는 다른 엘리트에 비해 기초의원 숫자가 많기 때문이다. 순천과 나주 정치 엘리트 가운데 기초의원은 10명이다.

<표 2-11> 엘리트 종류

	순천 빈도	%		나주 빈도	%
건설업	1	3.8	건설업	1	4.0
교 육	3	11.5	경제건설국	1	4.0
국회의원	1	3.8	교 육	3	12.0
금융업	1	3.8	국회의원	1	4.0
도시건설국	1	3.8	금융업	1	4.0
도의원	3	11.5	기획감사실	1	4.0
복지환경국	1	3.8	도의원	1	4.0
부시장	1	3.8	문화공보실	1	4.0
시의원	5	19.2	부시장	1	4.0
시 장	1	3.8	시의원	5	20.0

	순천 빈도	%		나주 빈도	%
언　론	3	11.5	시　장	1	4.0
유통업	1	3.8	언　론	3	12.0
제조업	1	3.8	유통업	1	4.0
토착기업	2	7.7	자치행정국	1	4.0
행정지원국	1	3.8	제조업	1	4.0
전　체	26	100.0	토착기업	2	8.0
			전　체	25	100.0

두 지역 엘리트의 종류를 보면 〈표 2-13〉과 같다. 순천과 나주의 경우, 4부류의 엘리트 중 정치 엘리트에서 각각 시의원 5명(19.2%), 5명(20.0%)으로 가장 높은 빈도를 나타내고 있으며, 다음으로 교육·언론에 종사하는 엘리트가 각 3명씩이다. 표에 순천과 나주 엘리트의 종류를 정리해 놓았다.

〈표 2-12〉 엘리트 직책

	순천 빈도	%		나주 빈도	%
광주은행 순천지점장	1	3.8	가야건설 대표이사	1	4.0
국회의원	1	3.8	경제건설국장	1	4.0
뉴코아백화점 점장	1	3.8	경제건설위원장	1	4.0
도시건설국장	1	3.8	광주은행나주지점장	1	4.0
도의원	3	11.5	국회의원	1	4.0
복지환경국장	1	3.8	기획감사실장	1	4.0
부시장	1	3.8	나주대학장	1	4.0
성창기공 대표이사	1	3.8	나주시교육청 교육장	1	4.0
순천대학교 총장	1	3.8	나주신문사	1	4.0
순천시 교육청 교육장	1	3.8	나주타임지	1	4.0
순천신문 대표이사	1	3.8	대송㈜ 대표이사	1	4.0
순천청임대학 학장	1	3.8	대화요업㈜ 대표이사	1	4.0
시　장	1	3.8	도의원	1	4.0

	순천 빈도	%		나주 빈도	%
전광일보 대표이사	1	3.8	동신대학교 총장	1	4.0
전기 내무위원장	1	3.8	문화공보실장	1	4.0
전기 부의장	1	3.8	부시장	1	4.0
전기 산업건설위원장	1	3.8	부의장	1	4.0
전기 운영위원장	1	3.8	시의장	1	4.0
전기 의장	1	3.8	시 장	1	4.0
JA건설 대표이사	1	3.8	심진지에프㈜ 대표이사	1	4.0
제일토건 대표이사	1	3.8	운영위원장	1	4.0
파루 대표이사	1	3.8	자치행정국장	1	4.0
행정지원국장	1	3.8	자치행정위원장	1	4.0
CBS 전남방송 본부장	1	3.8	중부농협하나로마트점장	1	4.0
전 체	26	100.0	케이블TV 전남방송 본부장	1	4.0
			전 체	25	100.0

순천과 나주지역 엘리트 선정은 평판법을 기초로 하여 선정하였다. 정치 엘리트는 국회의원, 도의원, 기초의회의 의장, 부의장, 3개 위원회 위원장이다. 행정 엘리트는 시장, 부시장, 실·국장, 경제 엘리트는 제조업, 건설업, 금융업 각 1명, 토착기업 2명으로 회사의 대표이사 또는 사장이다. 마지막으로 사회 엘리트는 언론사 대표이사·사장 3명, 대학 총·학장 3명, 지역 교육장 1명 등이다. 따라서 두 지역의 경제와 사회 엘리트는 각 6명이며, 순천시의 도의원은 3명, 인구 규모가 작은 나주시 도의원은 1명으로 2명의 차이가 있다. 행정 엘리트는 각 6명이었지만 순천시 문화경제국장이 응답하지 않은 관계로 5명이다.

〈표 2-13〉 엘리트 성별 · 연령

		순천 빈도	%	나주 빈도	%
성 별	남	26	100	23	92.0
	여	0	0	2	8.0
	전 체	25	100.0	25	100.0
		순천 빈도	%	나주 빈도	%
연 령	40대	10	38.5	11	44.0
	50대	12	46.2	12	48.0
	60대 이상	4	15.4	2	8.0
	전 체	26	100.0	25	100.0

순천지역 엘리트 26명 모두는 남성으로 구성되어 있다. 반면 나주지역의 엘리트는 여성 2명으로 나타나 있다. 여성 2명은 경제 엘리트로서 배우사가 다른 지역에 기업체를 갖고 있는 경우이다. 순천과 나주지역의 51명 중 여성 빈도는 2명(3.92%)으로 정부의 여성 참여 확대에도 불구하고 하부 정치문화로 내려갈수록 여성의 사회 참여가 저조함을 알 수 있다.

두 지역 엘리트 연령대는 공히 40대 이상이다. 순천 엘리트는 40-50대가 22명(84.7%)으로 주류를 형성하고 있다. 나주 엘리트 역시 40-50대 연령대가 23명(92%)으로 나타나 있다. 이러한 연령대 분포에서 알 수 있는 사실은 우리 사회를 주도하는 연령대가 과거의 60대에서 40-50대로 하향되었다는 점을 입증하고 있다.

〈표 2-14〉 엘리트 성장지

	순천 빈도	%		나주 빈도	%
고흥군 포두면	1	3.8	미확인	1	4.0
곡성군 목사동	1	3.8	광양시 골약동	1	4.0
광양시 광양읍	1	3.8	나주시	1	4.0
광주시 시동	1	3.8	나주시 공산면	1	4.0
나주시 남평면	1	3.8	나주시 금천면	1	4.0

	순천 빈도	%		나주 빈도	%
담양군 담양읍	1	3.8	나주시 남평읍	1	4.0
마산시	1	3.8	나주시 노안면	1	4.0
보성군 겸백면	1	3.8	나주시 다시면	1	4.0
순천시 낙안면	1	3.8	나주시 동강면	1	4.0
순천시 남내동	1	3.8	나주시 문평면	1	4.0
순천시 동외동	1	3.8	나주시 반남면	1	4.0
순천시 별량면	1	3.8	나주시 봉황면	2	8.0
순천시 쌍암면	1	3.8	나주시 성북동	1	4.0
순천시 옥천동	2	7.7	나주시 세지면	1	4.0
순천시 장천동	1	3.8	나주시 송월동	1	4.0
순천시 저전동	2	7.7	나주시 왕곡면	1	4.0
순천시 중앙동	1	3.8	목포시	1	4.0
순천시 향동	1	3.8	보성군 율어면	1	4.0
순천시 황전면	2	7.7	속초시	1	4.0
여수시 관내동	1	3.8	순천시	1	4.0
울진군 북면	1	3.8	영암군 영암읍	2	8.0
충주시 충인동	1	3.8	함평군 손불면	1	4.0
화순군 화순읍	1	3.8	함평군 함평읍	1	4.0
전 체	26	100.0	전 체	25	100.0

엘리트의 성장지는 초등학교까지 어느 지역에서 주거하였느냐를 묻는 질문이다. 순천과 나주지역 총 엘리트 51명 가운데 타 시·도 출신은 3명이다. 순천 엘리트의 경우, 26명 중 광주·전남 출신이 24명(92.3%)이다. 순천 출신은 거의 절반에 가까운 11명(42.3%)으로 나타났다. 나주 엘리트 25명 중 타 시·도 출신은 1명이며, 광주·전남 출신이 24명(96.0%), 나주 출신은 엘리트의 절반을 넘는 14명(56.0%)이다. 다른 지역과 달리 외지인 엘리트 빈도가 낮은 이유는 지역의 연고주의적 타성, 경제적 낙후성과 관련이 있다.

<표 2-15> 엘리트 거주지역

	순천 빈도	%		나주 빈도	%
서울시 미아동	2	7.7	광주시	2	8.0
순천시 금곡동	1	3.8	광주시 상무동	1	4.0
순천시 덕연동	1	3.8	광주시 소태동	1	4.0
순천시 덕월동	1	3.8	광주시 송정동	1	4.0
순천시 동외동	1	3.8	나주시	3	12.0
순천시 매곡동	2	7.7	나주시 공산면	1	4.0
순천시 삼산동	1	3.8	나주시 교동	1	4.0
순천시 승주읍	1	3.8	나주시 금계동	1	4.0
순천시 연향동	7	26.9	나주시 동강면	1	4.0
순천시 옥천동	1	3.8	나주시 문평면	1	4.0
순천시 용당동	1	3.8	나주시 봉황면	1	4.0
순천시 장천동	1	3.8	나주시 성북동	1	4.0
순천시 저전동	2	7.7	나주시 세지면	1	4.0
순천시 조곡동	1	3.8	나주시 송월동	4	16.0
순천시 조례동	1	3.8	나주시 왕곡면	1	4.0
순천시 황전면	1	3.8	나주시 이창동	1	4.0
여수시 관내동	1	3.8	서울시	3	12.0
전 체	26	100.0	전 체	25	100.0

  지역 엘리트의 현재 거주지를 요약한 내용이 〈표 2-18〉에 정리되어 있다. 순천 엘리트 가운데 서울 거주자는 2명으로 이들은 순천에서 기업을 운영하는 경제 엘리트이다. 23명(88.4%)이 현재 순천시에서 생활하고 있다. 나주 엘리트 중 서울 거주자는 3명으로 순천과 동일한 경제 엘리트이다. 경제 엘리트는 순천과 나주지역에서 공장을 운영하는 관계로 지역에 상주하고 있지 않는 것 같다. 나주에 거주하는 엘리트는 22명(88.0%)이다. 경제 엘리트를 제외한 여타 엘리트는 업무 특성상 지역에 상주하여야 한다.

〈표 2-16〉 엘리트 거주기간

	순천 빈도	%		나주 빈도	%
0-9년	3	11.5	0-9년	7	28.0
10-19년	5	19.2	10-19년	3	12.0
20-29년	4	15.4	20-29년	2	8.0
30-39년	4	15.4	30-39년	4	16.0
40-49년	5	19.2	40-49년	6	24.0
60-69년	5	19.2	60-69년	3	12.0
전 체	26	100.0	전 체	25	100.0

지역 엘리트가 현재 거주지에서 몇 해를 살았는가를 파악하기 위한 내용
이 요약되어 있다. 순천 엘리트의 거주기간은 23명(89.5%)이 한 지역에서
10년 이상 거주하고 있는 것으로 나타났다. 이와는 달리 나주 엘리트의 10
년 이상 거주자는 18명(72.0%)이다. 9년 이하의 거주자가 많은 이유는
나주지역이 광주광역시와 거리상 근접해 있기 때문이다.

〈표 2-17〉 엘리트 최종학력

	순천 빈도	%		나주 빈도	%
고 졸	5	19.2	중 졸	1	4.0
대 재	1	3.8	고 졸	4	16.0
대 졸	6	23.1	대 졸	12	48.0
대학원졸	14	53.8	대학원졸	8	32.0
전 체	26	100.0	전 체	25	100.0

엘리트의 학력을 무학부터 대학원 졸업까지 7개로 분류하였다. 순천 엘리
트 26명 모두가 고등교육을 받았다. 10명 중 8명 정도가 대학 학력을 갖고
있으며, 대학원졸 이상자도 14명(53.8%)으로 절반을 초과하고 있다. 나주
엘리트에서 20명(80.0%)이 대졸 이상의 학력을 소유하고 있다. 두 지역

공히 대학 이상의 학력 소유자가 80.0% 이상을 점유하고 있다는 사실에서
우리 사회의 고학력 추세, 그리고 지역 엘리트가 되기 위한 기본 조건으로
대학 이상의 학력이 필요함을 알 수 있다.

〈표 2-18〉 순천 엘리트 출신고

	빈 도	%
검정고시	3	11.5
광양 진상고	1	3.8
광주 광주고	3	11.5
광주 광주일고	1	3.8
광주 진흥고	2	7.7
마산 마산고	1	3.8
보성 보성농고	1	3.8
서울 사대부고	1	3.8
서울 서울공고	1	3.8
서울 한영고	1	3.8
순천 매산고	1	3.8
순천 순천고	8	30.7
충주 충주고	1	3.8
화순 화순고	1	3.8
전 체	26	100.0

　순천지역 엘리트 26명 가운데 8명(30.7%)이 순천시에서 가장 명문고로
일커진 순천고교를 졸업함으로써 엘리트의 출신고교가 순천고에 편중되어 있
다. 지방의 중소도시에서 특정 고교 출신이 지역 엘리트에 편중되어 있다는 사
실은 지역발전의 측면에서 순기능과 역기능을 동시에 내포하고 있다. 전남도
청이 소재하고 있는 광주지역에서 고교를 졸업한 엘리트도 6명(23.0%)이나
된다. 검정고시 출신 3명은 광주·전남 출신으로 이들을 지역에 포함시킨다면
10 가운데 8명 정도가 광주·전남에 소재한 고교 출신이다. 광주·전남 이외

의 지역에서 고등학교를 졸업한 엘리트는 5명(19.2%)이지만, 순천과 여수 출신 2명을 제외하면 실제 타 지역 고교 출신은 3명에 불과하다. 순천의 경우, 순천시에 순천고라는 지역 명문고교가 있으며, 또한 거리상으로 광주와 약간 떨어진 관계로 다른 시도와는 달리 광주로 고교를 진학하는 수가 적다.

〈표 2-19〉 순천 엘리트 출신대학

	빈 도	%
고졸 이하	5	19.2
건국대	1	3.8
경희대	1	3.8
고려대	1	3.8
공주사대	1	3.8
광주대	1	3.8
국민대	1	3.8
근기대	1	3.8
동아대	1	3.8
명지실업대	1	3.8
방송통신대	1	3.8
서울대	1	3.8
전남대	1	3.8
조선대	5	19.2
중앙대	1	3.8
한려대	1	3.8
한양대	1	3.8
홍익대	1	3.8
전 체	26	100.0

순천에 4년제 종합대학으로 국립 순천대학교가 있다. 1981년까지는 2년제 전문대학이었지만 1982년부터 4년제 대학으로 승격하였다. 뿐만 아니라 엘리트의 연령대가 40대 이상인 점을 감안한다면 광주·전남지역의 우수한

대학으로 전남대와 조선대가 있었다. 이런 이유로 순천에 소재한 대학 출신이 전무하다. 대학 출신 엘리트는 21명이며 조선대 출신이 5명(23.8%)으로 가장 높은 빈도를 나타내고 있다. 서울에 소재한 대학 출신은 9명(42.8%)으로 이는 지방의 명문대학보다는 서울에 소재한 대학을 선호하기 때문이다.

2. 정치문화적 가치관

정치문화는 경제적 관계의 결과, 정치체제의 산물, 역사와 전통적 특성 등으로 해석될 수 있다. 따라서 정치문화는 특정 사회에 속한 개인들의 정치적 행동과 사회 전체의 정치적 구조와 운영체계를 이해하는 데 도움을 준다. 일반적으로 한국의 정치체계에 대한 국민들의 정치적 정향을 이해하는 데 있어 가장 많이 사용되는 기본 요인은 권위주의, 민족주의, 형식주의, 공동체주의, 국가주의, 시민주의, 복종주의, 의인주의, 정직성, 신뢰성, 평등의식, 관용성, 권리의식, 준법정신 등 14개 요인이다. 그리고 정치문화에 영향을 미치는 인구통계학적 변수로는 출신지역을 들 수 있다.

한편 정치문화의 구성요소를 특정 사회의 정치적 정향 및 태도와 관련시켜 살펴볼 수도 있다. 정치체계 일반, 정치체계 내의 다른 사람 및 개인의 정치적 활동에 대한 인지적·평가적 정향이다. 이러한 가치체계를 포괄하는 것으로 라스웰(Lasswell)은 특정 사회의 가치 및 의식체계를 여덟 가지 범주로 분류하였다. 권력, 계몽, 부, 안녕, 기술, 애정, 존경, 정직 등 8개 요인이다. 8개 요인을 활용하여 순천과 나주지역 엘리트가 지니고 있는 정치적 가치관을 분석하겠으며, 개인주의와 집단주의 및 연고주의도 더불어서 살펴보고자 한다.

1) 정치적 가치관

라스웰은 권력과 사회(Power and Society)에서 '나 혼자의 행위로 획득되는 것으로서 인간의 육체적 활동을 유지하는 하나의 필요조건'으로서의 '복지가치'를, '타인과의 관계 속에서 획득되는 가치'로서 '존숭가치'를 제시하고 있다. 본 연구에서는 이러한 기준에 근거하여 8개의 가치에 대해 본 연구에서 중요하게 고려해야 할 점들은 16개의 설문 문항으로 구성하였다. 라스웰의 정치문화의 8가지 구성요소는 다음과 같다.

① 권력(power)가치

권력가치에 대한 주요 측정변수는 선거참여와 정책결정 과정의 참여로 나누어진다. 라스웰의 권력가치는 의사결정에서의 영향력을 본 연구에서는 선거참여는 일반적으로 투표율을 통해서 확인될 수 있다는 점에서 주민들의 정책결정 작성에의 참여도를 대상으로 한다.

② 계몽(enlightenment)가치

인간관계, 문화관계에 관한 지식 및 통찰력에 대한 접근으로서 본 연구에서는 지역 주민의 사회변화의 민감성에 초점을 두었다.

③ 부(wealth)가치

라스웰의 안녕가치에서는 경제성장이 개인의 부에 기여한다는 경제성장주의적인 거시적인 가치분석보다는 주민의 물질적 가치의 선호도에 대한 규범적 범위를 대상으로 한다.

④ 안녕(well-being)가치

사회개혁의 참여를 통한 신체기관의 건강과 안정에 관련된 것으로서 현대사회에서 자신의 안정이 어떻게 지켜지고 있는지에 대한 인지도를 사회성에 맞추어 조사되었다. 본 연구에서 개인의 안전은 지역 주민들 간의 상호신뢰와 협력이 어떻게 이루어지고 있나 하는 사회연대성을 중심으로 하였다. 따라서 기존의 설문에서는 개인의 안전과 사회의 안정을 동일시하여, 두 개 변수의 연관성을 찾는 문항으로 작성하였다.

⑤ 기술(skill)가치

전문직업으로서의 만족도와 전문능력이 사회에 잘 반영되고 있는지에 대한 것으로서 우리 사회에 만연해 있는 연공서열이나 정실이 리더십에서 어떤 양상을 나타내는지에 대한 측정도를 분석한다.

⑥ 애정(affection)가치

지역 주민들이 이웃에 대한 인식을 어떻게 하고 있는지를 분석한다.

⑦ 존경(respect)가치

존숭가치에는 신분, 명예, 위신, 영광, 명성 등이 있으나 본 연구에서는 사회 지도층에 대한 지역 주민의 존경의식을 조사한다.

⑧ 정직(rectitude)가치

도덕적 가치, 덕, 선, 정의 등이 정직가치에 포함되어있다. 본 설문에서는 정치인에 대한 신뢰성을 묻는 질문보다는 국민 개개인들 간의 신뢰성을 측정한다.

2) 개인주의와 집단주의, 연고주의

개인주의와 집단주의에 관한 설문은 위신스키의 '정치문화의 참여유형'의 이론을 통하여 각 지역민들의 행동결정 요소가 개인적인 가치관이나 태도에 의해서 혹은 주변 인물들의 수용성에 의해서 어떻게 나타나는지를 분석하고 있

다. 이를 위해 설문에서는 집단(단체)의 이익을 위해 자신이 얼마나 희생을
하려고 하는지에 대한 '희생가치', 자신의 의사결정 과정에서 주변 환경에 혹은
주변 사람들의 영향을 받는지에 대한 '눈치가치' 등을 가지고 분석하고자 한다.

이러한 분석도구에 대한 정치행태의 결과는 지방의 정치문화의 한 구조로서의
연고주의와 정실주의와 무관하지 않다고 볼 수 있다. 왜냐하면 한국의 지방정치
에서 연고주의와 정실주의는 인간의 감정적인 문제로 양산되었기보다는 정치
－사회적 병리구조가 빚어낸 산물이기 때문이다. 하지만 의사결정을 내리는 단
계에서 객관성에 관한 가치관의 문제로서의 정실주의는 연고주의의 심화단계로
서 연고주의에 의한 사적인 인정과 사사로운 관계성에 깊이 관련되어 있다. 따라
서 정실주의만을 분석하는 것은 지방정치의 엘리트, 시민사회단체장, 주민들이
갖고 있는 개인주의와 집단주의적 정치문화를 분석하는 데 한계가 있다.

<표 2-20> 엘리트 주민참여·계몽·부·안녕가치

		순천 빈도	%	나주 빈도	%	순천 / 나주빈도	%
주민 참여	절대 그렇지 않다	1	3.8	3	12.0	4	7.8
	약간 그렇지 않다	13	50.0	12	48.0	25	49.0
	그저 그렇다	10	38.5	6	24.0	16	31.4
	약간 그렇다	2	7.7	4	16.0	6	11.8
	전 체	26	100.0	25	100.0	51	100.0
	평 균	2.50		2.44		2.47	
	표준편차	.707		.917			.809
		순천 빈도	%	나주 빈도	%	순천 / 나주빈도	%
계몽 가치	절대 그렇지 않다						
	약간 그렇지 않다						
	그저 그렇다			1	4.0	1	2.0
	약간 그렇다	10	38.5	5	20.0	15	29.4
	절대 그렇다	16	61.5	19	76.0	35	68.6
	전 체	26	100.0	25	100.0	51	100.0
	평 균	4.62		4.72		4.67	.516
	표준편차	.496		.542			

		순천 빈도	%	나주 빈도	%	순천/나주빈도	%
부가치	절대 그렇지 않다			1	4.0	1	2.0
	약간 그렇지 않다			1	4.0	1	2.0
	그저 그렇다	4	15.4	4	16.0	8	15.7
	약간 그렇다	11	42.3	8	32.0	19	37.3
	절대 그렇다	11	42.3	11	44.0	22	43.1
	전 체	26	100.0	25	100.0	51	100.0
	평 균	4.27		4.08	4.18		
	표준편차	.724		1.077	.910		
		순천 빈도	%	나주 빈도	%	순천/나주빈도	%
안녕 가치	절대 그렇지 않다	3	11.5			3	5.9
	약간 그렇지 않다	7	26.9	12	48.0	19	37.3
	그저 그렇다	12	46.2	10	40.0	22	43.1
	약간 그렇다	4	15.4	1	4.0	5	9.8
	절대 그렇다			2	8.0	2	3.9
	전 체	26	100.0	25	100.0	51	100.0
	평 균	2.65		2.72		2.69	
	표준편차	.892		.891		.883	

"지역 주민들의 정책결정에의 참여"를 묻는 질문이다. 순천지역 엘리트는 긍정도 부정도 아닌 보통으로 생각하는 사람이 10명(38.5%), 주민들의 참여가 낮다는 쪽에 절반을 초과하는 14명(53.8%)이 응답하였다. 나주지역 엘리트는 순천보다 주민참여에 대해 더 부정적 인식을 갖고 있다. 15명 (60.0%)이 주민들의 정책결정에의 참여 수준이 아주 낮다고 평가하고 있다. 따라서 두 지역 엘리트 가운데 절반 이상이 주민참여가 낮다는 인식을 하고 있는 것으로 드러났다. 이는 지방정부의 주민참여를 유도하는 제도적 결함, 그리고 주민들의 시정에의 낮은 참여 의지에서 비롯된 것으로 볼 수 있다. 왜냐하면 주민과 직접적 이해관계가 있는 정책 또는 사안에 대해서는 주민참여가 아주 높기 때문이다.

순천과 나주 엘리트 51명 중 과반수에 가까운 수가 시정의 주민참여에 부정적으로 응답하였다. 10명 가운데 6명 정도이다. 긍정적 응답자는 6명(11.8%)으로 지방자치가 실시되고 있지만, 여전히 주민참여가 저조하다. 이는 주민들의 시정 참여에 대한 소극성이 한 원인이지만, 또 한편으로는 주민들의 시정 참여에 대한 제도적 결함에서 그 요인을 찾을 수 있다.

엘리트들의 계몽가치를 알기 위한 문항이다. "사회변화에 민감하게 적응하지 못하면 시대에 뒤쳐진다"라는 질문에 대해 순천과 나주 엘리트 절대다수가 동의하고 있다. 지역 엘리트로서 사회적 경향과 변화에 적절한 대응을 하지 못한다면 우선 타인과의 경쟁에서 패배할 가능성이 많고, 또한 개인적 측면에서 발전보다는 폐쇄적 성향을 갖기 쉽기 때문이다. 예컨대 행정 엘리트가 사회변화의 흐름을 읽지 못한다면 새로운 행정 수요에 대한 현실적·실천적 대안을 제시하지 못할 것이다. 정보화 시대에서 타인보다 빠른 정보획득은 경쟁의 승리자가 될 개연성이 높다. 마찬가지로 사회변화에 대한 적절한 대응만이 생존 가능성을 높여준다. 두 지역 엘리트는 이런 점에서 공감대를 형성하고 있다. 50명(98%)이 사회변화에 민감하게 적응하여야 한다고 동의하고 있다.

사회활동에서 돈의 역할과 관련하여 "돈은 사회활동에서 중요한 역할을 한다"라는 질문을 던졌다. 순천 엘리트 중 22명(84.6%)이 돈의 중요성에 공감하고 있다. 나주 엘리트는 12명(76.0%)이다. 정신보다는 물질을 선호하는 자본주의 사회의 전형적 특성을 엿볼 수 있다. 부패가 심화된 사회일수록 권력과 돈으로 안 되는 일이 거의 없으며, 비례하여 돈의 중요성이 부각되고 있다. 부패감시 국제민간단체인 국제투명성기구의 발표에 따르면 2003년 133개국을 대상으로 한 부패지수 조사에서 한국은 50위를 기록하였다. 하나의 예로 상대방이 특정 개인을 전혀 모르는 상태에서 그 개인을 판단하는 하나의 척도로서 자동차가 이용될 수 있다. 즉 그가 소유한 자동차가 대형, 중형, 소형이냐에 따라 그를 처우하는 방식이 달라지기도 한다. 이런 이유로 많은 사람들이 부를 소유한 사람들의 상징인 대형차를 선호하고 있다. 순천과 나주 엘리트 10명 가운데 8명은 사회활동에 있어 돈의 중요성에 동의하고 있다. 응답한 엘리트 대다수는 연령층이 40대 이상으로 사회적 경험을 많이 한 사람이며, 또한 경제적으로 풍요로운 사람들이다. 이들 엘리트들의 자본주의적 경험에 의한 답변에서 알 수 있듯이 사회생활에서 돈의 중요성이 더 부각되고 있다.

순천과 나주지역의 엘리트는 "사회안정과 복지를 위해 주민들 간 상호신뢰와 협력"을 묻는 질문에 대해 순천지역은 긍정적 응답, 나주지역은 부정적 응답이 많이 나왔다. 순천지역 엘리트 중 절반이 넘는 16명(61.4%)이 주민들 간 상호신뢰와 협력이 이루어지고 있다고 생각하고 있다. 순천시는 전국의 지방정부 중 주민참여가 가장 활성화되어 있는 도시이다. 예컨대, 주민 성호간 '칭찬합시다' 운동이 전개된 이래 밝은 화합 분위기가 소성되었으며, 청소년 선도와 깨끗한 시가지 환경을 조성하고 고령자 일자리 창출을 위해 '골목 호랑이 할아버지 봉사단'을 운영하고 있다. 반면에 나주지역 엘리트 가운데 긍정도 부정도 아닌 '그저 그렇다'에 10명, 주민들 간 상호신뢰와 협력이 약하다고 응답한 엘리트가 12명에 이르고 있다. 사회가 발달할수록 그리고 도시화될수록 공동체주의보다는 개인주의가 성행한다. 또한 나주는 대도시인 광주광역시에 바로 인접해 있다. 이 같은 점이 두 지역의 안녕가치에서 차이를 가져오고 있다고 추론할 수 있다.

주민들 간 상호신뢰와 협력이 높다고 응답한 수는 7명에 불과하다. 10명 중 6명 정도는 상호신뢰와 협력이 낮다고 평가하고 있다. 공동체 전체 이익보다는 사적 이익을 앞세우는 우리 사회의 한 단면을 보여주고 있다. 주민들 간 상호신뢰와 협력이 낮은 이유는 서로의 이해관계가 다르기 때문이며, 상대방에 대한 불신이 도사리고 있기 때문이다. 예컨대, 혐오시설의 입지과정에서 찬성론자와 반대론자의 입장이 달라 마을 주민들끼리 적대적 관계를 형성하는 경우가 더러 있다. 이런 상황의 선새는 곧 상대방에 대한 불신으로 이어진다.

〈표 2-21〉 엘리트 기술·애정·존경·정직가치

		순천 빈도	%	나주 빈도	%	순천 / 나주 빈도	%
기술 가치	절대 그렇지 않다			1	4.0	1	2.0
	약간 그렇지 않다	5	19.2	2	8.0	7	13.7
	그저 그렇다	7	26.9	9	36.0	16	31.4
	약간 그렇다	14	53.8	9	36.0	23	45.1
	절대 그렇다			4	16.0	4	7.8
	전 체	26	100.0	25	100.0	51	100.0
	평 균	3.35		3.52		3.43	
	표준편차	.797		1.005		.900	
		순천 빈도	%	나주 빈도	%	순천 / 나주 빈도	%
애정 가치	절대 그렇지 않다			3	12.0	3	5.9
	약간 그렇지 않다	7	26.9	6	24.0	13	25.5
	그저 그렇다	9	34.6	12	48.0	21	41.2
	약간 그렇다	10	38.5	3	12.0	13	25.5
	절대 그렇다			1	4.0	1	2.0
	전 체	26	100.0	25	100.0	51	100.0
	평 균	3.12		2.72		2.92	
	표준편차	.816		.980		.913	
		순천 빈도	%	나주 빈도	%	순천 / 나주 빈도	%
존경 가치	절대 그렇지 않다						
	약간 그렇지 않다	6	23.1	7	28.0	13	25.5
	그저 그렇다	10	38.5	8	32.0	18	35.3
	약간 그렇다	7	26.9	7	28.0	14	27.5
	절대 그렇다	3	11.5	3	12.0	6	11.8
	전 체	26	100.0	25	100.0	51	100.0
	평 균	3.27		3.24	0		
	표준편차	.962		1.012	0		

		순천 빈도	%	나주 빈도	%	순천/나주 빈도	%
정직 가치	절대 그렇지 않다	2	7.7	5	20.0	7	13.7
	약간 그렇지 않다	10	38.5	7	28.0	17	33.3
	그저 그렇다	12	46.2	9	36.0	21	41.2
	약간 그렇다	2	7.7	4	16.0	6	11.8
	절대 그렇다						
	전　체	26	100.0	25	100.0	51	100.0
	평　균	2.54		2.48		0	
	표준편차	.761		1.005		0	

"우리 사회는 개인의 전문성보다는 연공서열을 중시하는 사회이다"라는 질문에 대해 순천 엘리트 가운데 절반을 약간 넘는 14명(53.8%)이 동의하고 있다. 나주 엘리트 또한 13명(52.0%)이 공감을 보이고 있다. 우리 사회에서 개인의 가치기준이 연공서열보다는 철저한 능력 위주로 전환하는 추세에 있지만, 일부에서는 여전히 유교문화의 영향 아래 전문성보다는 연공서열을 중시하는 경향이 잔존하고 있다. 그렇지만 젊은 층일수록 또는 진보적 성향을 가진 사람일수록 개인의 능력에 의한 평가를 선호하고 있다.

두 지역 엘리트 중 절반을 약간 초과하는 27명(52.9%)이 우리 지역의 연공서열 문화의 잔존에 공감대를 표하고 있다. 대도시보다는 중소도시, 중소도시보다는 농어촌으로 내려갈수록 또는 보수적 성향이 우위를 점하고 있는 지역일수록 개인의 전문성보다 연공서열을 중시하는 경향이 많다. 순천과 나주는 농촌을 끼고 있는 전형적인 중소도시이다.

애정가치에 관한 문항으로 "우리 사회는 가난하고 어려운 이웃을 돕고 있다고 생각하십니까?"에 대해 순천 엘리트 10명 중 7명 정도가 긍정적 반응을 보였다. 나주 엘리트는 절반에 가까운 12명이 보통으로 생각하고 있으며, 4명(16.0%)만이 그렇다에 동의하고 있다. 순천시의 경우, 2003년 전국에서 가장 살기 좋은 도시로 선정된 바 있다. 좋은 여건을 갖추기 위해서는 환경, 지역경제, 사회 간섭자본 시설, 교육 등의 조건 외에도 지역민들의 공동체 간 협력, 이타주의(利他主義) 등이 뒷받침되어야 한다. 이런 측면에서 애정가치에 관해 순천 엘리트의 긍정적 사고가 작용하고 있다.

애정가치에 관한 문항에서 10명 가운데 3명은 부정적, 보통은 4명, 긍정적 응답은 3명으로 나타났다. 타인에 대한 이타정신이 부족한 가운데 점차적으로 어려운 이웃을 돕자는 사회적 인식이 확산되어 가고 있다. 21명(41.2%)이 응답한 '그저 그렇다'에 대한 해석은 사회적 약자를 도울 수 있는 능력을 가진 사람이 그때그때의 상황에 따라 행동하는 것을 보고 이런 평가를 내린 것 같다.

엘리트 자신들에게도 직·간접으로 해당될 수 있는 질문이다. "정당하지 않은 방법으로 높은 지위의 획득, 사회적 인정을 받는 경우가 많다"에 대해 순천 엘리트 중 6명(23.1%)은 부정, 10명(38.4%)은 긍정적 반응을 보였다. 나주 엘리트는 부정적 반응 7명(28.0%), 긍정적 응답 10명(40.0%)으로 나타나고 있다. 두 지역의 존경가치 문항에 대한 긍정적 반응은 10명 중 4명이다. 이들은 우리 사회를 원칙보다는 관행, 능력과 전문성보다는 혈연, 지연, 학연에 의한 연고주의 등이 높은 지위 획득, 사회적 인정을 받는 데 유리한 요인으로 작용한다고 믿고 있다.

정직과 준법정신에 관한 질문이다. "사회에서 정직과 준법정신이 언제나 지켜지고 있다고 생각하느냐?"에 대해 순천과 나주 엘리트의 절반에 약간 못 미치는 각 12명이 부정적 응답을 하였다. 정직과 준법정신이 지켜지고 있다고 생각하는 엘리트는 순천 2명(7.70%), 나주 4명(16.0%)으로 나타났다. 이러한 응답 결과는 사회의 부정부패의 만연, 비준법성의 횡행, 권력 있는 자들에 대한 특혜가 행해지고 있기 때문이다. 우리 사회의 한 단면을 엿볼 수 있는 것으로 "정직하게 생활하면 나만 손해다"라는 말이 있다. 또는 자동차를 운행하던 중 신호를 위반하여 교통경찰에게 단속되어 과태료 납부서를 받으면, 자기 자신의 잘못보다는 재수가 없어 단속되었다고 생각하는 사람이 많다. 엘리트나 일반시민이나 우리 사회의 정직가치에 관한 부정적 인식은 거의 차이가 없는 것 같다.

정직가치에 대한 답변에서 순천과 나주지역 엘리트 중 절반에 가까운 24

명(47%)이 우리 사회의 정직과 준법정신에 대해 부정적 응답을 보였다. 지역에서 영향력 있는 엘리트가 우리 사회를 부정적으로 판단하고 있다는 사실에서 정직가치의 심각성을 알 수 있다.

〈표 2-22〉 엘리트 차별대우 1

	순천 빈도	%	나주 빈도	%	순천/나주 빈도	%
절대 그렇지 않다						
약간 그렇지 않다	3	11.5			3	5.9
그저 그렇다	4	15.4	3	12.0	7	13.7
약간 그렇다	10	38.5	9	36.0	19	37.3
절대 그렇다	9	34.6	13	52.0	22	43.1
전 체	26	100.0	25	100.0	51	100.0
평 균	4.05		4.40	0		
표준편차	.865		.707	0		

강원, 경기, 충청, 영남, 호남으로 지역을 구분하여 "우리 지역은 김영삼 대통령 정부 때까지 타 지역보다 정치·경제적으로 불공평한 대우를 받았다고 생각한다"라는 질문을 제시하였다. 그 결과 순천 엘리트 19명(73.1%), 나주 엘리트 21명(88.0%)이 역대 정권에서 지역적 차별을 받았다고 응답하였다. 국민의 정부 이전까지 호남지역이 경제적으로 영남정권에 의해 차별받은 것은 온 국민이 다 알고 있는 사실이다. 이러한 경제적 지역 차별이 오늘날 한국정치문화의 병폐 중 하나인 지역감정을 유발하는 직접적 요인으로 작용하였다.

누 지역 엘리트 10명 중 8명 정도가 김대중 정부 이전까지 지역적 차별을 받았다고 응답하였다. 이런 결과는 순천과 나주를 떠나서 진 호남인들이 공감하고 있는 사항이다. 정치적 경제적 차별을 받지 않았다고 인식한 엘리트는 극소수인 3명이다.

<표 2-23> 엘리트 차별대우 2

	순천 빈도	%	나주 빈도	%	순천 / 나주 빈도	%
절대 그렇지 않다	2	7.7		8.0	4	7.8
약간 그렇지 않다	10	38.5	2	20.0	15	29.4
그저 그렇다	9	34.6	5	56.0	23	45.1
약간 그렇다	3	11.5	14	16.0	7	13.7
절대 그렇다	2	7.6	4	100.0	2	4.0
전 체	26	100.0	25		51	100.0
평 균	281		2.80		2.72	
표준편차	.928		.816		.882	

"우리 지역은 김대중 대통령 정부 이후부터 타 지역보다 정치 · 경제적으로 불공평한 대우를 받았다고 생각한다"라는 질문에 대해 순천 엘리트 12명(46.2%), 나주 엘리트 7명(28.0%) 정도가 차별이 아닌 혜택을 받은 것으로 생각하고 있다. 순천 9명(34.6%), 나주 14명(56.0%)은 차별도 혜택도 받지 않은 것으로 응답하였다. 이는 호남 출신인 김대중 대통령에 대한 기대가 컸지만, 기대치에 못 미치는 대우를 받은 것으로 인식하여 '그저 그렇다' 항목에 응답한 것 같다.

김대중 정부 이후, 지역적 차별 혹은 혜택도 받지 않았다고 응답한 엘리트는 23명(45.1%)이며, 오히려 지역적 차별을 받았다고 응답한 사람도 8명(15.7%)이다. 물론 김대중 정부의 등장 이래 개인적 특혜를 입은 사람은 소수이지만, 지역 차원에서 보면 그 어느 정권보다 사회 간접자본 시설의 측면에서 혜택을 본 점은 간과할 수 없는 사실이다. 예컨대, 서해안고속도로의 조기 준공을 들 수 있다.

사회적 발전에 따라 공동체 의식은 약화되고 있는 반면 개인주의적 성향은 강화되고 있는 추세이다. 이러한 사회적 조류 속에서 지역을 리드하는 엘리트의 개인주의와 집단주의 성향을 분석하기 위해 순천과 나주지역 엘리트에게 희생, 눈치, 인정, 등 3개 항목을 제시하였다. 개인을 기본단위로 규정하고 있는 개인주의는 개인의 가치, 생명, 재산, 행복추구를 최고의 가치로 중시하고 있다. 이와는 달리 인간을 사회적 동물로 보는 집단주의는 개인보다는 전체를 우선시하며, 개인의 자유를 절대시하는 자유주의에 반대한다. 또한 개인은 전체를 위한 도구나 수단으로 이용될 수 있다는 인식을 갖고 있다.

〈표 2-24〉 엘리트 희생·눈치·인정가치

		순천 빈도	%	나주 빈도	%	순천/나주 빈도	%
희생 가치	절대 그렇지 않다						
	약간 그렇지 않다	1	3.8	2	8.0	3	5.9
	그저 그렇다	5	19.2	4	16.0	9	17.6
	약간 그렇다	14	53.8	15	60.0	29	56.9
	절대 그렇다	6	23.1	4	16.0	10	19.6
	전 체	26	100.0	25	100.0	51	100.0
	평 균	3.96		3.84	3.90		
	표준편차	.774		.800	.781		
		순천 빈도	%	나주 빈도	%	순천/나주 빈도	%
눈치 가치	절대 그렇지 않다	3	11.5	2	8.0	5	9.8
	약간 그렇지 않다	6	23.1	4	16.0	10	19.6
	그저 그렇다	5	19.2	5	20.0	10	19.6
	약간 그렇다	10	38.5	10	40.0	20	39.2
	절대 그렇다	2	7.7	4	16.0	6	11.8
	전 체	26	100.0	25	100.0	51	100.0
	평 균	3.08		3.40		3.24	
	표준편차	1.197		1.190		1.193	
인 정 가 치	절대 그렇지 않다	5	19.2	7	28.0	12	23.5
	약간 그렇지 않다	9	34.6	10	40.0	19	37.3

		순천 빈도	%	나주 빈도	%	순천/나주 빈도	%
인정 가치	그저 그렇다	9	34.6	6	24.0	15	29.4
	약간 그렇다	3	11.5	1	4.0	4	7.8
	절대 그렇다			1	4.0	1	2.0
	전 체	26	100.0	25	100.0	51	100.0
	평 균	2.38		2.16		2.27	
	표준편차	.941		1.028		.981	

"집단의 이익을 위해 개인의 이익을 희생한다"라는 문항에 관해 엘리트 다
수가 자신을 희생할 수도 있다고 응답하였다. 순천은 20명(76.9%), 나주
는 19명(76.0%)이 동의하고 있다. 이러한 인식의 근원에는 인간이 사회적
존재라는 점, 응답 엘리트 연령대가 40대 이상, 그리고 유교적 문화에 친숙
하다는 점 등을 고려하면 쉽게 이해될 수 있다. 순천과 나주 엘리트 10명
중 8명 정도는 집단이익을 위해 개인적 손실을 감수한다고 답변하였다. 응
답자 모두는 각 지역에서 공인된 사람들로서 타인의 모범이 되는 인사들이
다. 따라서 개인적 이익을 앞세우기보다는 집단이익을 우선시한다는 사고를
지니고 있다.

"나는 의사결정을 할 때 주변 인물들의 의견이나 속내를 살핀다"라는 집단
주의와 관련된 문항에 대해 순천 12명(46.2%), 나주 14명(56.0%)이 주
위의 눈치를 살피는 것으로 나타났다. 두 지역 모두에서 절반에 가까운 엘
리트가 주변의 눈치 또는 분위기를 보면서 의사결정을 하고 있었다. 엘리트
51명 중 절반 정도가 의사결정에 있어 타인의 눈치를 보고 있는 것으로 드
러났다. 물론 이런 경우는 부분적으로 개인의 성격과 관련이 있을 수도 있
지만, 또 한편으로는 집단이라는 공동체에서 다수 의견 내지 지도자의 의견
을 존중한다는 의미가 내포되어 있다. 그러나 적어도 한 지역의 엘리트라면
개인적 소신에 따른 의사결정을 하는 것이 바람직하다.

"나는 하고 싶지 않더라도 주위 사람들이 시위나 서명을 부탁하면 마지못해
참여한다"의 질문에 대해 엘리트들의 개인주의적 성향이 뚜렷이 나타나고 있

다. 순천 14명(53.8%), 나주 17명(68.0%)이 부정적으로 대답하였다. 두 지역 엘리트 10명 가운데 6명 정도는 개인적 소신에 따라 시위나 서명에 참여한다고 응답하고 있다. 이는 시위 참여, 서명에의 동참에 따라 개인의 책임이 수반되기 때문에 개인주의적 성향이 현저히 부각되는 것 같다. 소수인 5명(9.8%)만이 상대방의 부탁을 거절하지 못하고 참여하는 것으로 나타났다.

다음은 연고주의에 관한 설문이다. "우리나라에서 지역사회의 유력인사로 활동하기 위해서는 어떤 요인이 가장 중요하다고 생각하십니까?" 중요한 순서대로 기입을 요망하였다. 따라서 표 안의 1, 2, 3, 4는 선택한 중요 순위를 의미하며, 5순위는 다른 요인을 선정한 빈도를 의미한다.

〈표 2-25〉 엘리트 출신지역·고교·대힉

		순천 빈도	%	나주 빈도	%	순천/나주 빈도	%
출신지역	1순위	3	11.5	10	40.0	13	25.5
	2순위	2	7.7	6	24.0	8	15.7
	3순위	5	19.2	0		5	9.8
	4순위	3	11.5	5	20.0	8	15.7
	5순위	13	50.0	4	16.0	17	33.3
	전 체	26	100.0	25	100.0	51	100.0
	평 균	3.81		2.48		3.16	
	표준편차	1.443		1.584		1.642	
		순천 빈도	%	나주 빈도	%	순천/나주 빈도	%
출신고교	1순위	2	7.7	1	4.0	3	5.9
	2순위	4	15.4			4	7.8
	3순위	2	7.7	7	28.0	9	17.6
	4순위	6	23.1	2	8.0	8	15.7
	5순위	12	46.2	15	60.0	27	52.9
	전 체	26	100.0	25	100.0	51	100.0
	평 균	3.85		4.20		4.02	
	표준편차	1.877		1.118		1.257	

		순천 빈도	%	나주 빈도	%	순천/나주 빈도	%
출신 대학	1순위	4	15.4	4	16.0	8	15.7
	2순위	1	3.8	5	20.0	6	11.8
	3순위	3	11.5	5	20.0	8	15.7
	4순위	1	3.8	4	16.0	5	9.8
	5순위	17	65.4	7	28.0	24	47.1
	전 체	26	100.0	25	100.0	51	100.0
	평 균	4.00		3.20		3.61	
	표준편차	1.549		1.472		1.550	

지역사회의 유력인사로 활동하기 위해 출신지역을 1순위로 선택한 순천 엘리트는 3명(11.5%), 나주 엘리트는 10명(40.0%)이었다. 나주 엘리트 는 다른 요인보다 출신지역을 가장 많은 엘리트가 1순위로 선택하였다. 한 편 순천시와 나주시 엘리트의 응답 결과의 차이는 순천시가 26만 명 정도 의 인구를 가지고 있는 반면 나주는 10만 명 정도이다. 인구가 많으면 많 을수록 엘리트 간 연대가 느슨하기 때문에 이 같은 결과가 도출된 것 같다. 출신지역을 중요요인으로 선택하지 않은 엘리트는 순천 13명, 나주 4명이다.

개인적 자질 요인을 1순위로 선정한 엘리트는 18명이었으며, 그다음으로 출신지역을 1순위로 선정한 엘리트는 13명(25.5%)으로 나타났다. 출신지 역이 중요한 요인이 아니라는 응답자도 17명이나 된다. 두 지역 엘리트는 지역사회의 유력인사가 되기 위한 기본 조건으로 출신지역을 중요시하고 있 다. 순천과 나주는 중소도시, 적은 인구, 연고주의적 성향을 지닌 도시이다. 따라서 이런 조건하에서는 출신지역이 유력인사로 활동하기 위한 중요요인 이 되고 있다.

출신고교를 선택한 순천 엘리트는 14명으로 절반을 약간 상회하고 있다. 나주 엘리트는 10명이다. 순천에는 지역 명문고교인 순천고 외에 역사가 오 래된 순천 매산고가 있으며, 순천 엘리트의 출신고교는 순천고에 편중되어 있었다. 순천 출신의 광주 고교 진출은 낮은 편이다. 나주시는 도의 경계로는 전남에 속하지만 광주광역시에 인접해 있다. 또한 광주시에는 명문 고교가 다수 있는 관계로 경제적 여유가 있는 가구는 자녀를 중학교부터 광주로 보낸다. 이런 점이 두 지역에서 출신고교 중요성에 있어 차이를 가져오고 있다. 출신고교를 1순위로 선택한 엘리트는 극소수인 3명에 불과하다. 3순위나 4순위로 선택한 엘리트가 17명이다. 절반을 약간 상회하는 27명(52.9%)은 순위 밖으로 응답하였다. 순위 밖 응답자는 개인의 자질, 출신 지역을 중요시하는 엘리트들이다.

　순천 엘리트 중 9명(34.6%)만이 지역사회의 유력인사로 활동하기 위해 출신대학을 선택하였다. 나주 엘리트는 18명(72.0%)이다. 순천 엘리트의 출신대학 분포도에서 나타났지만, 조선대 5명을 제외하고는 각 대학별로 분산되어 있었다. 순천과 나주 엘리트 51명 가운데 절반에 가까운 24명(47.1%)이 기타 순위로 선택하였다. 출신대학 요인을 1순위로 선정한 응답자는 8명이다. 두 지역 엘리트 거의 대다수는 순천과 나주에 소재한 대학 출신이 아니다. 광주 또는 서울에 위치한 대학 출신이 다수를 점하고 있다. 즉 엘리트들 간에 대학 동문이라는 연결고리가 약하기 때문에 낮은 빈도로 나타나고 있다.

〈표 2-26〉 엘리트 혈연가문 · 개인자질 · 도덕성 · 소속단체

		순천 빈도	%	나주 빈도	%	순천 / 나주 빈도	%
혈연 가문	1순위						
	2순위	2	7.7	6	24.0	8	15.7
	3순위	2	7.7	4	16.0	6	11.8
	4순위	4	15.4	2	8.0	6	11.8
	5순위	18	69.2	13	52.0	31	60.8
	전　체	26	100.0	25	100.0	51	100.0
	평　균	4.46		3.88		4.18	
	표준편차	.948		1.301		1.161	

		순천 빈도	%	나주 빈도	%	순천/나주 빈도	%
개인 자질	1순위	10	38.5	8	32.0	18	35.3
	2순위	6	23.1	1	4.0	7	13.7
	3순위	2	7.7	4	16.0	6	11.8
	4순위	5	19.2	4	16.0	9	17.6
	5순위	3	11.5	8	32.0	11	21.6
	전 체	26	100.0	25	100.0	51	100.0
	평 균	2.42		3.12		2.76	
	표준편차	1.474		1.691		1.607	
		순천 빈도	%	나주 빈도	%	순천/나주 빈도	%
도덕성	1순위	8	30.8	3	12.0	11	21.6
	2순위	8	30.8	6	24.0	14	27.5
	3순위	4	15.4	1	4.0	5	9.8
	4순위	1	3.8	3	12.0	4	7.8
	5순위	5	19.2	12	48.0	17	33.3
	전 체	26	100.0	25	100.0	51	100.0
	평 균	2.50		3.60		3.04	
	표준편차	1.476		1.581		1.612	
		순천 빈도	%	나주 빈도	%	순천/나주 빈도	%
소속 단체	1순위						
	2순위	3	11.5			3	5.9
	3순위	8	30.8	4	16.0	12	23.5
	4순위	3	11.5	3	12.0	6	11.8
	5순위	12	46.2	18	72.0	30	58.8
	전 체	26	100.0	25	100.0	51	100.0
	평 균	3.92		4.56		4.24	
	표준편차	1.129		.768		1.012	

순천과 나주 엘리트는 지역사회의 유력인사로 활동하기 위한 요인으로서 혈연가문을 1순위로 선정한 사람이 한 명도 없다. 순천 엘리트 중 8명 (30.8%), 나주 엘리트 12명(48.0%)만 4순위 이내로 선택하였다. 이런

결과는 순천지역이 나주지역보다 혈연가문에 의한 연고주의가 더 약하다는 것을 의미한다. 혈연이나 가문을 지역사회의 유력인사로 활동하기 위한 1순위 조건으로 선택한 응답자는 없다. 20명만이 2순위부터 4순위로 선정했으며, 31명(60.8%)은 기타 순위로 선택하였다. 이는 지역에서 혈연가문의 조건이 유력인사로 활동하기 위한 필요조건이 아님을 입증하고 있다.

순천과 나주지역 엘리트 51명이 지역사회의 유력인사로 활동하기 위한 요인으로 가장 많이 선호한 항목은 바로 '개인자질'이다. 순천 엘리트 26명 중 10(38.5%), 나주 엘리트는 8명(32.0%)이 개인자질을 1순위로 선택하였다. 개인자질을 5순위로 선택한 순천 엘리트는 3명, 나주 엘리트는 8명으로 나타났다. 이는 지역사회의 유력인사가 되기 위해서는 필요조건으로 개인의 자질 혹은 능력이 있어야 하며, 충분조건으로 출신지역, 고교, 대학, 혈연가문 등의 조건이 동반됨을 뜻한다. 여러 요인 중 개인자질을 순위에 포함시켜 선택한 엘리트는 10명 중 8명이다. 즉 1순위로 선택한 엘리트는 18명(35.3%)으로 전체 51명 가운데 40명이 순위에 포함시켰다. 단지 11명은 5순위로 선택하였다. 이는 지역사회의 유력인사로 활동하기 위해서는 무엇보다 먼저 개인의 자질이 필요함을 의미하고 있다. 개인적 자질을 갖고 있으면서 부수적으로 도덕성, 출신지역, 출신대학 등의 조건이 수반된다면 지역에서 유력인사로 활동하는 데 있어 훨씬 유리함을 시사하고 있다.

개인의 도덕성을 지역 유력인사의 조건으로 선정한 엘리트는 순천 21명(80.8%), 나주 13명(52.0%)으로 나타났다. 지역의 엘리트는 일반인보다 다여히 처렴, 정직, 모범을 보여야 한다. 문제는 이런 설문 결과에도 불구하고 엘리트 자신들이 과연 도덕적으로 자유로울 수 있느냐이다. 우리 사회에서 부정부패, 각종 이권에의 개입 등의 문제가 노출될 때마다 서민보다는 힘 있는 엘리트가 언제나 관계되어 있다. 지역의 유력인사는 곧 지역 내에서 영향력을 가진 사람을 뜻한다. 따라서 개인적 자질과 함께 도덕적 결함이 없어야 한다. 이런 의미에서 11명(21.6%)이 1순위로 선택하였다 도덕성을 5순위로 선택한 엘리트는 17명(33.3%)으로 나타났다.

순천 엘리트는 소속단체 요인에 대해 2-4순위까지 14명(53.8%), 나주 엘리트는 3-4순위로 7명(28.0%)만 선택하였다. 두 지역에서 소속단체 요인을 1순위로 선정한 사람은 없다. 두 지역의 차이는 소속단체의 지역적 존재 유무와 관계가 있다. 순천은 인구 26만, 지리적으로 광주와 원거리에 있으며, 전남의 동부권을 대표하는 도시이다. 나주는 인구 10만, 광주시에 근접해 있다. 따라서 순천시에서 활동하는 단체는 광주와는 별개로 설립되어 활동하고 있는 반면, 나주시의 단체는 부분적으로 광주권으로 묶여 같이 활동하고 있다. 예컨대, 경제인들의 이익단체인 상공회의소는 순천에는 있지만, 나주는 광주권으로 포함되어 광주 상공회의소 회원으로 활동하고 있다.

〈표 2-27〉 엘리트 정실주의 1

	순천 빈도	%	나주 빈도	%	순천나주 빈도	%
대인관계가 좋은 사람	10	38.5	6	24.0	16	31.4
개인적 자질이 우수한 사람	16	61.5	19	76.0	35	68.6
전 체	26	100.0	25	100.0	51	100.0

엘리트의 정실주의와 관련된 내용이다. "귀하가 회사 사장이라면 부하 직원을 승진시킬 때 어떤 사람을 선택하시겠습니까?" 대인관계가 좋은 사람, 혈연 지연 학연 등 연고가 있는 사람, 개인적 자질이 우수한 사람, 인사 청탁을 받은 사람 등 4개 문항으로 구성되어 있다.

지역의 유력인사로 활동하기 위한 조건으로 소속단체를 1순위로 선택한 응답자는 없다. 3순위로 선택한 사람이 12명이다. 소속단체를 5순위로 선정한 엘리트는 10명 중 6명 정도이다. 순천과 나주 엘리트는 개인의 자질, 출신지역, 도덕성 등 3개 요인을 지역사회의 유력인사로 활동하는 중요요인으로 인식하고 있음을 알 수 있다. 이러한 결과는 지역 유력인사의 활동과 관련하여 엘리트들이 가장 많이 선택한 '개인적 자질의 우수'와 동일한 결과가 나왔다. 순천과 나주 엘리트는 부하 직원의 승진 시 각각 16명(61.5%), 19명(76.0%)이 개인적 자질 우수자를 고려한다고 답하였다.

두 지역 엘리트 51명 모두는 정실주의와 관련하여 35명(68.6%)이 개인적 자질의 우수, 16명(31.4%)이 좋은 대인관계 형성자를 승진 요인으로 간주하고 있다. 연고주의나 또는 인사 청탁자는 승진 시 배제 요인으로 작용하고 있다. 물론 이 두 요인이 중요한 요인임에는 틀림없다. 그러나 문제는 현실에서 승진과 관련하여 연고주의나 인사 청탁자를 철저히 배제할 수 있는가이다. 우리 사회를 보면 절대 그렇지 않다. 이런 점에서 엘리트들의 다소 가식적 답변이라고 평가할 수 있다.

〈표 2-28〉 순천 엘리트 정실주의 2

	순천 빈도	%	나주 빈도	%	순천나주 빈도	%
정치적 신념의 일치도	12	46.2	11	44.0	11	44.0
지지 정당	4	15.4	2	8.0	2	8.0
인　물	8	30.8	10	40.0	10	40.0
공약 또는 정책	2	7.7	2	8.0	2	8.0
전　체	26	100.0	25	100.0	25	100.0

두 번째는 지역 엘리드의 정실주의와 관련히여 대통령 선거에서 지역 엘리트가 고려하는 투표 요인은 무엇인가를 알아보았다. 지역연고, 정치적 신념의 일치도, 지지 정당, 인물, 여론, 공약 또는 정책 등 6개 문항으로 구성뇌어 있나.

순천괴 나주 엘리트 51명 가운데 전반에 조금 못 미치는 23명이 '정치적 신념의 일치도' 요인을 고려하여 투표한다고 답하였다. 지지 정당을 고려한다는 엘리트는 순천 4명, 나주 2명, 인물을 고려한다는 엘리트는 순천 8명, 나주 10명으로 나타났다. 문제는 이들 엘리트가 대선에서 진짜 어떤 요인을 보고 투표하였느냐이다.

두 지역 엘리트 51명 가운데 41명(80.4%)이 정치적 신념 또는 인물을 기준으로 투표한다고 답변하였다. 제13대 대통령 선거부터 15대 대통령 선거까지 광주 전남지역은 이 지역 출신인 김대중 후보에게 몰표에 가까운 표를 주었다. 순천과 나주지역도 결코 예외는 아니다. 따라서 이들 엘리트들이 '정치적 신념의 일치도'를 가장 첫째 요인으로 고려하여 투표한다는 것은 가식적 진술일 수 있다. 순천과 나주 엘리트 역시 호남의 다른 지역 유권자와 마찬가지로 인물 위주의 투표를 한 것으로 추정할 수 있다. 예컨대, 17대 총선을 제외하고는 그 이전 총선까지 김대중 전 대통령이 창당한 정당의 공천을 받은 사람은 호남지역에서 거의 국회의원으로 당선되었다. 이러한 사실은 이 지역에서 인물 위주의 전형적 투표가 행해졌음을 입증하는 것이다.

제6절 엘리트의 지역편견

1. 각 지역에 대한 편견 의식

한국정치문화의 여러 부정적 병폐 가운데 가장 시급히 해결을 요하는 문제는 국민들의 지역주의적 갈등을 치유하는 것이다. 2005년 8월 15일 광복절 경축 60주년 행사에서 참여정부 노무현 대통령의 지역주의에 관한 언급은 문제의 심각성을 잘 알 수 있는 표현이다. 8·15 경축사에서 노 대통령은 우리 사회의 3가지 분열적 요인으로 역사적 분열의 상처, 정치과정에서의 분열 구조, 경제·사회적 불균형과 격차로 인한 분열의 우려 등을 제기하였다. 특히 대통령은 "지역구도는 민주주의를 왜곡하고 합리적 국정운영을 불가능하게 하며, 국민을 분열시킨다. 정치인들은 선거에서 계속 지역감정을 자극해 악순환은 반복된다. 지역구도가 정치적 기득권이 됐기 때문이다"라고 밝혔다(중앙일보 05/08/16, 3).

각 지역을 나타내는 잘못된 편견인식들이 실제적으로 지역에서 어떻게 나타나고 있는지를 분석하기 위하여 각 지역에 해당하는 표현이 의미하는 바를 조사하였다. 이를 위해 본 연구에서는 각 지역에 대해 일반적으로 사용되는 언어를 직접적으로 언급하는 것을 피하고(이는 조사과정에서 해당 주민이 불쾌감을 가질 수 있다는 점을 고려한 점) 그 언어가 가지고 있는 부정적 의미를 통해서 각 지역에 해당하는 언어적 특색을 간접적인 방식으로 설문 문항을 작성하였다. 본 연구를 통해서 지역편견이라고 일컫는 부정석 의미의 용어들의 부당함을 합리적으로, 냉철하게 비판하고 제거할 수 있는 성과를 기대할 수 있다.

항목의 평가내용 6개이다. 1.타산적이다. 2.우둔하다. 3.막무가내이다. 4.우유부단하다. 5.신뢰성이 없다. 6.이기적이다.

〈표 2-29〉 엘리트의 강원평가

		평가내용	지 역		전 체
			순 천	나 주	
강원평가1	1	Count		3	3
		% within 강원평가1		100.0%	100.0%
		% within 지역		14.3%	6.8%
		% of 전체		6.8%	6.8%
	2	Count	19	11	30
		% within 강원평가1	63.3%	36.7%	100.0%
		% within 지역	82.6%	52.4%	68.2%
		% of 전체	43.2%	25.0%	68.2%
	3	Count		1	1
		% within 강원평가1		100.0%	100.0%
		% within 지역		4.8%	2.3%
		% of 전체		2.3%	2.3%

		평가내용	지역		전 체
			순 천	나 주	
	4	Count	4	3	7
		% within 강원평가1	57.1%	42.9%	100.0%
		% within 지역	17.4%	14.3%	15.9%
		% of 전체	9.1%	6.8%	15.9%
	5	Count		2	2
		% within 강원평가1		100.0%	100.0%
		% within 지역		9.5%	4.5%
		% of 전체		4.5%	4.5%
	6	Count		1	1
		% within 강원평가1		100.0%	100.0%
		% within 지역		4.8%	2.3%
		% of 전체		2.3%	2.3%
전 체		Count	23	21	44
		% within 강원평가1	52.3%	47.7%	100.0%
		% within 지역	100.0%	100.0%	100.0%
		% of 전체	52.3%	47.7%	100.0%
Chi Square		.101			

강원평가1에 응답한 순천과 나주 엘리트 전체 인원은 44명이다. 이 가운데 30명(68.2%)이 강원에 관한 부정적 평가에서 '우둔하다'로 인식하고 있다. 지역별로는 순천 19명(63.3%), 나주 11명(36.7%)으로 순천 엘리트 23명 중 19명(82.6%)이 우둔하다는 더 강한 인식을 갖고 있는 것으로 나타났다. 전남인의 우둔하다는 평가는 이익관계에서 강원도민들이 항상 손해를 감수하고 있다는 판단 때문이다. 즉 강원도민들이 역대 선거에서 항상 집권당을 지지하고 있지만, 지역발전의 측면에서는 지지도와 다르게 집권당의 적극적 지원이 부족함에도 불구하고 아무런 불평 없이 지내는 것으로 판단하여 우둔하다는 인식을 갖고 있는 것 같다. 한편, 소수 의견으로는 7명(15.9%)이 강원주민을 우유부단하다고 평가하고 있다.

〈표 2-30〉 엘리트의 경기평가

		평가내용	지 역		전 체
			순 천	나 주	
경기평가1	1	Count	10	11	21
		% within 경기평가1	47.6%	52.4%	100.0%
		% within 지역	45.5%	52.4%	48.8%
		% of 전체	23.3%	25.6%	48.8%
	2	Count		1	1
		% within 경기평가1		100.0%	100.0%
		% within 지역		4.8%	2.3%
		% of 전체		2.3%	2.3%
	3	Count	1	2	3
		% within 경기평가1	33.3%	66.7%	100.0%
		% within 지역	4.5%	9.5%	7.0%
		% of 전체	2.3%	4.7%	7.0%
	4	Count	1	1	2
		% within 경기평가1	50.0%	50.0%	100.0%
		% within 지역	4.5%	4.8%	4.7%
		% of 전체	2.3%	2.3%	4.7%
	5	Count	3	3	6
		% within 경기평가1	50.0%	50.0%	100.0%
		% within 지역	13.6%	14.3%	14.0%
		% of 전체	7.0%	7.0%	14.0%
	6	Count	7	3	10
		% within 경기평가1	70.0%	30.0%	100.0%
		% within 지역	31.8%	14.3%	23.3%
		% of 전체	16.3%	7.0%	23.3%
전 체		Count	22	21	43
		% within 경기평가1	51.2%	48.8%	100.0%
		% within 지역	100.0%	100.0%	100.0%
		% of 전체	51.2%	48.8%	100.0%
Chi Square		.706			

경기평가1에 응답한 순천과 나주 엘리트 총 인원은 43명이다. 이 중 21
명(48.8%)이 경기민에 관한 부정적 평가에서 '타산적이다'고 생각하고 있
었다. 지역별로는 순천 10명(47.6%), 나주 11명(52.4%)으로 두 지역
엘리트의 인식이 거의 대등소이하다. 또 10명(23.3%)은 이기적으로 판단
하고 있다. 순천과 나주 엘리트의 경기민에 대한 평가는 이들 지역민이 항
상 손해 보지 않고 이익만 추구하려는 태도에 기인하여 타산적 또는 이기적
이라는 평가를 내린 것 같다.

〈표 2-31〉 엘리트의 경상평가

		평가내용	지 역		전 체
			순 천	나 주	
경상평가1	1	Count	3	1	4
		% within 경상평가1	75.0%	25.0%	100.0%
		% within 지역	12.5%	4.8%	8.9%
		% of 전체	6.7%	2.2%	8.9%
	3	Count	14	7	21
		% within 경상평가1	66.7%	33.3%	100.0%
		% within 지역	58.3%	33.3%	46.7%
		% of 전체	31.1%	15.6%	46.7%
	4	Count		2	2
		% within 경상평가1		100.0%	100.0%
		% within 지역		9.5%	4.4%
		% of 전체		4.4%	4.4%
	5	Count	2	3	5
		% within 경상평가1	40.0%	60.0%	100.0%
		% within 지역	8.3%	14.3%	11.1%
		% of 전체	4.4%	6.7%	11.1%
	6	Count	5	8	13
		% within 경상평가1	38.5%	61.5%	100.0%
		% within 지역	20.8%	38.1%	28.9%
		% of 전체	11.1%	17.8%	28.9%

		평가내용	지 역		전 체
			순 천	나 주	
전 체		Count	24	21	45
		% within 경상평가1	53.3%	46.7%	100.0%
		% within 지역	100.0%	100.0%	100.0%
		% of 전체	53.3%	46.7%	100.0%
Chi Square		.195			

경상평가1에 답한 순천과 나주 엘리트 전체 인원은 45명이었다. 21명 (46.7%)이 경상지역에 대한 부정적 평가에서 '막무가내이다'로 인식하고 있다. 지역별로는 순천 14명(66.7%), 나주 7명(33.3%)으로 나타났다. 순천 엘리트 24명 중 절반이 넘는 14명(58.3%)이 영남인에 대해 막무가 내형이라는 인식을 갖고 있다. 따라서 나주 엘리트보다는 순천 엘리트가 더 부정적으로 평가하고 있다. 전남인의 '막무가내이다'라는 평가는 앞뒤를 가 리지 않고 마구 밀어붙이는 영남인의 특성을 보고 판단한 것 같다. 소수 의 견으로는 13명(28.9%)이 경상주민을 '이기적이다'라고 평가하고 있다. 이 는 영남인의 장기 집권 추구, 또는 영남만의 지속적 경제개발로 인한 호남 인의 소외 등에서 연유된 것으로 추정할 수 있다.

〈표 2-32〉 엘리트의 서울평가

		평가내용	지 역		전 체
			순 천	나 주	
서울평가1	1	Count	10	10	20
		% within 서울평가1	50.0%	50.0%	100.0%
		% within 지역	41.7%	45.5%	43.5%
		% of 전체	21.7%	21.7%	43.5%
	5	Count	1	4	5
		% within 서울평가1	20.0%	80.0%	100.0%

	평가내용	지 역		전 체
		순 천	나 주	
	% within 지역	4.2%	18.2%	10.9%
	% of 전체	2.2%	8.7%	10.9%
6	Count	13	8	21
	% within 서울평가1	61.9%	38.1%	100.0%
	% within 지역	54.2%	36.4%	45.7%
	% of 전체	28.3%	17.4%	45.7%
전 체	Count	24	22	46
	% within 서울평가1	52.2%	47.8%	100.0%
	% within 지역	100.0%	100.0%	100.0%
	% of 전체	52.2%	47.8%	100.0%
Chi Square	.234			

서울평가1에 응답한 순천과 나주 엘리트 전체 인원은 46명으로 21명 (45.7%)이 서울주민에 관한 부정적 평가에서 '이기적이다'로 평가하고 있다. 또한 20명(43.5%)이 '타산적이다'는 인식을 갖고 있었다. 전남인의 경기인에 대한 평가와 유사하다. 지역별로는 '이기적이다'는 문항에 대해 순천 13명(61.9%), 나주 8명(38.17%), '타산적이다'는 평가에는 순천과 나주 엘리트 각 10명(50.0%)씩으로 나타났다. 전남인의 서울민에 대한 '이기적, 타산적이다'는 평가는 경기도민에 관한 평가 연유와 비슷한 것 같다.

〈표 2-33〉 엘리트의 전라평가

		평가내용	지 역		전 체
			순 천	나 주	
전라평가1	1	Count	3	2	5
		% within 전라평가1	60.0%	40.0%	100.0%
		% within 지역	13.6%	10.0%	11.9%
		% of 전체	7.1%	4.8%	11.9%

	평가내용		지 역		전 체
			순 천	나 주	
2	Count		1	2	3
	% within 전라평가1		33.3%	66.7%	100.0%
	% within 지역		4.5%	10.0%	7.1%
	% of 전체		2.4%	4.8%	7.1%
3	Count		5	5	10
	% within 전라평가1		50.0%	50.0%	100.0%
	% within 지역		22.7%	25.0%	23.8%
	% of 전체		11.9%	11.9%	23.8%
4	Count		3	2	5
	% within 전라평가1		60.0%	40.0%	100.0%
	% within 지역		13.6%	10.0%	11.9%
	% of 전체		7.1%	4.8%	11.9%
5	Count		8	5	13
	% within 전라평가1		61.5%	38.5%	100.0%
	% within 지역		36.4%	25.0%	31.0%
	% of 전체		19.0%	11.9%	31.0%
6	Count		2	4	6
	% within 전라평가1		33.3%	66.7%	100.0%
	% within 지역		9.1%	20.0%	14.3%
	% of 전체		4.8%	9.5%	14.3%
전 체	Count		22	20	42
	% within 전라평가1		52.4%	47.6%	100.0%
	% within 지역		100.0%	100.0%	100.0%
	% of 전체		52.4%	47.6%	100.0%
Chi Square	.849				

전남인 자신에 대한 부정적 평가 결과, 빈도의 고·저 차이는 있지만 6개전 항목에 걸쳐 평가하였다. 전라평가1에 응답한 순천과 나주 엘리트 전체인원은 42명이다. '신뢰성이 없다고 평가한 인원은 13명(31.0%)으로 순

천 8명(61.5%), 나주 5명(38.5%)으로 나타났다. '막무가내이다'라고 평
가한 엘리트는 10명(23.8%)으로 순천과 나주 각 5명(50.0%)씩이다. 엘
리트 자신들의 호남인에 대한 부정적 평가에서 '신뢰성이 없다'고 판단한 이
유는 약속을 잘 지키지 않거나 또는 손익이라는 이해관계에 따라 행동하는
행태를 토대로 이 같은 평가를 내린 것 같다.

〈표 2-34〉 엘리트의 충청평가

		평가내용	지 역		전 체
			순 천	나 주	
충청평가1	1	Count		1	1
		% within 충청평가1		100.0%	100.0%
		% within 지역		5.0%	2.3%
		% of 전체		2.3%	2.3%
	2	Count	3	4	7
		% within 충청평가1	42.9%	57.1%	100.0%
		% within 지역	12.5%	20.0%	15.9%
		% of 전체	6.8%	9.1%	15.9%
	4	Count	19	14	33
		% within 충청평가1	57.6%	42.4%	100.0%
		% within 지역	79.2%	70.0%	75.0%
		% of 전체	43.2%	31.8%	75.0%
	5	Count	1	1	2
		% within 충청평가1	50.0%	50.0%	100.0%
		% within 지역	4.2%	5.0%	4.5%
		% of 전체	2.3%	2.3%	4.5%
	6	Count	1		1
		% within 충청평가1	100.0%		100.0%
		% within 지역	4.2%		2.3%
		% of 전체	2.3%		2.3%

	평가내용	지 역		전 체
		순 천	나 주	
전 체	Count	24	20	44
	% within 충청평가1	54.5%	45.5%	100.0%
	% within 지역	100.0%	100.0%	100.0%
	% of 전체	54.5%	45.5%	100.0%
Chi Square	.634			

충청평가1에 응답한 순천과 나주 엘리트 전체 인원은 44명이다. 이 가운데 33명(75.0%)이 충청인에 관한 부정적 평가에서 '우유부단하다'로 인식하고 있다. 순천 19명(57.6%), 나주 14명(42.4%)으로 나타났다. 지역별 평가를 보면 순천 엘리트 24명 중 19명(79.26%), 나주 엘리트 20명 중 14명(70.0%)이 충청인에 대해 우유부단하다고 생각하고 있다. 전남인이 충청민에게 우유부단하다는 평가를 내린 연유는 자기 속내를 드러내고, 자신의 의사를 주장하고, 한번 결정한 사항에 대해 끝까지 관철시키는 의지 등이 부족하다는 이유에서 이러한 판단을 한 것 같다. 소수 의견으로는 7명(15.9%)이 우둔하다고 평가하였다. 흔히 충청도 하면 '멍청도'라고 비아냥거리는 사람이 많은 편인데, 우둔하다보다는 '우유부단하다'라는 평가가 나왔다. 각 지역별 부정적 평가에서 전남인의 충청주민에 대한 '우유부단하다'라는 평가가 75.0%로 제일 높은 편이다.

2. 자녀의 배우자 만족도

지역감정에 의한 지역적 갈등 편차가 큰 상황에서 순천과 나주지역 엘리트에게 다음과 같은 질문을 하였다. "다른 조건이 동일한 경우, 다음 지역의 출신자가 귀하 자녀의 배우자가 된다면 어떤 생각이 드시겠습니까?" 만족스러운 정도에 따라서 매우 불만족부터 매우 만족까지 5개 문항으로 나열하였으며, "매우 불만족스러울 것이다"(1)에서 "매우 만족스러울 것이다"(5)까지의 정도를 표시해 달라고 했다.

〈표 2-35〉 엘리트 자녀 배우자의 강원 출신 만족도

	순천 빈도	%	나주 빈도	%
매우 불만족	1	3.8	1	4.0
약간 불만족	4	15.4	6	24.0
그저 그렇다	10	38.5	14	56.0
약간 만족	5	19.2	4	16.0
매우 만족	4	15.4		
무 효	2	7.7		
전 체	26	100.0	25	100.0
평 균	3.29		2.84	
표준편차	1.083		.746	

순천 엘리트 26명 중 10명(38.5%)은 자녀의 판단에 맡긴다는 의미에서 불만족 또는 만족이 아닌 보통으로 나타났다. 강원도 출신 배우자에 대한 불만족은 5명(19.2%)으로 이들은 지역적 편견을 갖고 있는 사람이다. 강원주민에 대한 부정적 평가 결과는 '우둔하다'로 집약되며, 순천 엘리트 23명 중 19명이 동의하였다. 만족을 표시한 9명(34.6%)은 지역적 편견이 전혀 없는 엘리트이다.

나주 엘리트 25명 가운데 자녀의 배우자를 선택함에 있어 지역이라는 변수에 불만 혹은 만족이 아닌 보통으로 생각하는 엘리트는 절반을 초과한 14명(56.0%)이다. 불만족은 7명(28.0%), 만족은 4명(16.0%)으로 나주 엘리트 다수는 자녀 배우자의 강원 출신에 대해 반대도 찬성도 아닌 보통,

즉 엘리트 자신의 의사보다는 자녀의 판단을 존중한다는 의미에서 무감각한 반응을 보이고 있다.

〈표 2-36〉 엘리트 자녀 배우자의 경기 출신 만족도

	순천 빈도	%	나주 빈도	%
매우 불만족				
약간 불만족	1	3.8	5	20.0
그저 그렇다	14	53.8	13	52.0
약간 만족	5	19.2	7	28.0
매우 만족	5	19.2		
무 효	1	3.8		
전 체	26	100.0	25	100.0
평 균	3.56		3.08	
표준편차	.870		.702	

순천 엘리트 26명 중 절반을 넘는 14명(53.8%)은 불만족, 만족이 아닌 '그저 그렇다'로 의사를 표시함으로써 자녀의 배우자가 경기주민이어도 상관치 않는다는 반응을 보이고 있다. 경기도 출신 배우자에 대한 불만족은 극소수인 1명(3.8%)이며, 만족한다는 엘리트는 10명(38.4%)으로 나타났다. 따라서 순천 엘리트들은 자녀의 배우자가 경기도 출신이어도 대체로 만족한다는 응답을 보이고 있다.

나주 엘리트 25명 중 자녀의 배우자가 경기주민일 경우, '그저 그렇다'로 응답한 엘리트는 13명(52.0%)이다. 불만족은 5명(20.0%), 만족은 7명 (28.0%)으로 나주 엘리트 다수는 자녀 배우자가 경기도 출신이어도 지역적으로 상관치 않는다는 의사를 나타내고 있었다.

〈표 2-37〉 엘리트 자녀 배우자의 경상 출신 만족도

	순천 빈도	%	나주 빈도	%
매우 불만족	1	3.8	4	16.0
약간 불만족	6	23.1	7	28.0
그저 그렇다	10	38.5	11	44.0
약간 만족	4	15.4	2	8.0
매우 만족	4	15.4	1	4.0
무 효	1	3.8		
전 체	26	100.0	25	100.0
평 균	3.16		2.56	
표준편차	1.106		1.003	

자녀 배우자가 경상도 출신일 경우, 순천 엘리트 25명의 만족도는 불만족, 보통, 만족 등에서 거의 대등한 비율로 산출되었다. 10명(38.5%)은 경상도 출신일지라도 불만 또는 만족과 상관없다는 응답을 하였다. 불만족은 7명(26.9%)으로 이들은 지역적 편견을 갖고 있는 엘리트로 분류된다. 만족은 8명(30.8%)으로 경상도 출신에 대한 호감을 갖고 있다. 이들은 지역에 관계치 않고 자녀의 결정을 최대한 존중하는 인사들로서 영·호남 간에 지역적 갈등이 있음에도 불구하고 영남지역에 편견이 전혀 없는 엘리트들이다.

나주 엘리트들은 순천과는 달리 자녀의 배우자로서 경상도 출신을 배척하는 경향이 짙다. 25명 중 영남지역이라는 변수에 불만 혹은 만족이 아닌 보통으로 생각하는 엘리트는 절반에 약간 못 미치는 11명(44.0%)이다. 반면 불만족은 11명(44.0%), 만족은 3명(12.0%)으로 나주 엘리트 다수는 자녀 배우자의 경상도 출신에 대해 보통과 불만적 반응이 지배적이었다. 순천과 나주의 이런 차이는 도시 규모·인구, 경상도와의 지리적·교류 빈도의 차이 등에서 비롯된 것 같다.

〈표 2-38〉 엘리트 자녀 배우자의 서울 출신 만족도

	순천 빈도	%	나주 빈도	%
매우 불만족			1	4.0
약간 불만족	1	3.8	4	16.0
그저 그렇다	12	46.2	11	44.0
약간 만족	6	23.1	8	32.0
매우 만족	6	23.1	1	4.0
무 효	1	3.8		
전 체	26	100.0	25	100.0
평 균	3.68		3.16	
표준편차	.900		.898	

　　순천 엘리트 26명 중 긱긱 12명(46.2%)은 자녀 배우자의 서울 출신에 대해 보통, 또는 만족 이상을 표하고 있다. 불만족은 극소수로 1명이다. 이러한 결과는 순천 엘리트들이 서울 출신에 대해 지역감정이 거의 없는 것으로 해석할 수 있다. 자녀의 배우자가 서울 출신이라 해도 굳이 반대할 필요성을 느끼지 못하는 것 같다. 서울 출신 배우자에 대한 불만족은 극소수인 1명(3.8%)으로 나타났다. 결국 순천 엘리트 10명 중 5명 정도는 자녀의 배우자가 서울 출신이어도 만족한다는 응답 비율을 보여줌으로써 그 어느 지역 출신보다도 높은 호감을 갖고 있었다.

　　나주 엘리트 25명 가운데 자녀 배우자가 서울 출신일 경우, '그저 그렇다'로 응답한 엘리트는 11명(44.0%)이다. 불만족은 5명(20.0%), 만족은 9명(36.0%)으로 나타났다. 나주 엘리트 나수는 사녀 배우사가 서울 출신이어도 지역석으로 상관지 않는다는 의사들 나타내고 있었나. 순천과 나주 엘리트는 자녀 배우자로서 서울 출신에 대한 불만족 편차가 크다. 그 이유는 무엇인가. 도시보다는 농촌으로 내려갈수록 보수저 성향이 짙으며, 개인보다는 공동체를 우선하는 경향이 많다. 흔히 서울 출신을 이기적이고 계산적, 그리고 깍쟁이로 부르는 연유는 개인적 실이을 너무 앞세우기 때문이

다. 따라서 순천보다는 나주가 더 농촌도시인 점을 감안한다면 두 지역의
불만족 편차를 이해할 수 있다.

<표 2-39> 엘리트 자녀 배우자의 전라 출신 만족도

	순천 빈도	%	나주 빈도	%
매우 불만족			1	4.0
약간 불만족	1	3.8		
그저 그렇다	5	19.2	13	52.0
약간 만족	14	53.8	7	28.0
매우 만족	5	19.2	4	16.0
무 효	1	3.8		
전 체	26	100.0	25	100.0
평 균	.759		3.52	
표준편차	3.92		.918	

순천과 나주지역 엘리트들은 자녀의 배우자로서 전라도 지역 출신을 어떻
게 생각하고 있는가. 동일한 지역문화와 전통을 갖고 있다는 점에서 타 지역
출신보다 선호도가 높을 것이다. 순천 엘리트 26명 중 불만족 1명(3.8%),
'그저 그렇다'는 5명(19.2%), 만족한다는 응답은 압도적 빈도인 19명(73.0%)
으로 나타났다.

나주 엘리트 25명 가운데 불만족 1명(4.0%), '그저 그렇다'는 절반을 약
간 초과하는 13명(52.0%), 만족은 11명(44.0%)이었다. 나주 엘리트의
경우, 보통과 만족의 빈도 편차는 2명이었다. 나주지역 엘리트들은 자녀의
배우자로서 서울 또는 경기 출신에 대해 50%에 근접한 '그저 그렇다'라는
응답을 하였다. 이들 지역과 마찬가지로 호남 출신에 대해서도 또한 50%
의 비율을 보여줌으로써 특정 지역 출신에 대한 절대적 호감은 갖고 있지
않은 것으로 드러났다.

〈표 2-40〉 엘리트 자녀 배우자의 충청 출신 만족도

	순천 빈도	%	나주 빈도	%
매우 불만족			1	4.0
약간 불만족	2	7.7	2	8.0
그저 그렇다	11	42.3	12	48.0
약간 만족	6	23.1	8	32.0
매우 만족	5	19.2	2	8.0
무 효	2	7.7		
전 체	26	100.0	25	100.0
평 균	3.58		3.32	
표준편차	.929		.900	

순천 엘리트 26명은 자녀의 배우자로 충청 출신에 대해 보통을 의미하는 '그저 그렇다'가 11명(42.3%), 만족 또한 11명(42.3%)으로 나타났다. 순천 엘리트들은 충청 출신을 자녀의 배우자로 맞이하는 데 지역적 편견을 갖고 있지 않다. 불만족은 2명이다. 순천 엘리트들은 충청지역에 대한 긍정적 평가에서 충청인을 아주 성실한 사람들로 평가하였다.

나주 엘리트 25명 중 자녀의 배우자가 충청 출신일 경우, '그저 그렇다'로 응답한 엘리트는 절반에 가까운 12명(48.0%)이었으며, 불만족은 3명(12.0%), 만족은 10명(40.0%)으로 나타났다. 따라서 나주 엘리트 10명 가운데 8명은 자녀 배우자가 충청도 출신이어도 지역적으로 관계없다는 반응을 보이고 있었다.

제7절 결 론

1981년부터 2004년까지 순천시에서 활동한 역대 엘리트는 총 251명이었다. 남여 성비를 보면 1명을 제외하고는 모두 남성이며, 40대 이상 연령층이다. 이들의 성장지를 보면 6명을 제외한 245명이 광주·전남 출신이며, 순천 토박이가 절반을 차지하고 있었다. 대졸 이상 학력 소유자는 10명 중 5명 정도이며, 출신고교는 순천고가 56명(22.3%)으로 최다이다. 출신대학은 전남대가 38명(15.1%)이었으며, 그다음으로는 조선대 출신이 많은 것으로 나타났다.

다음은 순천과 나주지역 정치·행정·경제·사회 분야 현직 엘리트 51명에 대한 분석결과의 요약이다. 구성적 특징에서 경제 엘리트 2명만 여성이며, 나머지는 남성이었다. 연령층은 엘리트 모두 40대 이상이며, 성장지는 과반수 정도가 순천과 나주이다. 엘리트 10명 가운데 7명 정도가 20년 이상 장기 거주자이며, 80% 이상이 대졸 학력의 소유자였다.

순천과 나주시 지역 엘리트들의 정치적 가치관과 관련하여 과반수 정도가 시정의 정책결정에 있어 주민참여가 저조하다고 응답하였다. 계몽가치는 거의 대다수 엘리트가 사회변화에 민감하게 대응하여야 한다고 했으며, 부의 가치에서는 80% 이상이 동의하고 있었다. 10명 중 6명 정도는 안녕가치에서 주민 간의 상호신뢰와 협력이 낮다고 평가했으며, 기술가치에서는 절반 정도가 연공서열 문화가 잔존하고 있다고 답하였다. 두 지역 엘리트 10명 가운데 3명은 애정가치가 부족하다고 응답했으며, 존경가치와 관련하여 엘리트 40% 정도가 비정상적 방법으로 높은 지위를 획득한 사람이 많다고 생각하고 있었다. 우리 사회의 정직가치에 대해서는 엘리트 절반이 부정적 응답을 했다. 지역차별 문항에서 엘리트 10명 가운데 8명은 김영삼 정권 이전까지 지역적 차별을 받았다고 인식한 반면, 김대중 정권에서는 절반 정도가 지역적 차별이 없었다고 답변하였다.

지방정치 엘리트들이 인식하고 있는 희생가치의 경우, 10명 중 8명 정도가 집단이익을 위해 개인적 손실을 감수하겠다고 했으며, 의사결정에 있어서 절반 정도가 타인의 눈치를 살피고 있었다. 그리고 10명 가운데 6명 정도는 개인적 소신에 따라 시위나 서명에 동참하는 것으로 나타났다. 지역사회의 유력인사로 활동하기 위한 중요요인으로 이들 엘리트들은 개인자질, 출신지역, 도덕성을 선호하고 있었으며, 엘리트 45%는 대통령 선거에서 후보 선택의 기준은 정치적 신념에 따라 투표한다고 밝혔다.

순천과 나주 엘리트들의 지역편견에 대한 분석에서 부정적 평가를 보면 다음과 같다. 첫째, 엘리트 70% 정도가 강원주민은 우둔 둘째, 50% 정도가 경기주민을 타산적이라고 인식 셋째, 50% 정도가 경상주민을 막무가내형으로 인식 넷째, 50% 정도가 서울주민을 이기적으로 인식 다섯째, 전라주민에 대해 31%가 신뢰성이 없다고 인식 여섯째, 충청주민에 대해 75%가 우유부단하다고 평가하였다.

지역 출신 자녀의 배우자 만족도와 관련하여 강원 출신에 대해서는 자녀의 판단에 맡긴다는 엘리트가 과반 정도였으며, 불만족은 23%였다. 경기 출신은 불만족 12%, 절반 정도는 자녀의 의사에 맡기겠다. 경상 출신에 대해 가장 불만족 빈도가 높았으며, 그 비중은 35%이다. 서울과 전라 출신에 대한 만족도는 41%, 58%로 나타났으며, 충청 출신은 만족도가 41%였다.

순천과 나주지역 엘리트 51명의 설문 결과, 엘리트들은 지방정부의 중요한 정책결정 과정에의 주민참여가 미흡하다고 평가하였다. 이는 주민 스스로의 참여 의지의 결핍, 그리고 주민참여를 활성화시킬 수 있는 제도적 결함에서 비롯되고 있다. 한편 순천시를 대상으로 연결망 분석을 한 결과, 3개 사례 모두에서 순천시장에게 권력이 집중되어 있는 것으로 나타났다. 이같은 현상은 시장이 인사권과 예산을 녹점하고 있기 때문이나. 순천시를 포함해 전국의 모든 지방정부가 이에 해당될 것이다.

엘리트에 관한 일반적 분류는 지위법과 평판법을 토대로 한 것이었다. 즉 이들이 정책과정 전반에 걸쳐 핵심적 역할자 또는 영향력 행사자로 알려져 왔다. 연결망 분석을 통해 순천시의 정책집행 과정 사례인 기적의 도서관, 동천가꾸기, 담장허물기 운동을 살펴보았다. 지역사회 엘리트의 네트워크 분석을 통한 특징과 평가는 다음과 같다.

첫째, 엘리트로 분류되지 않았던 사람들이 집행과정에서 핵심 행위자나 영향력 행사자로 등장하였으며, 기존의 엘리트는 극소수만이 언급되고 있었다. 따라서 사업과정에서 핵심 행위자 또는 영향력 행사자를 엘리트 개념으로 수용한다면, 기존 엘리트 외에도 정책집행 과정에서 나타난 사람들도 새로운 엘리트로 규정할 수 있다.

둘째, 순천시의 3개 사례를 분석한 결과, 시장이 영향력 1순위자로 나타났으며, 담당 공무원과 정책집행의 조언자들도 영향력을 갖고 있었다. 그리고 순천시의 권력구조는 시장주도형으로 나타났다.

셋째, 지방정부가 주도하는 사업의 정책결정 또는 집행과정에서 지방정부를 제외한 시민사회단체, 일반시민 혹은 정치인들의 영향력은 미미한 것으로 드러났다. 조사 시 이들의 성명이 전혀 거론되지 않았던 것이다. 시의 사업추진이 할당, 분배, 개발정책이냐에 따라 참여자의 갈등, 역할이 달라질 수 있다. 민선시장의 경우, 선거를 의식하기 때문에 시민이나 주민과의 갈등을 줄이기 위해 필요한 공공재 시설의 설치를 기피하는 경향이 많다. 이런 점에서 보면 사업의 추진과정에서 적극적 협조자는 이름이 거론될 수 있지만, 반대자는 거론되지 않는 경향이 많았다.

넷째, 이익집단 단체장을 제외하고 지위법과 평가법에 분류에 의한 순천시 엘리트는 27명이다. 이들이 정책결정 과정에서 영향력을 행사하는 것으로 흔히 알려져 있다. 3개 사업의 정책집행 과정에서 표출된 엘리트는 39명이다. 정책결정과 정책집행 과정 모두에서 엘리트로 거명된 인사는 4명으로 밝혀졌다. 따라서 정책결정과 정책집행 과정에서의 엘리트 차별화가 나타났다. 다시 말해 정책집행 과정에서의 엘리트 다수는 우리가 지위법과 평가법상 엘리트로 분류하지 않은 전혀 새로운 사람들이었다.

다섯째, 사업의 정책집행 과정을 관리하는 담당 공무원의 영향력 정도가 다른 엘리트와 비교하여 큰 것으로 나타났다.

여섯째, 3개 사업 가운데 동천가꾸기 사업이 가장 높은 연결망적 동질성을 보이고 있다. 집중성 측면을 보면 담장허물기 사업에서 시장의 영향력이 다른 사업과 비교하여 상대적으로 높게 작용하고 있었다. 담장허물기 사업은 순천시장이 2002년 6월 지방선거를 통해 당선되고 나서 시장 취임식 날 곧바로 시청을 둘러싼 담장을 없애면서 전개된 운동으로 그 어떤 사업보다 시장의 강력한 추진 의지가 내포된 사업이었다. 그러므로 연결망의 중심성 측면에서도 시장의 영향력 집중도가 가장 높게 나타나고 있는 사업이 담장허물기 사업이다.

일곱째, 매개 중심성 측정치로 권력관계를 측정한 결과, 기적의 도서관 사업에서 a(순천시장), c(남도평화문화재단 사무국), b(책읽는사회만들기국민운동 사무처), g(순천중앙도서관 계장)가 부각되었으며, 동천가꾸기 사업에서 a(순천시장), b(순천 청암대 교수), c(풍덕동 통장협의회)가, 담장허물기 사업에서는 a(순천시장), b(가우환경조경연구소), d(시청 산림녹지과 주사), g(에코환경디자인)가 부각됨으로써 이들이 각각의 사업에서 상대적으로 중요한 매개인임을 알 수 있었다.

지방정치의 권력구조가 소수 엘리트에게 집중되어 있다면 지방의 발전과 관련하여 순기능보다는 역기능적 부작용이 더 많이 표출될 수 있다. 바람직한 지역발전을 위한 권력구조는 권력의 집중이 아닌 분산형태인 다원화이다. 즉 지방정부의 시장이 설득과 타협을 통해 기업가와 연합하고, 주민 의견을 적극적으로 수용하여 지방의 발전을 주도해 간다는 시장연합 유형이 요구된다.

참고문헌

강준만(1995). 「전라도 죽이기: 강준만 교수의 본격 이의 제기」. 개마고원.

강희경·민경희(1998). "지역사회 권력자의 권력 자원에 관한 연구." 「한국사회학」. 32.

김도종(2004). 「정치심리학」. 명지대학교출판부.

김만흠(1997). 「한국정치의 재인식」. 풀빛.

김 욱(2004). "충청 정치문화의 특성과 변화전망." 「2004연례공동학술회의 논문집」, 충청 정치학회, 대전충남사회연구회.

김익식(1994). "지방자치와 주민참여: 지역사회 권력구조와의 관계를 중심으로." 「지방행정연구」. 31(5월).

김재한(2003). "지역주의 문제의 진단과 처방." 한국정치학회 김유남 엮음. 「한국 정치연구의 쟁점과 과제」. 한울.

김종철(1991). "지역감정을 어떻게 볼 것인가." 김종철·최장집 외 지음. 「지역감 정연구」. 학민사.

김진국(1977). "한국 대학생의 지역적 편견 연구." 「전국 대학생 학술연구 발표논 문 2」.

김진국(1989). "지역감정의 실상과 그 해소 방안." 한국심리학회 편. 「심리학에서 본 지역감정」. 성원사.

김태룡(1986). "정치참여: 경향과 조망." 「상지대 논문집」. 7.

김혜숙(1988). "지역 간 고정관념과 편견의 실상: 세대 간 전이가 존재하는가?" 한국심리학회 편. 「심리학에서 본 지역감정」. 성원사.

김혜숙(2001). "집단범주에 대한 신념과 호감도가 편견적 판단에 미치는 영향: 미 국의 성편견, 인종편견과 한국의 성편견, 지역편견의 비교." 「한국심리학회 지: 사회 및 성격」. 15(1).

나간채(1991). "지역 간의 사회적 거리감." 김종철·최장집 외 지음. 「지역감정연구」. 학민사.

남영신(1991). 「지역 패권주의 한국」. 새문사.

남영신(1993). 「지역 패권주의 연구」. 학민사.

노병만(1998). "지역할거주의의 정치구조의 형성과 그 원인 분석." 「한국정치학회보」. 32(1).

달고나(2003). "보리 문둥이 깽깽이 역사고찰." http://www2.kmib.co.kr/netizen/_view.asp?num=259(검색일: 2005. 08. 09).

문석남·정근식·지병문(1994). 「지역사회와 사회의식」. 문학과지성사.

민경환(1991). "사회심리적으로 본 지역감정." 김종철·최장집 외 지음. 「지역감정 연구」. 학민사.

민형동(1997). 「지방화 시대의 주민참여 활성화 방안에 관한 연구: 천안시민의 주민참여 의식을 중심으로」. 동국대학교 행정대학원 석사학위논문.

박대식·강경태 편(2005). 「한국 지역사회 주민참여」. 오름.

박대식 외(2003). "지역사회 정치문화." 「2003년 한국정치학회 연말학술대회 – 지역사회 권력구조와 정치문화」. 한국정치학회.

박용남(1991) "오늘의 지역감정 실태." 김종철·최장집 외 지음. 「지역감정연구」. 학민사.

박혜자(1992). 「한국 지역주의에 관한 실증적 연구」. 서울시립대학교 대학원 도시행정학과 박사학위논문.

서경주(2002). 「한국의 지역주의」. 백산서당.

송호근·김우식·이재열(2004). 「한국사회의 연결망 연구」. 서울대학교출판부.

안병만(1983). "농촌주민의 정치태도." 「한국정치학회보」. 17.

오수성(1996). "지역갈등의 구조와 성격특성." 최협 엮음. 「호남사회이 이해」. 풀빛.

육동일·박대식(1994). "지방정부에 대한 주민들의 태도와 참여에 관한 연구: 대전광역시를 중심으로." 「한국행정학보」. 28(4).

이갑윤(1998). 「한국의 선거와 지역주의」. 서울: 오름.

이병휴(1991). "지역길등의 역사." 김종철·최상집 외 지음. 「지역감정연구」. 학민사.

이상현(2003). "지역감정회게 특강." http://nurisarang.net/plus/board.php3?table=re_article&query =view&l=73&go=0&p=1(검색일: 2006. 01. 12).

이우권(1998). "연결망 분석의 행정학적 함의." 「1998년 동계학술발표회 발표자료집」. 선북행성학회.

이재열·강희경·설동훈(2004) 「충정시역의 사회의식과 지역성제성」. 백산서당.

이해영(2004). 「정책한 신론」. 학현사.

이홍구. (1977). "한국인의 정치문화와 정치발전." 「한국정치학회보.」11.

전남대학교 사회과학연구소·서울대학교 사회과학연구소·부산대학교 사회과학연구
    소(1995). 「전남이미지 실태연구: 국민의식조사결과 보고서」.

정정길(2000). 「정책학원론」. 대명출판사.

조경근(1987). "정치사회화의 시각에서 본 영·호남간의 지역감정의 실재와 악화
    및 그 해소." 한국정치학회 편. 「재북미한국인 정치학회 제회 합동학술대회
    발표논문」.

지병문·김용철·천성권(2001). 「현대 한국정치에의 새로운 인식」. 박영사.

지충남·유병선(2005). "연결망 분석을 통한 정책집행과정의 엘리트 연구-순천시
    사례를 중심으로". 「한국정책학회보」. 14(1).

지충남·오관석(2006). "호남 중·소도시인의 지역편견에 대한 고찰". 「대한정치학
    회보」. 14(2).

채경석·김성윤·유지성(1997). 「정책학원론」. 대왕사.

최 협(1996). "호남문화론의 모색." 최협 엮음. 「호남사회의 이해」. 풀빛.

최영진(1999). "한국 지역주의 논의의 재검토: 정치적 정체성 개념과 동기 부여구
    조를 중심으로." 「한국정치학회보」. 33(2).

최장집(1991). "지역감정의 지배 이데올로기적 기능." 김종철·최장집 외 지음. 「지
    역감정연구」. 학민사.

최장집(1992). 「한국민주주의의 이론」. 한길사.

최정진(1992). 「농촌의 근대화와 정치문화영향에 관하여: 서산지역을 중심으로」.
    이화여자대학교 대학원 석사학위논문.

최준영·김순흥(2000). "지역 간 거리감을 통해서 본 지역주의의 실상과 문제점."
    「사회연구」. 1.

최충규(1983). 「한국대학생의 정치정향과 정치참여」. 한국외대 대학원 석사학위논문.

하사가(2004). "사투리의 미학〈2〉경상도 말과 전라도 말."
    http://www.988-7373.net/technote/read.cgi?board=
    dic&y_number=32&nnew=2(검색일: 2005. 08. 09).

하세헌(2005). "영남지역주의 변화". 「한국정치학회 2005년 춘계학술회의」. 광주.
    5월

한국이론사회학회(2003). 「사회연결망분석과 이론적 함의」.

한배호·어수영(1987). 「한국정치문화」. 법문사.

황태연(1997). 「지역패권의 나라: 5대소외지역민과 영남서민의 연대를 위하여」. 무당미디어.

「중앙일보」. 2005년 8월 16일 A3.

「한겨레」. 2005년 6월 17일 A4-5.

「순천시민의 신문」. 2003년 12월 23일.

Aberbach, Joel. D. and Jack L. Walker(1970). "Political Trust and Racial Ideology," *American Political Science Review*, Vol.64, No.4 Dec.

Abramson, Paul R.(1983). *Political Attitudes in America*. San Francisco: W. H. Freeman and Company.

Abravanel, M. D., and R. J. Bush(1975), "Political Competence, Political Trust, and the Action Orientation of University Student," *Journal of Politics*, Vol.37, No.1, March.

Abramson, Paul and Ronald Inglehart(1995). *Value Change in Global Perspective*. Michigan, MI: University of Michigan Press.

Allport, G. W(1954). The Nature of Perjudice. Cambridge. Mass.: Addison Wesley.

Almond, Gabriel A. and Sidney Verba(1963). *The Civic Culture: Political Attitudes and Democracy in Five Nations*. Princeton, N.J.: Princeton University Press.

Almond, Gabriel and G. Bingham Powell, Jr.(1978). *Comparative Politics: System, Process, and Policy*. Boston, Mass: Little, Brown and Company.

Althusser, L.(1971). Ideology and Ideological State Apparatuses," trans. Ben Brewster, *Lenin and Philosophy and Other Essays*, New York: Monthly Review Press.

Ashmore, R. D. & Del Boca, F. K.(1981). Conceptual Approaches to Stereotypes and Stereotyping, in D. L. Hamilton (ed.). Cognitive Processes in Stereotyping Cognitive Processes in Stereotyping and Intergroup Behavior. Hillsdale, N. J.: LEA.

Baker, J. R.(1995). "Citizen Participation and Neighborhood Organizations," *Urban Affairs Review*.

Barnes, Samuel H. and Max Kaase et als.(1979). *Political Action: Mass Participation in Five Western Democracies*, Beverly Hills: Sage Publications.

Barthes, Ronald(1973). *Mythologies*, trans., Annette Lavers, New York: Noonday Press.

Baudrillard, Jean(1988). *Selected Writings*, ed., Mark Poster, Oxford: Polity.

Bavelas, A.(1948). "A Mathematical Model for Group Structure," *Human Organizations* 7. 16-30.

Bell, Daniel(1978). *The Cultural Contradictions of Capitalism*, New York: Basic Books.

Borgatti, Steven, Martin Everett, and Linton Freeman(1992). *UCINET 6 for Windows Software for Social Network Analysis User's Guide. Harvard, MA:* Analytic Technologies.

Bourdieu, Pierre(1993). *The Field of Cultural Production*, ed. and trans., Randal Johnson, New York: Columbia University Press.

Box, Richard(1998). *Citizen Governance: Leading American Communities into the 21st Century*. Thousand Oaks: Sage.

Brown, Steven R. · Byung-ok Kil(2002). "Exploring Korean Values," *Asia Pacific: Perspectives*, 2/1: 1-8.

Burt, Ronald S.(1992). "*Structural Holes: The Social Structure of Competition*." Cambridge, MA: Harvard University Press.

Cartwright, D. ed.(1959). *Studies in Social Power*. Ann Arbor: Institute for Social Research.

Cohen, N.(1995). "Technical Assistance for Citizen Participation: A Case of New York City's Environmental Planning Process," *American Review of Public Administration*.

Conway, M. M.(1985). *Political Participation in the United States*, Washington D.C.: Congressional Quarterly Press.

Chee, Chan Heng.(1993). "Democracy: Evolution and Implementation: An Asian Perspective," in Robert Bartley, ed., *Democracy and Capitalism*, Singapore: Institute of Southeast Asian Studies.

Connor, Steven(1989). *Postmodernist Culture*, New York: Basil Blackwell.

Cotton, James(1992), "Understanding the State in South Korea," *Comparative Political Studies* 24: 512-531.

Dahl, Robert(1971). *Polyarchy*, New Haven: Yale University Press.

Derrida, Jacques(1976). *Of Grammartology*, trans., Gayatri C. Spivak, Baltimore, MD: Johns Hopkins University Press.

Derrida, Jacques(1994). *Specters of Marx: The State of the Debt, the Work of Mourning and the New International*, trans., Peggy Kamuf, New York: Routledge.

Derrida, Jacques(1998). *Monolingualism of the Other or the Prosthesis of Origin*, trans., Patrick Mensah, Stanford, CA: Stanford University Press.

Desario, Jack and Stuart Langton, eds.(1987). *Citizen Participation in Public Decision Making*. New York: Greenwood Pr.

Diamond, Larry and Byung-kook Kim(2000). Eds. *Consolidating Democracy in South Korea*, Boulder, CO: Lynne Rienner.

Dryzck, John S.(1996). *Democracy in Capitalist Times: Ideas, Limits, and Strategies*, New York: Oxford University Press.

Easton, David and J. Dennis(1967). "The Child's Aquisition of Regime Norms: Political Efficacy," *The American Political Science Review*, Vol.61, No.1, March.

Easton, David and R. D. Hess(1962). "The Child's Political World," *Mideast Journal of Political Science*, Vol.6.

Edelman, Murray(1988). *Constructing the Political Spectacle*, Chicago, IL: University of Chicago Press.

Eckstein, Harry(1988) "A Cultural Theory of Political Change," *American Political Science Review* 82: 789-804.

Everitt, Joanna and Brenda O'Neill(2001). *Citizen Politics: Research and Theory in Canadian Political Behavior.* Oxford: Oxford University Press.

Ferman, Barbara(1996). *Challenging the Growth Machine: Neighborhood Politics in Chicago and Pittsburgh.* Lawrence, Kan.: University Press of Kansas.

Ferguson, Thomas(1995). *Golden Rule: The Investment Theory of Party Competition and The Logic of Money-Driven Political Systems,* Chicago, IL: The University of Chicago Press.

Festinger, L.(1954). "A Theory of Social Comparison Processes." *Human Relations* 7. 117-40.

Foucault, Michel(1961). *Madness and Civilization: A History of Insanity in the Age of Reason,* Trans., R. Howard, London: Routledge.

Foucault, Michel(1977). *Power / Knowledge: Selected Interviews and Other Writings,* Ed., Colin Gordon, New York: Random House.

Fowler, Bridget(1997). *Pierre Bourdieu and Cultural Theory: Critical Investigations,* Thousand Oaks, CA: Sage.

Frank, O.(1971). *Statistical Inference in Graph.* Stockolm: FOA Repro.

Frank, O.(1978). "Sampling and Estimation in Large Social Networks." *Social Networks* 1. 91-101.

Frank, O.(1979). "Estimating a Graph from Trial Counts." *Journal of Statistical Computation and Simulation* 9. 1-46.

Frank, O.(1981). "A Survey of Statistical Methods for Graph Analysis." 110-55 in *Sociological Methodology.* edited by S. Leinhardt. San Francisco: Jossey-Bass.

Frantzich, Stephen E.(1999). *Citizen Democracy: Political Activists in a Cynical Age.* Lanhan, Md.: Rowman & Littlefield Publishers.

Galaskiewicz and Stanley Wasserman(1993). "Social Networks Analysis: Concepts, Methodology, and Directions for the 1990s." *Sociological Methods & Research* 22(1). 3-22.

Gamson, William A.(1968). *Power and Discontent*, Homewood, Illinois: Dorsey.

Gil-Mendieta, Jorge and Samuel Schmidt. 1996. "The Political Network in Mexico." *Social Networks* 18. 355-381.

Glazer, Nathan(1999). "Twko Cheers for Asian Values," *The National Interest*, 57: 27-34.

Grant Parry(1977). Political lites, London: George Allen &Unwin.

Hanneman, Robert A.(2001). *Introduction to Social Network Methods*. unpublished on-line textbook.

Heider, F.(1944). "Social Perception and Phenomenal Organization." *Psychological Review* 51. 358-74.

Henderson, Gregory(1974). *Korea: The Politics of the Vortex*, Cambridge, MA: Harvard University Press.

Herson, Lawrence J. R. and John M. Bolland(1990). *The Urban Web: Politics, Policy and Theory*, Chicago: Nelson-Hall Publishers.

Hoggart, Keith and Terry Nichols Clark(2000). *Citizen Responsive Government*. New York: JAI.

Huntington, Samuel P. and Joan M. Nelson(1976). *No Easy Choice: Political Participation in Developing Countries*, Cambridge, Mass: Harvard University Press.

Huntington, Samuel(1984). "Will More Countries Become Democratic," *Political Science Quarterly*, 99: 193-218.

Inglehart, Ronald(1987). "Value Change in Industrial Societies," *American Political Science Review*, 81: 1288-1303.

Inglehart, Ronald(1997). *Modernization and Postmodernization*, Princeton, NJ: Princeton University Press.

Jackson Ⅲ, John S(1973). "Alienation and Black Political Participation," *The Journal of Politics*, Vol.35, No.4, Nov.

Jordan, David(1994). *New World Regionalism*, Toronto: University of Toronto Press

Julian, D. A., T. M. Reischl, R. V. Carrick, and C. Katrenich(1997).

"Citizen Participation: Lesson from a Local United Way Planning Precess," *Journal of American Planning Association*, Vol.63.

Kasse, Max(1999). "Interpersonal Trust, Political Trust, and Non-Institutionalized Political Participation," *West European Politics*, Vol.22.

Khan, Usman(1999). *Participation beyond the Ballot Box: European Case Studies in State-Citizen Political Dialogue*. UCL Press.

Kim, Kyong-dong(2000). "The Culture of Capitalist Development in East Asia," *Asian Perspective*, 24 / 3: 5-22.

Knoke, David and Ronald S. Burt(1993). Prominence, Chap. 10 in Burt and Minor (eds.) *Applied network analysis: A methodological introduction*. Beverly Hills: Sage.

Lasswell, Harold(1948). *Power and Personality*, New York: W. W. Norton.

Lasswell, Harold(1971). *A Pre-view of Policy Sciences*, New York: American Elsevier.

Lasswell D. Harold and A. Kaplan(1950). *Power and Society*, NewHaven: Yale University Press.

Lasswell, Harold and D. Lerner(1951). *The Policy Sciences: Recent Development in Scope and Method*, Stanford, CA: Stanford University Press.

Laumann, Edword O. and F. Pappi(1976). *Networks of Collective Action: A Perspective on Community Influence Systems*. New York: Academic Press.

Laumann, Edward O., P. V. Marsden, and J. Galaskiewicz(1977). "Community-Elite Influence Structures: Extension of a Network Approach." *American Journal of Sociology* 83. 594-631.

Lee, Seung-Whan(2000). "Asian Values and the Future of the Confucian Culture," *East Asian Review*, 12 / 1: 45-61.

Lipset, Martin S.(1981). *Political Man*, Baltimore, MD: Johns Hopkins University Press.

Lowndes, V., L. Pratchett, and G. Stoker(2001). "Trends in Public Participation," *Public Administration*, Vol.79.

Lyons, William E. and David Lowery(1989). "Citizens Responses to Dissatisfaction in Urban Communities: A Partial Test of a General Model," *Journal of Politics*, Vol.51, No.4.

Lyotard, Jean-Francois(1984). *The Postmodern Condition: A Report on Knowledge*, Trans., Geoff Bennington and Brian Massumi, Minneapolis, MN: University of Minnesota Press.

McKeown, Bruce and Dan Thomas(1988). *Q Methodology*, Newbury Park CA: Sage.

Mair, Peter(1996). *Party System Change-Approaches and Interpretations*, New York: Clarendon Press.

Milbraith, Lester W.(1965). *Political Participation: How and Why People Get Involved in Politics?*, Cambridge, Mass.: Harvard University Press.

Milbraith, Lester W. and M. L. Goel(1977). *Political Participation: How & Why Do People Get Involved in Politics?*, Chicago: Rand McNally College Publishing Co.

Miliband, R.(1970). "The Capitalist State: Reply to Nicos Poulantzas," *New Left Review* 17: 53-60.

Mo, Jongryn and Chung-in Moon, eds.(1999) *Democracy and the Korean Economy*, Stanford, CA: Hoover Institute Press.

Moreno, J. L.(1934). *Who Shall Survive?: Foundations of Sociometry, Group Psychotherapy, and Sociodrama*. Washington, DC: Nervous and mental Disease Publishing Co.

Muller, Edward N.(1982). "An Explanatory Model for Differing Types of Participation," *European Journal of Political Research*, Vol.10.

Nelson, Joel L.(1995). *Post-Industrial Capitalism*, London: Sage.

Newcomb, T. M.(1961). *The Acquaintance Process*. New York: Holt, Rinehart, & Winston.

Offe, Claus(1984). *Contradictions of the Welfare State*, Cambridge,

MA: The MIT Press.

Paige, Jeffery M.(1971). "Political Orientation and Riot Participation," *American Sociological Review*, Vol.36, Oct.

Parry, Geraint, G. Moyser and Neil Day(1992). *Political Participation and Democracy in Britain*. Cambridge: Cambridge University Press.

Poulantzas, Nicos(1980). *State, Power, Socialism*, London: New Left Books.

Press, Charles and Kenneth VerBurg(1991). *State and Community Governments in a Dynamic Federal System*. New York: Harper & Collins.

Putnam, Robert(1993). *Making Democracy Work: Civic Traditions in Modern Italy*, Princeton, NJ: Princeton University Press.

Pye, Lucian(1965). *Political Culture and Political Development*. Princeton, N. J.: Princeton University Press.

Rhodes, R.(1997). *Understanding Governance: Policy Networks, Governance, Reflexibility and Accountability*, Buckingham, Open University Press.

Rosenberg, M. F.(1960). "An Analysis of Affective-Cognitive onsistency," in C. I. Hovland & M. J. Rosenberg (eds.). Attitude Organization and Change. New Heaven: Yale Univ.

Rosenstone, Steven J. and John Mark Hansen(1993). *Mobilization, Participation, and Democracy in America*. New York: Macmillan Pub.

Rubin, Barry R.(2000). *Citizen's Guide to Politics in America: How the System Works & How to Work the System*. Armonk, N.Y.: M.E. Sharpe.

Sabucedo, Jose Manuel and Constantino Arce(1991). "Types of Political Participation: A Multidimensional Analysis," *European Journal of Political Research*, Vol.20.

Sartori, Giovanni(1987). *The Theory of Democracy Revisited*, Chatham, N. J.: Chatham House.

Schachar, Ron and Barry Nalebuff(1999). "Follow the Leader: Theory and Evidence on Political Participation," *American Economic Review*, Vol.89.

Schwerin, Edward W(1995). *Mediation, Citizen Empowerment, and Transformational Politics*. Westport, Conn.: Praeger.

Seamon, F., and R. C. Feiock(1995). Political Participation and City/County Consolidation: Jacksonville-Duval County. *International Journal of Public Administration*.

Shin, Do-Chull(1989), "Cultural Origins of Public Support for Democracy in Korea," *Comparative Political Studies*, 22: 217-238.

Sirianni, Carmen and Lewis Friedland(2001). *Civic Innovation in America: Community Empowerment, Public Policy, and the Movement for Civic Renewal*. Berkeley: University of California Press.

SONIS(1990). *Benutzerhandbuch, PC-Version 2.0*. Kiel, Germany: Institut huer Soziologie.

Sowell, Thomas(2002). *A Conflict of Vision: Ideological Origin of Power Struggles*, New York: Basic Books.

Sprenger, C. J. A. and F. N. Stockman(1989). *GRADAP: Graph Definition and Analysis Package, User's Manual, Version 2.0*. Groningen, Netherlands: Iec Programma.

Stally Brass O.(1997). Stereotype. in A Bullock & Stally Bress(ed). The Fontana-Diction Ary of Modern Thought. London: Fontana.

Stephenson, William(1978). "Concourse Theory of Communication," *Communication*, 3: 21-40.

Stephenson, William(1981). "Principles for the Study of Subjectivity," *Operant Subjectivity*, 4: 37-53.

Stone, Walter J.(1990). *Republic at Risk: Self-Interest in American Politics*, Pacific Grove: Books/Cole Pub.

Stouffer, Willard B., Cynthia Opheim and Susan Bland Day(1991).

State and Local Politics: the Individual and the governments. Harper Colins Publishers Inc.

Troxel, James P. ed.(1995). *Government Works: Profiles of People Making a Difference.* Alexandria, Va.: Miles River Press.

Verba, Sidney and Norman H. Nie(1972). *Participation in America: Political Democracy and Social Equality.* New York: Harper and Row.

Verba, Sidney, Norman H. Nie, and Jae-on Kim(1987). *Participation and Political Equality.* Chicago: University of Chicago Press.

Verba, Sidney, Kay Lehman Schlozman, Henry Brady and Norman H. Nie(1993). "Citizen Activity: Who Participates? What Do They Say?" *American Political Science Review,* Vol.87, No.2.

Wagle, U.(2000). "The Policy Science of Democracy: The Issue of Methodology and Citizen Participation," *Policy Sciences,* Vol.33.

Wolf, Eric R.(1999). *Envisioning Power: Ideologies of Dominance and Crisis,* Berkeley, CA: University of California Press.

Woshinsky, Oliver(1995). *Culture and Politics: An Introduction to Mass and Elite Political Behavior,* Englewood Cliffs, NJ: Prentice Hall.

Yang, Jonghoe(1997). "Confucianism, Institutional Change and Value Conflict in Korea," *Korean Social Science Journal,* 24/1: 209-236.

Yang, Jonghoe and Hyun-chin Lim(2000). "Asian Values in Capitalist Development Revisited," *Asian Perspective,* 24/3: 23-40.

Zakaria, Fareed(1994). "Culture is Destiny: A Conversation with Lee Kuan Yew," *Foreign Affairs,* 73/2: 109-126.

Zimmerman, Joseph F.(1986). *Participatory Democracy: Populism Revisited,* New York: Praeger.

http://www.i-kaps.or.kr/lecture/lecture_hall/12_1.12_2. htm

제 3 장 지방정치와 시민사회단체

제1절 서 론

1. 연구의 필요성

순천시와 나주시는 1995년 도시와 농촌이 통합되어 생성된 대표적인 도농통합도시이다. 지방자치의 부활 이후 11년이 지났지만 한국의 지방자치는 여전히 비민주적 양태의 모습을 탈피하지 못하고 있으며, 또한 과두적 전근대적 모습을 벗어나지 못하고 있는 실정이다. 순천시는 전남 동부권의 중심도시로서 교통의 발달, 그리고 인근에 공업단지를 조성하고 있는 광양시와 여수시에 근접한 도시이다. 나주시는 광주광역시에 바로 인접한 도시로서 나주평야를 가지고 있는 선형적인 농업도시이다. 호남지역 전체가 과거 정권의 경제개발에서 소외되어 왔듯이 순천과 나주시 역시 예외는 아니었다.

본 연구는 순천시와 나주시에서 활동하고 있는 시민사회단체를 조사하고,

지방정치에 이들 단체가 미치는 영향력을 분석해 봄으로써 지역사회 발전과 분권에 기여함을 목적으로 한다. 지방자치 실시 이후, 각 지방정부는 지역 특색에 맞는 지방자치를 추구하고 있지만 지역발전은 예전과 달라진 것이 없다. 특히 시민사회단체들은 중앙과 연계사업의 일환으로 지역사회단체 활동을 이끌고 있기 때문에 이들이 지역을 대표하는 시민활동이기보다는 중앙의 하부기구로서 그 한계가 노정되어 있다. 또한 지역의 시민사회단체는 재정적으로 취약한 구조를 갖고 있기 때문에 시민활동을 함에 있어 어느 정도의 자율성을 갖고 있는가에 대해서는 회의적이다.

지역 시민사회단체들이 시민사회를 주도하고 지방정부를 견제하여 대의민주주의체제의 한계를 극복하고, 시민자치를 이룰 때 지방정치는 반석 위에서게 될 것이다. 이러한 시대적 요청을 반영한다는 측면에서 지역 시민사회단체에 대한 연구 필요성을 찾을 수 있다. 둘째, 민주화 이후, 새롭게 등장한 사회단체와 여러 직능단체를 연구 조사하여 이들 단체가 지역사회에 미치는 파급효과와 기대를 정치문화의 측면에서 이해하고자 한다. 순천시와 나주시는 미분화된 사회집단과 여러 직능단체가 제 기능을 발휘하지 못하고 있다. 순천시와 나주시의 발전과 성숙한 시민의식을 함양할 수 있는 지역사회 권력구조와 정치문화에 대한 연구는 지방자치 시대를 새롭게 여는 기초가 될 것이며, 지방분권과 관련하여 지방행정의 투명성의 제고와 지역발전에 기여할 것으로 예상된다.

셋째, 지역 시민사회단체들에 대한 연구가 체계화되어 있지 않았을 뿐만아니라 단체의 시민운동의 목적이나 내용이 불분명함으로써 지역특색에 적정한 시민운동이 무엇인가를 두고 논란이 발생하였다. 지역적 특성을 살리는 시민운동의 전개, 그리고 시민사회단체별 사업의 주도와 목적에 알맞은 시민운동을 전개하고 있는가 등을 분석할 필요성이 요구된다.

끝으로 지역사회에서 시민사회단체가 지방정부의 정책결정 과정에 미치는 영향력을 분석하여야 한다. 중소도시에서 지방정치에 영향력을 미치고 있는 지역단위의 시민사회단체들의 시민운동에 초점을 두고 그들의 사업현황, 지방정부와의 관계 등을 알아보기 위함이다. 시민사회단체들이 지역사회의 발전을 위해 그 활동을 확대 전개해 나아가면서 그동안 지역단위의 침체된 시민운동의 활성화와 지방정부의 활성화를 이루수 있다는 기대에서 본 연구는 중요하다. 특히 시민단체의 조직화 과정과 시민단체별 연계와 활동사항, 지방행정의 참여 단계별 참여방식, 정책건의와 내용 등 지역사회의 여러 특징을 비교 분석함으로써, 이 같은 결과는 지역에서 활동하는 시민사회단체 활동의 로드맵으로 활용될 수 있다.

2. 연구목적

시민사회에서 활동하는 단체는 NPO(nonprofit organization, non-for-profit organization), NGO(nongovernmental organization), 제3섹터(the third sector), CSO(civil society organization), VO(voluntary organization), 민간단체, 사회단체, 공익단체, 시민단체 등 여러 가지로 불린다. 이 외에도 민중단체, 관변단체, 이익집단 같은 용어가 있다. 이러한 용어는 대부분 외국에서 생긴 용어인데, 서로 교환 가능한 개념으로 사용하기도 하며 전체와 부분의 관계를 지니기도 한다(박상필 2001, 29-47).

한국의 시민사회단체는 군사정권에 의한 억압과 탄압에 대한 저항의 기제로서 민주화 운동을 전개하여 왔다. 1980년 5월 광주민주화 운동, 1987년 6월 항쟁을 기점으로 한국사회가 민주화되면서 시민사회단체가 활성화되기 시작하였다. 특히 지역사회에서 시민사회단체의 활동은 지방자치 실시 이전과 이후로 크게 대별하여 논의할 수 있다.

지방자치 실시 이전의 시민사회단체는 자발적 모임의 성격이라기보다는 사익을 추구하고, 자율성을 갖지 못한 활동으로 한정되었다. 따라서 시민사회단체는 자생적 시민단체와 관변단체로 양분되어 활동을 전개하였다. 시민단체는 군사독재체제하에 지배권력의 통제와 배제의 저항 속에서 자생력을 키워왔고, 이러한 시민운동은 민주화 운동으로 연결되면서 시민사회단체의 활동의 모태가 되어 왔다. 반면 관변단체는 정부의 재정 지원하에 정권의 정당성을 보완하기 위해 주로 관변 활동을 하면서 정부와 담합하여 반대급부에 따른 이익을 보장받아 왔다.

지방자치 실시 이후, 시민사회단체는 민주화의 열기 속에서 다양한 활동을 전개하였다. 시민들이 단체를 자발적으로 결성하였고, 정치·사회·경제·환경 등 국가의 전반적인 문제에 대해 비판과 대안을 제시하였다. 특히 지방자치와 관련하여 지방정부를 감시하고 비판하는 사회개혁을 촉진하기 위한 적극적인 활동도 전개하였다.

그렇지만 시민사회단체가 사회정의를 실현하는 차원에서 활동하기보다는 이기심에 의한 집단 간의 갈등과 지역 간의 갈등이 심화되면서 시민사회단체들이 자신들의 사익에만 치우진 나머지 상호협조와 이해갈등의 조정에는 소극적이라는 비판이 제기되었다. 또한 지역사회의 특성에 맞는 시민사회단체의 형성보다는 직능별 기능별 측면에서 인위적으로 조직되는 시민사회단체가 생성되었다. 따라서 지역적 특색과 무관한 시민사회단체가 구성되고 이들의 활동도 지역사회에서 원하는 활동보다는 자기 단체의 이익을 주장하고 회원들의 친목을 위한 사적 모임이 단체 활동의 주목적이 되어가는 사례가 증대하고 있다.

급성장한 시민사회단체의 활동을 위한 학문적 논의, 시민운동의 활동 실태에 대한 연구가 미비한 수준에 머물고 있다. 한국사회에서 민주화 운동이 전개된 이후, 급성장한 시민사회단체들의 활동은 단체의 특색이나 목표가 불분명한 채, 시민운동으로 전개되는 경향이 짙어 시민활동을 퇴색하게 만들었다. 현재의 지역사회에서 시민사회단체들은 지역적 특성보다는 중앙기구와 연계한 시민운동이 지역사업의 일환으로 구성·조직됨으로써 자생적 활동을 기대하기보다는 중앙기구의 하청사업을 떠맡는 차원에서 시민운동이 전개되는 경우가 있어 많은 문제점들이 표출되고 있는 실정이다.

이러한 문제는 지방정치의 영역에서 활동하고 있는 시민사회단체들의 기능을 저해하는 요인으로 작용하고 있으며, 또한 단체의 질적 성숙을 가로막는 주된 요인으로 등장하고 있다. 따라서 지역사회에서 시민운동의 실상을 파악하고 문제점이 무엇인가를 연구 분석하는 논의가 시급하다. 즉 지역사회에서 시민사회단체들의 활동을 이론적으로 뒷받침하고 체계화할 필요가 요구된다. 이러한 점을 고려하여 지역사회 시민사회단체의 다양한 활동에 초점을 맞추어 연구목적을 설정하였다.

첫째, 지역의 시민사회단체의 조직특성과 활동범위를 분석한다. 전라남도의 도농통합도시로 분류되는 순천시와 나주시에서 활동하는 시민운동의 역할과 범위를 체계적으로 분석하여 지역발전에 도움이 될 수 있는 대안을 모색하고자 한다. 둘째, 지역사회 시민사회단체의 정치적 가치관을 평가·분석하여 지방정부의 정책에 얼마만큼 관심을 두고 있으며, 어느 정도 영향력을 행사하고 있는가를 분석한다. 시민사회단체장들의 정치적 가치관은 그들의 시민운동의 기본적 활동의 정향과 지방정부와의 관계설정의 초석이 될 것이다.

셋째, 시민사회단체장들의 지역편견 의식을 분석하고자 한다. 지역감정에 대한 경험의 유무관계에 따라 타 지역에 대한 편견을 추출하고, 지역감정의 기본 정향과 태도를 토대로 효과적인 대안의 정립을 찾아 정치발전을 도모하고 새로운 지역문화를 형성하겠다. 넷째, 지역사회 시민사회단체의 구성현황과 기초 재원을 파악하고 단체구성원들의 주요 관심 대상에 따른 현안사업과 활동을 파악한다. 시민사회단체별로 주요하게 다루었던 현안사업의 선정, 참여방식, 타 단체와의 연대 등을 규명할 것이다. 이 같은 연구목적은 우리의 지방자치가 본격적으로 실시된 지 11년이 되는 시점에서 다시 한번 지역사회에서 시민사회단체의 활동과 그 위상을 점검하고 활동방향을 설정하는 초석이 되는 계기를 제공할 것이다.

3. 연구방법

시민사회단체의 선정기준과 조사방법을 중심으로 설명하면 다음과 같다. 본 연구의 직접적 대상이 되는 지역의 시민사회단체를 선정하기 위해 먼저 도시를 선정하는 기준을 마련하였다. 1995년 1월 이후 도농통합도시이어야 한다. 도시농촌 통합도시인 경우 인구규모, 예산규모, 경제규모, 지역 거점도시로부터 거리(인문사회지리를 대표)를 기준으로 발전가능성과 연혁, 면적, 산업구조 등을 감안하여 선정하였다.

지역의 시민사회단체를 선정하기 위해 시민사회단체별로 구분하여 기초연구 조사대상을 정하였다. 먼저 연고단체는 동창회, 종친회, 향우회(향우회가 없을 경우 종친회를 기준으로 함)를 선정하여 전체비율을 기준으로 배분율을 기준으로 선정하였다. 직능단체는 전문가단체 종교단체와 구분하여 선종하되 12개 정도 제한하여 선정하였다. 선정기준은 지역적 특수성을 감안하여 토착적 단체를 우선적으로 선정하되 지역별로 시민사회단체의 상존과 운영이 각기 상이한 이유로 전체적 획일적 조사의 한계를 고려하여 우선적으로 도시별 상공회의소, 한국노총, 민주노총. 가톨릭 농민회, 전국농민회, 농협 등을 포함하되 지역도시의 특성을 고려하여 선정하였다.

시민단체는 최소기준 11개의 단체를 선정하되 조사단체가 존재하지 않을 경우 유사단체로 대체하는 방법을 택하였다. 대체로 경실련, 참여연대, 환경단체, 소지자단체, YMCA, YWCA, 흥사단, 재향군인회 등이 조사되었다. 조사기간은 2004년 1월에서 2004년 6월까지 설문조사와 데이터베이스(Date Base) 조사를 같이하여 완료하였다.

조사방법은 직접 해당 시민사회단체장을 직접 만나 면접하는 방법을 택하였고 간단한 인터뷰와 조사의 중요성과 당위성을 설명하고 협조를 받았다. 대체로 조사에 협조적이었으나 해당지역의 시민사회단체가 부재하거나 협조에 응하지 않는 단체는 차순에 의거 조사하였다. 조사된 설문내용은 SPSS 통계 프로그램을 사용하여 분석하였고, EXCELL을 사용하여 그림을 작성하였다.

제2절 이론적 논의[18]

1. 시민사회단체 연구방향

농어촌 지역 및 지방 중소도시에서 나타나는 정치문화 조직체들은 주로 지역의 혈연, 지연, 학연, 등의 연고에 기인한 조직들이 주류를 이루고 있다. 시민단체 형식의 조직체들은 과거 새마을운동과 함께 시작된 4H 조직체들로부터 최근에 농민의 집단항의를 위해 구성된 농민단체들로 점차 확산되고 있다. 최근에는 농어촌 및 지방의 중소도시에서도 시민단체의 초기 모습들이 나타나고 있어서 연고집단과 병행하여 시민단체에 관한 연구가 필요하다.

어수영·한배호의 연구에서 나타난 바와 같이 이들 지역에서의 정치문화는 관청에 항의하거나, 불리한 일을 당했을 때에도, 연고가 있는 사람을 찾아가 중재해 주도록 하는 것이 가장 합리적이라는 응답을 한 사람들이 57.9%로 나타났으며, 관청과의 문제해결을 위해서는 법보다는 밥 밖의 틀로나 접촉으로

---

18) 이론적 논의 부분은 본 저자와 공동으로 출간한 신진 편(2006) 『한국 지방중소노시의 시민사회단체』(대전: 동양문화) 1-8쪽을 인용하였음.

해결하는 것이 좋다는 의견이 75% 나타나고 있다.(한배호, 어수영, 1987) 이러한 인간적인 관계 혹은 의인주의 정치문화의 특성으로 인한 연고조직들의 영향력은 하부 정치문화 분석에 있어서 여전히 중요한 위치를 차지하고 있다.

지역사회는 국가의 지방행정 수행방식의 변화로서 지방분권화가 점차 가속적으로 추진되는 추세에 있으며, 지방정치 및 행정에 있어 새로운 패러다임을 구축해야 하는 상황으로 가고 있다. 이러한 상황에서 한국사회가 서구의 선진국들과 마찬가지로 경제적 성장과 사회적 성장 패턴을 따라간다면, 지역사회의 구성원들은 개인적 또는 집단적 행위주체로서 자신의 삶을 영위하기 위해 다양한 활동들을 전개할 것으로 기대된다. 시민단체 활동 등은 두드러진 모습이라고 할 수 있다. 실제로 도시생활운동, 환경운동, 소비자운동, 여성운동 등이 활성화하여 지역사회에서 그 역할과 의미를 새롭게 부여받고 그 영향력을 정치적·사회적으로 확대시켜 나가고 있다.

한편에서는 시민사회운동이 활기차게 활동을 하는 것처럼 보이기도 하지만, 실제 서울과 수도권 및 지방의 도청소재지를 제외한 지방의 중소도시에 이르면, 이러한 시민사회활동은 찾아보기 어렵다. 오히려 관 주도로 조직되어 운영되는 시민단체가 명맥을 유지하고 있으며, 몇 개의 전국적 조직 특히 서울과 수도권에 본부를 두고 있는 조직들만 그나마 활동의 모습을 보이는 것도 농어촌의 또 다른 모습이기도 하다.

오히려 민주주의 사회에서 나타나는 시민운동보다는 국가나 정부와는 독립적으로 존재하는 개인들 간의 연결망(network)에 기초한 조직들이 여전히 제 역할을 그나마 수행하고 있다. 특히 애경사를 중심활동으로 삼는 조직의 유지, 또는 동문이나 향우회, 종친회 등이 오히려 크게 존재하고 있는 것처럼 보인다. 따라서 한국의 농어촌에서의 개인들 간의 연결망을 구성하는 결사체는 도시의 결사체와 또 다른 특성을 지닌다고 할 수 있다.

대도시의 시민사회조직(civil society organizations)이 단체의 뚜렷한 목표와 이념을 가지고 지속적으로 지지자들을 동원하면서 목표를 달성하기 위해 노력하는 사회운동의 형태로 나타난다고 본다면, 농어촌, 지방 중소도시의 결사체들은 이러한 활동에서 극단적으로 대조적인 모습을 띠게 된다. 더구나 우리의 시민단체들이 정당성을 결여한 정부에 대한 비판에 초점을 둔 사회운동적 단체로부터 출발해 왔기 때문에 보수적인 농어촌에서는 이러한 시민단체 활동에 대하여도 오히려 상당히 비판적인 모습을 띠고 있다.

도시에서는 시민단체들이 정부에 대한 비판기능을 통해 시민사회의 기반이 취약한 상태에서도 정당성을 확보하여 사회로부터의 지원을 받아왔으나, 최근에는 오히려 정부로부터 물적·인적 자원의 지원을 받는 단계에 돌입함으로써 정부와 시민단체의 카르텔을 형성하는 단계에 이르고 있다. 그 결과, 김대중 정부와 노무현 정부 이래로 시민사회단체에 대한 정부지원의 증가는 이들 단체들이 정부정책에 대한 비판기능을 약화시켰다. 나아가 정부정책의 선노석 주창사 역할을 함으로써 시민사회적 지지기반을 점차 상실해 가는 단체도 나타나고 있으며, 시민사회단체가 정치 조직화되어 가는 경향도 나타나고 있다.

일반적으로 한국사회에서의 시민운동은 다음과 같은 한계점을 노정하고 있다. 첫째, '무임승차의 문제(free-rider problem)'다(Olson 1971). 시민사회단체의 목적은 사회가 필요로 하고 있는 보다 바람직한 사회환경 건설이라고 하는 "공공재(public goods)의 획득"이다. 공공재 획득을 위해 비용은 소요되는 데에 비하여 이 비용을 기꺼이 지불하고자 하는 구성원의 숫자가 적은 데에 문제가 있다. 이러한 무임승차자의 문제가 소수만의 참여자로 연결될 때는 시민운동의 독주로 전락하며, 정부로부터의 지원에 의존하게 되면 어용단체가 되어 더욱 시민사회의 지지를 잃게 된다.

둘째, 시민단체의 활동이 한국적 정치문화와 일치하지 아니하여 여전히 뿌리내리기 어렵다는 점이다. 서양의 경우, 정부에 대한 비판과 견제는 당연하게 여겨지며, 구성원들은 이를 위해 기꺼이 시간과 노력을 제공한다. 그러나 한국사회에서는 정부에 대한 비판기능 자체가 정부로부터 박해를 받을 가능성이 상존하기 때문에 시민들의 참여를 꺼리게 만든다. 한국의 역대 정부들은 어느 정부나 자신을 비판하는 세력을 지나치게 제재하며 자신을 옹호하는 단체에 대하여는 사회적, 재정적 지원을 후하게 해왔다. 한국의 유교적 정치문화 역시 국가를 비판하는 것을 쉽게 용납하려 하지 않는 것도 중요한 사회적 제약 요인이다.

셋째, 시민운동 지도자들의 도덕성과 개인 이기주의 문제가 심각하다. 시민운동의 지도자가 시민운동의 경력을 정치적 야심을 채우기 위한 발판으로 사용하는 경우가 발생하곤 한다. 이런 경우, 당해 시민단체는 어용집단으로 전락하거나 시민들로부터 외면당하기 쉽게 된다. 즉 몇십 년간 축적해 놓은 시민들로부터의 신뢰를 한두 명의 시민단체 리더들이 사욕을 위해 악용하는 경우라고 할 수 있다.

넷째, 급성장한 시민운동의 위상에 비하여 시민단체의 처신과 가치관이 정립되지 못하였다는 점이다. 급속하게 성장한 시민단체가 그 위상을 이용하여 기업에게 환경상품을 강매하여 돈벌이를 하는 사례도 나타난다. 최근에는 한 시민단체가 획득한 고급정보를 외국기업에 팔아 이득을 취한 경우도 있었다. 또 시민단체의 위상을 이용하여 정치인이 되기 위한 발판으로 악용하는 사례와 함께 이러한 시민단체들은 사회의 공공단체라고 하기보다는 점점 사익을 추구하는 압력단체화하는 경향을 나타내고 있다.

대도시를 제외한 지방의 중소도시에서는 이러한 문제들조차 문제로 인식되고 있지 못하고 있다. 그러나 지방자치가 본격화되면서 지방에서의 권력구조는 지역사회의 시민단체와 사회단체들의 영향력을 기대하고 있다. 즉 내면적으로 아직 성장하지도 않았는데 사회적으로 많은 역할과 권한을 부여하고 있는 셈이다. 향후, 우리의 민주주의를 공고히 하고 민주주의의 제도적 틀 속에서 경제적 성과와 사회적 성과를 더욱 향상시키려 한다면 결국 지방의 중소도시에서도 공동체의 규범을 정립하고 공익을 증진시키는 시민운동이 더욱 활성화되어야만 한다. 이에 대한 철저한 연구를 토대로 학계의 이론적 뒷받침이 이루어져 지역 시민사회의 방향제시가 이루어져야 한다. 앞으로의 지방화 시대의 민주주의 성공과 분권적 정치체제의 성공은 지방정부와 시민사회가 협력하여 어떻게 하면 시민운동을 정착시켜 나가느냐에 달려 있다고 할 것이다.

2. 시민사회단체 분석 이론들

한국사회에서 시민사회단체는 이익집단의 하나로 분류될 수 있다. 그 집단이 추구하는 이익이 공익인가 사익인가에 따라 흔히 시민단체와 이익단체로 분류한다. 이들이 추구하는 이익이란 "공공정책 혹은 가치의 권위적 배분을 어떤 특정한 방향으로 움직이려는 의식적 욕구"(J. G. Lapalombara 1964, 16)라고 표현하기도 한다. 즉, 이익이란 권위를 가진 당국자가 사회적 가치를 자신이 원하는 방향으로 결정하는 것을 말한다.

집단이란 일정한 가치 및 이익을 추구하기 위하여 모여 상호작용을 하는 개인들의 집합체를 의미한다. 집단을 "일정한 방향으로 움직이는 경향을 가진 활동의 집합체"(Bently 1967, 201-211)라고도 한다. 이익집단(interest group)은 다른 집단에게 일정한 주장을 하는 공통의 이해관계를 지닌 집단을 의미한다(Truman 1971, 3). 또 이익집단이란 일정한 태도를 공유하면서 이를 기초로 행태를 설정하고 이를 지속시키며 증강시키기 위해 사회 내의 여러 집단에게 어떤 요구를 주장하는 집단이라고도 한다.(J. G. Lapalombara 1964, 33).

정치란 사회적 가치를 권위적으로 배분하는 과정이라고 할 수 있다. 가치의 권위적 배분과정에서 이익집단들은 자신에게 유리하도록 정치과정에 관여한다. 즉 정치과정에 참여하는 집단 간의 갈등과 투쟁의 과정을 통하여 정책결정의 방향이 정해진다고 할 수 있다.

정치체계에서 이익집단이 활동하기 위해서는 다음과 같은 두 가지 조건들이 형성되어야 한다. 첫째, 집단의 구성원이 공유하는 명백한 이익과 가치가 존재해야 한다. 둘째, 정치체계 내에 가치의 배분을 둘러싸고 갈등하는 집단들이 존재해야 한다. 즉, 지배 엘리트의 정책결정에 관련하여 다양하거나 이질적인 이익과 가치에 관한 표출이 관용되어야 하는 다시 말해 정부정책에 대한 반대의견도 수용될 수 있는 정치문화이어야 한다는 점이다.

어떤 사회가 구조적으로 분화되고 전문화되면 제2차적 구조체(secondary structure)가 발생하는바, 결사체가 나타난다. 사회적으로 제한된 가치의 권위적 배분을 둘러싸고 나타나는 집단 간의 갈등이 폭력화되는 것을 막기 위해서는 이들 결사체 간의 갈등을 현재화(顯在化)시켜야 한다. 즉 갈등을 현재화시켜서 규제하고 조정하는 것이 사회적 갈등을 조절하는 데에 훨씬 바람직하다. 이런 의미에서 사회에 나타나는 시민사회단체와 같은 결사체들은 사회적 갈등을 조절하는 데에 필요한 존재라고 할 수 있다.

20세기 후반 이후 시민사회의 이론적 논의의 출발점은 민주화 과정 또는 사회운동 차원에서 고려하는 것이 시민사회를 연구하는 이론가들의 지배적인 추세이다. 대표적으로 스카치폴(Skocpol 1998, 37-43)과 월저(Walzer 1998, 129-143)는 1960-70년대의 사회운동의 전통을 중시하였다. 이들은 미국사회를 예를 들어 연방정부가 사회정책을 확대시킴으로써 지역사회 시민사회단체들의 자유로운 활동을 저해시켰다는 보수주의 시각에 문제가 있다고 지적한 바 있다. 스카치폴은 오히려 1960-70년대에 활성화되었던 연방정부의 개입정책이 시민사회단체들의 확대발전에 크게 기여하였다고 보았다. 특히 사회적으로 소외된 계층의 이익을 옹호하는 '권익주장' 집단들의 분출과 인권, 여성, 소비자, 환경운동 등의 활성화는 정부의 지원과 호응에 많은 영향을 받았다고 지적하였다. 월저 또한 1960년대 인권을 비롯한 신좌파, 여성, 소비자, 환경운동 등의 사회운동에서 시민사회운동의 기초를 찾고 있다(주성수 2001, 33-34).

한국에서 시민사회 개념은 집중화된 권위주의 국가 대 민주적인 시민사회라는 양자 간의 긴장과 갈등적 관계를 표상하기 위한 것이었기 때문에 '국가에 반하는 시민사회'(최장집 2005, 217)라는 의미로 사용되기도 하였다. 그러나 한국에서 민주주의와 시민단체는 동시에 발전하는 모습을 보여 왔으며, 이러한 동시발전은 우연의 일치가 아니라 상호작용의 결과이며, 이를 통해 서로를 강화하고 있다고 볼 수 있다(김종완 2002, 7).

지역의 시민사회단체에 관한 연구는 성장론적 관점과 조직론적 관점에서 이루어져 왔다. 우선 성장론적 관점에서는 첫째, 시민조직의 성장요인을 경제적 관점에서 보는 시각이 있는데, 정부·시장실패이론, 계약실패이론, 자원부분실패이론 등이다. 이에 반해 계약실패이론은 정부·시장실패이론이 시민조직(특히 NGO)의 대안적 역할은 설명하고 있으나, 공급 측면에서 영리단체의 역할이 미약하여 이를 강조하여 나타난 이론이다.(Hansmann 1987, 27-42). 한편 자원배분실패이론은 정부/시장실패이론과는 달리 정부와 제3섹터 간의 파트너십을 강조하고 있다(Salamon 1995, 40-49). 사회적 문제를 해결하는 과정에서 NGO는 정부와 비교해 거래비용이 적게 든다는 상대적 우월성으로 인해 NGO의 역할이 확대되어 왔다는 것이다 (Anheier and Salamon 1998, 368).

이러한 이론 외에 별도로 이러한 시민조직을 누가 운영하는가의 문제가 제기된다. 한국과 같이 자발적 참여자가 적은 상황에서 소수 엘리트가 시민단체 지배층인가, 혹 불특정 다수가 시민단체를 지배하는가의 문제다. 또 엘리트 이론에서와 같이 다원주의적 입장이 피력될 수 있다. 서로 다른 배경과 의지를 가진 구성원들의 자발적인 참여를 통하여 중요한 정책과 쟁점에 따라 주도층이 변화되기도 한다.

둘째, 시민조직의 성장요인을 정치·사회적 관점에서 보는 이론이 있다. 사회운동이론, 권력견제이론, 자원동원론이 이에 해당한다. 사회운동이론과 권력견제이론은 국가권력이 지닌 억압과 독점력 그리고 경제권력이 지닌 불명능과 환경파괴 등으로 인한 부작용을 견제하기 위해 NGO가 형성되었다는 것이다(O'Neil 1989, 72-73). 같은 맥락에서 시민단체가 정부의 정책 녹섬과 예산의 낭비 그리고 조직의 비대화를 견제할 목적으로 정부시책에 대한 비판과 대안제시를 위해 발생하였다는 것이다(Hall 1992, 16-19).

자원동원론은 사회운동조직의 집합행동의 합리성과 정규조직의 필요성에 주목하고, 운동의 원인, 목표보다는 과정 그 자체에 관심을 집중하는 이론이다. 사회운동은 사회의 다른 조직과 유사하게 합리적인 개인들의 결사체 조직이며, 시민들이 정치체제의 변화를 원할 경우 합리적인 행위자들이 선택할 수 있는 수단인 것으로 본다(McCarthy & Zald 1977, 1212-1241). 사회운동은 합리적 행위자들이 다양한 자원을 동원해 효과적으로 정치체제에 참여할 수 있게 하는 조직이자, 정치체제에 참여하기 위한 인적 / 재정적 / 제도적 자원을 동원하는 과정이라는 것이다(Freeman 1975, 75).

3. 선행연구

지역 시민사회 및 운동에 대한 국내의 연구는 대체로 그 연구들이 지역적 수준이 아닌 전국적 수준에서 논의를 하고 있다. 또한 구체적인 사례연구보다는 민중운동과 시민운동의 개념문제에 관련된 논의에만 머물고 있다. 즉, 시민사회의 이론과 역사적 변천, 한국시민사회의 성장과 갈등구조의 변화, 세계체제와 이데올로기의 문제 등을 다루고 있다(한국사회학회 · 한국정치학회 1992).

박상필(1999)은 시민단체와 정부의 관계유형을 활동의 자율성과 재정의 자율성이라는 두 가지 기준을 토대로 협력형, 자율형, 종속형, 권위주의적 업압 및 민주적 포섭의 4가지 유형으로 구분하였다. 시민단체의 자원유형은 협력모델과 자율모델로 분류하였다. 이경원과 김석준(1999)은 시민단체에 대한 명확한 개념정의를 도출하기 위한 기준을 개발하여 시민단체와 관변단체, 표출단체를 구분하였으며, 이를 토대로 제주도 시민단체의 활동을 분석하고 시민단체의 역할 재정자립과 정부의 지원방식을 논의하였다.

신희권(1998)은 자발적 조직 메커니즘이 정부 실패와 시장 실패를 보완할 수 있다는 입장에서 자발적 조직의 중요성을 도출하고, 3자 간의 상호작용에 대한 이론적 고찰을 하였다. 특히 자발적 조직과 정부 간의 관계를 통합된 의존, 분리된 의존, 통합된 자율, 분리된 자율 등 4가지로 유형화하여 설명하였다. 이원웅과 최창현은 NGO를 '시민들의 주체적인 참가와 자발적인 지원에 기초하여 지구시민사회 형성과 발전을 도모하는 단체'라고 규정하고 시민단체와 정부와의 관계유형을 제시하였다. 임승빈(2000)은 지방정부와 NGO와의 관계유형을 정부주도형, 반관반민형, 참여경쟁형, NGO주도형으로 유형화하여 한국의 지방정부와 NGO 간 관계가 정부주도형에서 점차적으로 참여경쟁형으로 옮기고 있다는 결론을 내렸다.

제3절 순천·나주지역의 시민사회단체 특성

1. 순천 시민사회단체

순천시 시민사회집단의 특성은 4개 연고단체, 9개 직능단체, 3개 종교단체 그리고 12개 시민단체로 구분할 수 있다. 먼저 중분류에 의한 연고단체의 선정기준은 해당지역에서 장기간 거주하면서 지속적 활동 및 구성원들의 친목과 이익실현을 목적으로 지역사회에 적지 않은 영향력을 행사하는 단체이다. 순천시의 연고단체는 학연, 혈연, 지연 등의 성격을 지닌 단체가 있다. 종친회는 순천박씨종친회, 옥천조씨종친회를 선정하였다.

학연에 의한 단체는 대학 동문회나 고등학교 동문회가 지역마다 적극적으로 활동하고 있다. 순천중고동창회, 순천매산중고동창회이다. 이들 고교 출신들이 순천시에서 타 학교 출신보다 많은 활동을 하고 있다. 대학은 전문대학 2곳을 포함하여 4년제 대학인 순천대학교가 있지만, 역사가 짧은 관계로 동문회 활동이 활성화되지 못한 관계로 조사대상에서 제외하였다.

직능단체에 대한 조사 연구이다. 순천광양상공회의소는 순천과 광양의 산업단체별 지원과 경제인 단체의 최대모임으로 순천시 및 광양시 지역사회의 경제를 주도하는 단체이다. 순천광양상공회의소는 회장을 비롯하여 부회장, 상근 요원 등 상공업 종사자들이 회원들의 활동하고 있다. 노동조합으로 민주노총과 한국노총의 순천시 지부가 있지만, 민주노총지부장의 조사대상 거부로 한국노총 순천시지부만 조사하였다. 한국노총 산하 순천시지부는 지역 분원 활동의 직능단체로 노동운동을 중심으로 한정적으로 활동하고 있다. 그 외에 의사회와 약사회는 사무실을 두고 회원들의 이익도모와 지역봉사활동을 목적으로 활동하고 있다. 순천시 전교조의 활동은 특정한 이슈를 내세우지 않지만 조직원 결속과 내부적 문제에 한정하여 지역사회 활동을 하고 있는 실정이다. 개인택시조합은 상근직원 3~4명과 다수 회원으로 활동하고 있으며, 이들은 여론을 형성하며 지역에서 교통봉사 활동을 하고 있었다. 순천시변호사회는 법원 앞에 사무실이 있으며, 이 또한 다른 직능단체와 마찬가지로 회원들과 지역사회를 위해 활동하고 있다. 이 밖에도 농민들의 이익단체인 농업협동조합, 재래시장인 중앙시장 등이 있다.

종교단체는 개신교인 순천중앙교회, 천주교는 저전동성당, 대한조계종 송광사를 조사하였다. 3개 종교단체 모두는 순천에서 신도 수, 역사가 오래된 단체이다. 이들 종교단체는 내부적 문제에 한정하여 지역사회에서 활동하고 있는 것으로 파악되어 있다. 특정의 지역현안 문제를 쟁점화하거나 아니면 시정문제나 지역사회 문제에 관하여 소극적 활동을 보이고 있다.

12개의 시민사회단체는 순천 YMCA, YWCA, 환경운동연합, 경실련, 재향군인회, 노인회, 한국부인회, 한국예총, 지체장애인협회, 순천청년회의소, 여성발전협의회, 순천녹색연합 등이다. 참여연대, 환경연합, 그리고 순천노인연합회 등을 조사하였다. 먼저 순천 YMCA, YWCA는 지역현안과 봉사에 관하여 적지 않은 활동을 전개하고 있다. 순천 MYCA 사무총장의 활동은 지역에서 아주 적극적으로 정평이 나 있다. 순천경실련은 지역현안 문제, 시정감시, 시의회 활동, 정책간담회 또는 선거관련 이슈에 관하여 시민단체로서 공약의 인물을 검증하는 한편 환경문제에 대해서도 적극적으로 활동하고 있다. 순천 환경운동연합은 치과의사가 대표로 활동하고 있으며, 순천시의 각종 환경운동을 주도하고 있다. 순천시 한국부인회지부는 소비자들의 피해를 보상하는 등 민원, 상담을 받고 피해사례를 조사하고 상급단체와의 연계를 통하여 지역문제와 주민들의 고통을 처리하는 사업을 중점적으로 활동하고 있는 추세이다. 순천청년회의소는 봉사활동을 위한 시민단체로서 지역현안 문제보다는 지역사회에서 봉사활동과 회원들의 친목에 주목적을 두고 활동하고 있다. 또한 재향군인회, 지체장애인연합회, 노인연합회는 시민활동을 위한 단체라기보다는 지산들의 권익을 보호받기 위한 단체이고 유급 직원 1-2명 정도의 인원으로 회원관리와 회계를 위한 활동을 전개하는 실정이다. 이들 단체는 대외적인 활동보다는 내부적 활동에 치우치고 있으며 나아가 사회 참여율도 비교적 저조한 형편이다. 이 외에도 예술인들의 대표단체인 순천예총지부, 환경운동에 참여하는 녹색연합, 여성이나 청소년들의 성문제 상담 및 여성들의 사회적 발전을 도모하는 여성발전협의회 등이 활동하고 있다.

2. 나주 시민사회단체

  나주시에서 3개 연고단체, 11개 직능단체, 3개 종교단체 그리고 11개 시민사회단체를 조사하였다. 먼저 나주나씨대종회와 정씨나주종친회는 특별한 상근 직원 없이 회장 및 부회장 등 간부급 인사들이 사안이 있을 때마다 모임을 갖는 행태로 종친회를 이끌고 나아가고 있다. 이들의 사회활동은 비교적 저조한 형편이며, 자체의 회원관리와 종친회 사무를 중심으로 활동을 하고 있는 실정이다. 나주공고총동창회는 나주의 최다 동문회원수를 기록하며 지역사회의 활동을 간접적으로 전개하고 있다. 다만 이들의 시민활동은 동문회원들의 후원이나 자체행사에 한정하여 활동을 하고 있는 실정이며, 시정문제나 사회문제에는 비교적 소극적인 활동을 보이고 있다.

  직능단체는 의사회와 한의사회, 음식업중앙회, 전교조, 농업협동조합, 엘지화학노조, 나주시공무원노조, 상가번영회, 개인택시협의회, 농업경영인회, 농민회 등을 조사하였다. 의사회와 한의사회, 상가번영회, 농업경영인회 등은 특별한 사무실을 두지 않고 지회활동을 하고 있는 실정이다. 회장을 비롯하여 한두 명 정도가 회원관리를 하면서 자체 모임이나 침목을 위한 모임이나 행사에 한정하여 활동을 하고 있는 실정이다. 농업경영인단체와 농민회는 농민과 농업관련 단체들의 후원과 기술지원을 하는 직능단체로서 대외적 활동 및 내부적으로는 자체 활동을 중심으로 회원관리와 사업지원을 목적으로 활동하고 있다. 종교단체는 나주교회, 나주성당, 심향사 등이다. 이들 종교단체는 별도의 사무실을 두고 있지는 않고, 대외적 활동보다는 종교사업의 내부적 회원관리와 종교 활동에 한정하여 활동하고 있다.

  시민사회단체는 재향군인회, 노인회, 예총나주지부, 청년회의소, 여성단체협의회, 지체장애인협회, 바르게살기운동, 새마을운동, 자유총연맹, 목사골사랑회, 나주사랑시민회 등을 선정하여 조사하였다. 재향군인회, 자유총연맹,

노인회를 비롯한 나주시에 소재한 거의 모든 시민사회단체들은 한두 명의
상근근무자와 회장 자신의 한정된 인원으로 전체회의를 이끌고 있다. 대외
적 활동보다는 자체 내부적 회원관리와 자체행사에 치중하는 실정이다. 다
만 나주사랑시민회는 경실련, 환경련 등 여러 단체들의 대표단체로서의 성
격을 갖고서 나주 시정 및 여러 활동에 있어 적극적 활동을 행하고 있었다.

제4절 구조적 특징과 행태

1. 기초 조사와 특성

본 연구는 시민사회단체를 연고단체, 직능단체, 종교단체, 시민사회단체로
중분류하여 조사하였다. 연고단체는 순천과 나주에서 역사와 전통이 있는
최다 동문 배출 고등학교, 규모가 큰 종친회를 중심으로 지역사회 인지도를
감안하여 선정하였다. 연구조사에 협조해 주지 않는 비협조적인 연고단체는
차순으로 선정된 연고단체를 조사 연구하였다. 직능단체는 순천광양상공회의
소를 중심으로 한국노총, 의사회 등을 선정하여 조사하였고, 종교단체는 회원
의 크기와 지역사회 역량을 감안하여 3개 이내 종교단체를 선정하였다. 시민
사회단체는 순천시와 나주시에서 역량 있는 시민단체를 중심으로 최근 10여
년간 활동이 적극적인 12개 이내의 시민사회단체를 선정하여 조사하였다.

〈표 3-1〉시민사회단체 현황

순천시			나주시		
유 형	단 체	단체장	유 형	단 체	단체장
연고단체	순천 중고동창회	회 장	연고단체	나주공고총동창회	회 장
연고단체	순천 매산중고동창회	회 장	연고단체	나주나씨대종회	회 장
연고단체	순천박씨종친회	회 장	연고단체	정씨나주종친회	회 장
연고단체	옥천조씨종친회	회 장	직능단체	나주시 의사회	지회장
직능단체	순천시 의사회	지회장	직능단체	나주시 한의사회	지회장
직능단체	순천시 약사회	지회장	직능단체	음식업중앙회나주시지회	지회장
직능단체	순천시 변호사회	지회장	직능단체	전교조 나주시지회	지회장
직능단체	전교조 순천시지회	지부장	직능단체	중부농업협동조합	조합장
직능단체	순천 농업협동조합	조합장	직능단체	엘지화학노조나주시지부	지부장
직능단체	한국노총순천협의회	지회장	직능단체	공무원노조나주시지부	지부장
직능단체	순천 중앙시장	대표이사	직능단체	나주시 상가번영회	회 장
직능단체	개인택시운송사업조합	지부장	직능단체	나주시 개인택시협의회	회 장
직능단체	순천 광양상공회의소	회 장	직능단체	농업경영인나주시연합회	회 장
종교단체	순천중앙교회	목 사	직능단체	나주농민회	회 장
종교단체	순천송광사	주 지	종교단체	나주교회	목 사
종교단체	순천 저전동성당	신 부	종교단체	심향사	스 님
시민사회단체	순천시환경운동연합	상임의장	종교단체	나주성당	신 부
시민사회단체	순천시 YMCA	이사장	시민사회단체	나주시 재향군인회	지부장
시민사회단체	순천시 YWCA	회 장	시민사회단체	나주시 노인회	지회장
시민사회단체	순천시 경실련	상임대표	시민사회단체	한국예총나주지회	지회장
시민사회단체	순천시 재향군인회	지부장	시민사회단체	나주 청년회의소	회 장
시민사회단체	순천시 지체장애인협회	지회장	시민사회단체	나주시 여성단체협의회	회 장
시민사회단체	순천시 노인회	지회장	시민사회단체	나주시 지체장애인협회	지회장
시민사회단체	한국부인회순천지회	지회장	시민사회단체	목사골사랑회	회 장
시민사회단체	한국예총순천지회	지회장	시민사회단체	바르게살기운동나주지회	지회장
시민사회단체	순천 청년회의소	회 장	시민사회단체	새마을운동나주시지회	지회장
시민사회단체	순천 녹색연합	지부장	시민사회단체	나주사랑시민회	회 장
시민사회단체	21세기여성발전협의회	회 장	시민사회단체	자유총연맹나주지부	지부장

연고단체는 순천에서 가장 많은 동문을 가진 순천고와 매산고 등을 조사하였다. 종친회는 박씨와 조씨 종친회이다. 또한 나주시는 연고단체에서 나씨종친회와 정씨종친회를 조사하였고 고등학교는 나주공고를 조사하였다. 물론 순천에는 순천대학, 나주에는 나주대학이 있지만 현재의 시점에서 대학 연혁이 짧은 관계로 조사대상에서 배제하였다.

직능단체에서는 순천시는 상공회의소를 중심으로 전교조, 의사회 및 약사회, 개인택시 등을 조사하였고 나주시는 상공회의소가 없는 관계로 조사대상에서 배제하였다. 의사회, 한의사회, 농민회 그리고 상가번영회 등을 중심으로 직능단체를 조사하였다. 다음으로 종교단체는 순천과 나주에서 규모가 크고, 역사가 오래된 종교단체를 조사하였다. 시민사회단체에서 순천시는 YMCA, YWCA, 정년회의소, 녹색연합, 경실련 등 12개를 선정하였고, 나주시는 나주사랑시민회, 목사골사랑회을 포함하여 재향군인회, 여성단체협의회 등 11개를 선정하여 조사하였다. 전체적으로 순천시와 나주시 이익단체는 각각 28개를 선정하여 총 56개 단체를 조사하였다.

〈표 3-2〉 시민사회단체의 특성

구 분		순천시		나주시		구 분		순천시		나주시	
		빈도	%	빈도	%			빈도	%	빈도	%
성별	남	22	88.0	26	92.9	최종학력	초등학교	0	0.0	1	3.6
							중학교	1	4.0	3	10.7
							고등학교	6	24.0	8	28.6
							전문대학교	1	4.0	3	10.7
	여	3	12.0	2	7.1		대학교	7	28.0	7	25.0
							대학원 이상	10	40.0	5	17.9
연령	20대	0	0.0	0	0.0	종교	불 교	7	28.0	6	21.4
	30대	1	4.0	0	0.0		기독교	11	44.0	6	21.4
	40대	4	16.0	6	21.4		가톨릭	3	12.0	5	17.9
	50대	14	56.0	16	57.2		기타종교	0	0.0	1	3.6
	60대 이상	6	24.0	6	21.4		무	4	16.0	10	35.7

구 분		순천시		나주시		구 분		순천시		나주시	
		빈도	%	빈도	%			빈도	%	빈도	%
기주기간	10년 이하	2	8.0	7	25.2	가계소득	100만 이하	2	8.0	4	14.3
	10~19년	4	16.0	1	3.6		100만	4	16.0	8	28.6
	20~29년	4	16.0	2	7.1		200만	3	12.0	7	25.0
	30~39년	4	16.0	3	10.7		300만	3	12.0	7	25.0
	40~49년	6	24.0	4	14.3		400만 이상	13	52.0	2	7.1
	50년 이상	5	20.0	10	36.0						

단체의 성별에서 순천시는 남자 22명(88.0%), 여자 3명(12.0%)으로 나타나고 있으며, 나주시의 경우, 남자 26명(92.9%), 여자 2명(7.1%)으로 여성의 사회적 참여가 아주 저조하다. 단체장을 맡고 있는 여성들은 주로 여자들만이 단체장을 할 수 있는 단체에서 그 역할을 수행하고 있었다. 연령부분에서는 순천이 50대가 14명(56.0%)으로 가장 많고 다음으로 60대 이상으로 6명으로 나타났다. 나주는 50대가 가장 많은 16명(57.2%)이며, 다음으로 40대와 60대 이상이 각각 6명으로 나타나고 있다. 따라서 두 지역 모두에서 20대 연령대는 없으며, 50대 연령대가 다수를 차지하고 있었다. 이는 지역에서 단체장을 하기 위해서는 어느 정도 연륜이 갖추어져야 함을 의미한다.

각 도시의 거주기간은 10년에서 50년까지 다양하게 측정하여 보았는데, 순천시는 10년 이하를 제외하고는 빈도상으로 거의 대등한 수치를 보이고 있다. 나주시는 50년 이상 거주하시는 분들이 10명(36.0%)으로 이들이 주로 단체장을 맡고 있는 것으로 드러났다. 따라서 순천보다는 나주가 이익단체장들의 도시 거주 기간이 더 길게 나타나고 있음을 알 수 있다. 즉 시민사회단체장들은 순천보다는 나주가 보다 더 장기간 체류하면서 지역사회에서 활동하고 있음을 알 수 있다.

최종학력 부분에서 순천은 대학원 이상이 10명(40.0%)으로 고학력을 반영하고 있다. 순천시에서 대학과 대학원졸 단체장들은 10명 중 6명 정도이다. 이는 이익단체들의 활동이 어느 정도 고학력이 바탕이 되어 그들의 각 분야에서 전문적 활동에 기초가 되고 있음을 알 수 있다. 나주시는 최종학력이 고졸과 대졸자가 비슷하게 나타나고 있다. 각각 8명과 7명이다. 순천시와 나주시의 비교분석에서는 순천시가 고학력 단체장이 더 많음을 알 수 있다.

종교를 보면 순천시는 기독교 신자가 11명(44.0%)으로 월등하게 많으며, 다음 순으로는 불교신자이다. 반면, 나주의 경우, 무종교자가 10명(35.7%) 으로 최다이며, 불교, 기독교, 가톨릭 신자 빈도는 비슷하다. 끝으로 가계소 득에서 순천시는 400만 원 이상이 13명(52.0%)으로 가장 많으며, 비교적 고소득자가 단체장을 맡고 있다. 나주의 경우 100만 원부터 300만 원까지 빈도는 비슷하게 나타나고 있지만, 100만 원대 가계소득자가 8명으로 가장 많다. 따라서 소득부분에서는 순천시가 나주시에 비해서 고소득수준 단체장이 많음을 알 수 있다. 이러한 차이는 나주시보다는 순천시가 경제적으로 규모가 큰 도시이고 그들의 경제적 생활수준이 높게 나타나고 있음을 일 수 있다.

2. 단체의 역할, 기능, 영향력

지방정치 영역에서 활동하는 시민사회단체의 설립목표와 활동방향, 지역 사회에 대한 인식의 정도와 가치관 그리고 문민정부와 국민의 정부 이후 정 치적 대우에 대해 조사하였다.

〈표 3-3〉 시민사회단체의 설립목표

		단체구성원 친목도모	단체구성원 이익도모	사회 봉사	사회정의 실현	공공의 문제해결	전체	무효	전체
순천시	빈도	5	8	5	1	5	24	1	25
	%	20.0	32.0	20.0	4.0	20.0	96.0	4.0	100
나주시	빈도	5	9	7	5	2	28	0	28
	%	17.9	32.1	25.0	17.9	7.1	100	0.0	100

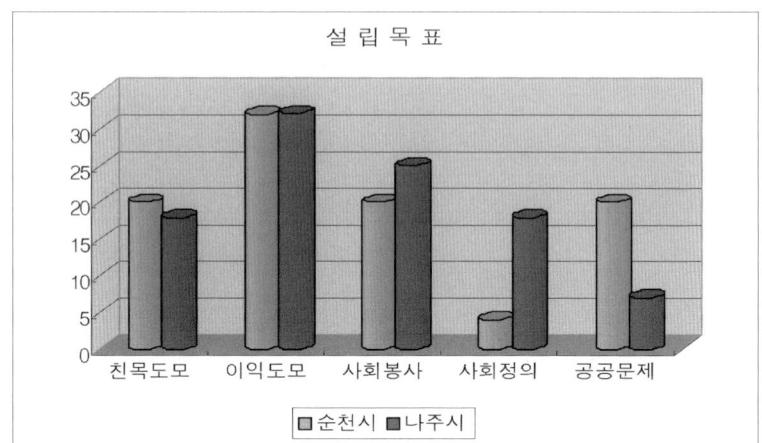

〈그림 3-1〉 시민사회단체 설립목표

시민사회단체의 설립목표를 묻는 질문에 단체구성원의 친목도모라고 응답한 비율이 순천시는 전체 25명 중에서 8명(32.0%)이고, 나주시는 전체 28명 중에서 9명(32.1%)으로 가장 높은 빈도를 나타내고 있다. 순천의 경우, 그다음으로 단체구성원 이익도모, 사회봉사, 공공문제 해결이 각 5명으로 나타났다. 나주시는 사회봉사가 차순위로 나타났다. 따라서 순천시와 나주시에서 시민사회단체들의 설립목적은 친목도모가 가장 높게 나타나고 있어 이들의 활동의 목적은 시민사회단체 내에서 상호간의 친목을 가장 소중하게 생각하고 있음을 알 수 있다. 그런가 하면 순천시에서는 사회정의 실현, 나주시에서는 공공문제 해결 목적을 가진 단체 빈도가 가장 낮게 나왔다.

〈표 3-4〉 시민사회단체 활동방향

		시민의식 행동변화	여론환기	정책건의	중앙지방 정책변경	전 체	무 효	전 체
순천시	빈도	13	3	1	3	20	5	25
	%	52.0	12.0	4.0	12.0	80.0	20.0	100
나주시	빈도	16	0	3	5	28	0	28
	%	57.1	0.0	10.7	17.9	100	0.0	100

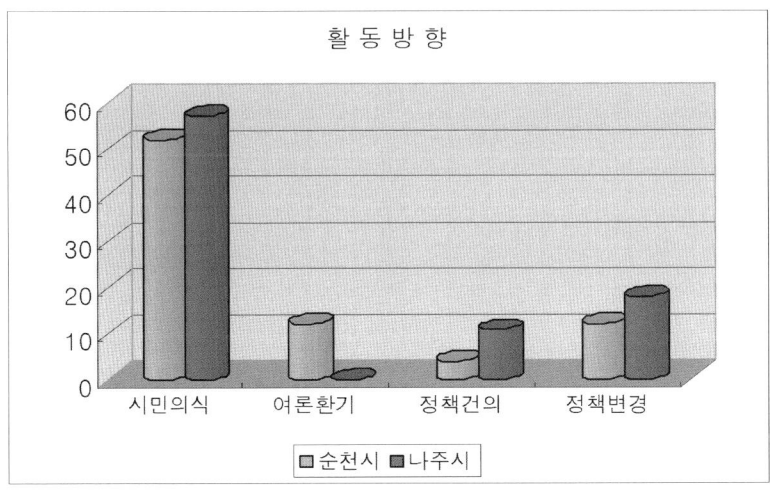

〈그림 3-7〉 시민사회단체 활동방향

시민사회단체의 활동방향을 묻는 내용으로 순천시와 나주시의 많은 단체가 시민의식 행동의 변화에 초점을 두고 활동하고 있었다. 순천시는 전체 인원 중 13명(52.0%), 나주시는 16명(57.1%)으로 나타나고 있다. 순천시와 나주시의 차순위 응답은 여론환기, 중앙지방 정책변경이다. 따라서 두 지역에서 시민사회단체의 활동방향에 있어서 시민의식에는 초점을 두고 적극적으로 활동하고 있는 것으로 니다니고 있으니 중앙정부니 지방정부에 정책변경이나 정책건의는 생각보다 낮게 나타나고 있다. 시민사회단체의 활동방향이 지방정부에 대한 정책적 건의나 정책에 보다 많은 관심을 두고 활동해야 힐 필요성이 제기딘다. 지방정부에 대힌 시민시회딘체의 지속저인 참여와 관심은 지방분권화와 관련하여 민주저 지방행정을 담보하는 처도이기 때문이다.

<표 3-5> 가입대상 시민사회단체 참여비율

		90%이상	70~90%	50~70%	50%이하	불특정다수	전체	무효	전체
순천시	빈도	3	3	1	6	5	18	7	25
	%	12.0	12.0	4.0	24.0	20.0	72.0	28.0	100
나주시	빈도	4	0	1	7	8	20	8	28
	%	14.3	0.0	3.6	25.0	28.6	71.4	28.6	100

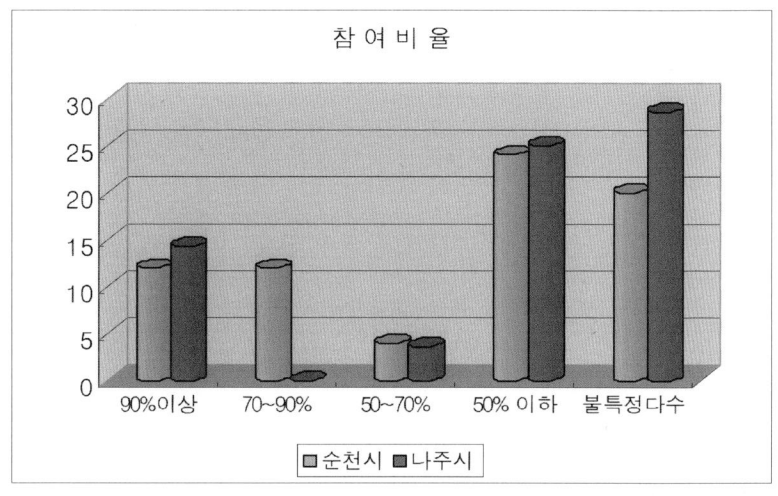

<그림 3-3> 가입대상 시민사회단체 참여비율

　"귀 단체와 유사한 단체들의 통합집단이 결성되어 있습니까? 있다면 귀 단체의 가입대상자 중 그 집단에 참여하는 비율은 어느 정도라고 생각하십니까?"라는 질문에 대해 순천시와 나주시에서 90% 이상 참여한다는 빈도 비율은 불과 3명과 4명으로 저조하다. 그러나 50% 이하나 불특정 다수에 참여한다는 빈도가 가장 높게 나타났다. 따라서 두 지역에서 가입대상자의 참여율은 50% 이하 혹은 불특정 다수에 참여를 많이 하고 있다. 따라서 순천시와 나주시는 미비한 수준에서 참여 빈도 차이가 나타나고 있다.

〈표 3-6〉 조직형태

		신생단체	새로 구성된 단체	분리된 단체	흡수 / 통합된 단체	기타	전체	무효	전체
순천시	빈도	3	1	13	2	5	24	1	25
	%	12.0	4.0	52.0	8.0	20.0	96	4	100
나주시	빈도	2	2	14	1	18	27	1	28
	%	7.1	7.1	50.0	3.6	28.6	96.4	3.6	100

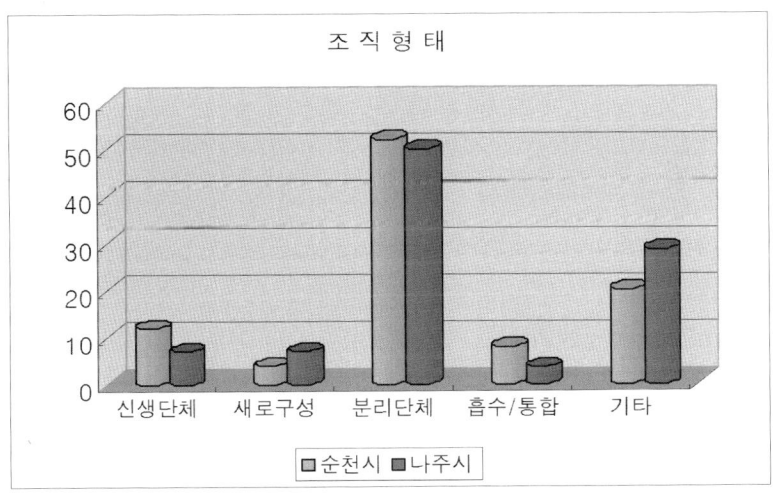

〈그림 3-4〉 조직형태

 시민사회단체장에게 조직형태를 묻는 내용이다. 순천시와 나주시에서 시민사회단체가 분리되었다고 응답한 비율이 각각 절반에 가까운 빈도로 나타나고 있다. 신생단체나 새로 구성된 단체라는 응답 비율은 미미한 수준을 보여주고 있다. 따라서 순천시와 나주시에서 분리된 단체라고 응답한 빈도 비율이 비교적 높게 나타나는 현상은 시민사회단체가 중앙에서 지역으로 기능에 따라 분리된 단체로 활동하고 있나는 현실을 반영한 분석이다. 반면에 새로 구성된 단체나 신생단체라는 응답 비율이 낮게 나타나고 있어 독자석으로 활동하고 있는 시민사회단체가 지역에서 극소수임을 입증하고 있다.

〈표 3-7〉 시민사회단체 가입 강제성

		법적 가입	관례적 가입	자유의사	전 체	무 효	전 체
순천시	빈도	4	8	13	25	0	25
	%	16.0	32.0	52.0	100	0	100
나주시	빈도	5	7	16	28	0	28
	%	17.9	25.0	57.1	100	0	100

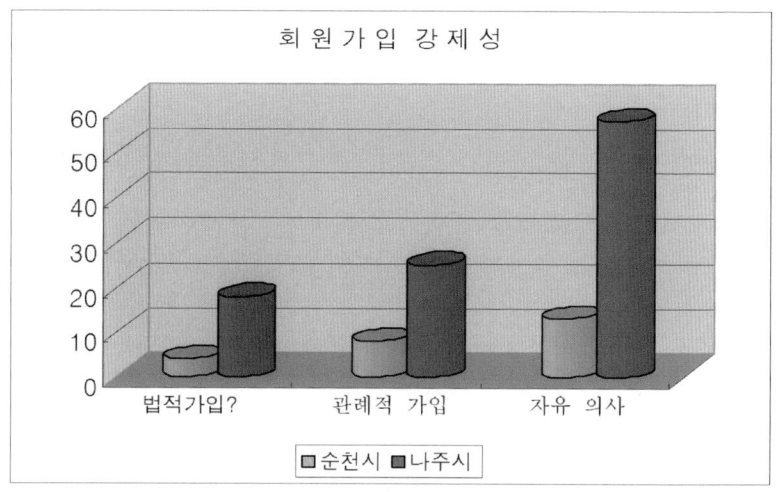

〈그림 3-5〉 시민사회단체 가입 강제성

시민사회단체의 회원가입 강제성을 묻는 내용을 보면 자유의사에 의한 가입이 두 지역에서 절반을 초과하고 있다. 좀더 세부적으로 본다면, 법적 가입은 순천시가 4명(16.0%)이고 관례적 가입은 8명(32.0%)이며, 나주시는 법적 가입은 5명(17.9%)이고 관례적 가입은 7명(25.0%)이다. 그러므로 순천시와 나주시의 경우, 법적 가입보다는 회원들의 자발적인 자유의사에 의해서 회원을 가입시키고 있음을 알 수 있으며, 회원가입에 대한 차이는 크게 나타나지 않고 있다.

〈표 3-8〉 시민사회단체 예산규모

		1천만원	1천만~3천만원	3천만~5천만원	5천만~1억 원	1억 원 이상	전체	무효	전체
순천시	빈도	4	6	4	5	5	24	1	25
	%	16.0	24.0	12.0	20.0	20.0	96	4	100
나주시	빈도	2	12	3	7	4	28	0	28
	%	7.1	42.9	107	25.0	14.3	100	0.0	100

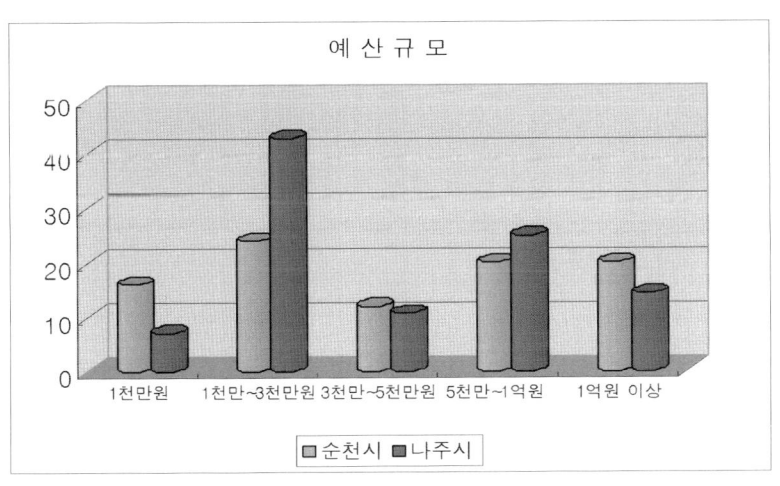

〈그림 3-6〉 시민사회단체 예산규모

한 해 예산규모를 묻는 내용은 상위의 표에서 보는 바와 같이 순천시와 나주시가 상반되게 나타나고 있다. 먼저 순천시는 각 항목에서 거의 균등하게 나오고 있다. 빈도를 보면 1천만 원부터 3천만 원을 예산으로 사용하고 있는 단체가 6개(24.0%)이며, 5천만 원부터 1억 이상이라고 응답한 비율이 10개(40.0%) 단체로 나타났다. 대체로 순천시 이익단체들의 한 해의 예산은 50% 정도가 3천만 원 이상을 예산으로 책정하고 있다. 나주시는 1천만 원부터 3천만 원 이하가 40% 정도로 나타나고 있다. 순천과 나주지역의 이러한 차이는 광주광역시와의 거리적 이유 때문이다. 나주의 경우,

경실련, 환경운동연합, 상공회의소 등이 없다. 광주에 소재한 지역본부에서 나주 거주자들이 통합 회원으로 활동하고 있다.

<표 3-9> 시민사회단체장 영향력

		예 산	대외 활동	임원선출	회칙개정
순천시	Valid	18	24	16	12
	%	72.0	96.0	64.0	48.0
	무 효	7	1	9	13
	전 체	25	25	25	25
나주시	Valid	19	25	21	14
	%	67.9	89.3	75.0	50.0
	무 효	9	3	7	14
	전 체	28	28	28	28

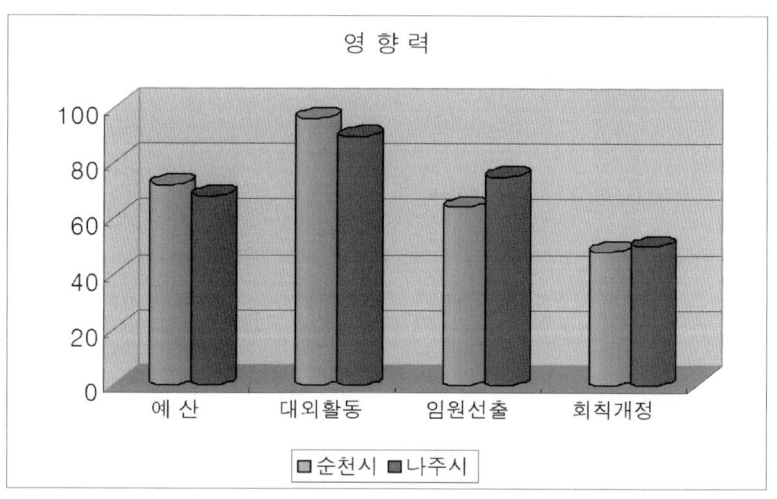

<그림 3-7> 시민사회단체장 영향력

시민사회단체 회장단의 실질적인 영향력 관계를 묻는 내용으로 순천시의 경우, 대외 활동에 가장 주력하는 것으로 나타났다. 예산과 임원선출이

그다음 영향력으로 나타났다. 나주지역은 대외 활동, 예산, 임원선출 순이다. 두 지역에서 회장단은 회칙개정에 가장 낮은 영향력을 행사하는 것으로 알려졌다. 그러므로 순천시와 나주시에서 회장단의 실질적 영향력은 비슷한 수준에서 영향력 관계가 나타나고 있다고 볼 수 있다.

한편, 전체 응답자 중 상당수가 응답을 회피하고 있다. 이는 자신이 속해 있는 이익단체의 예산의 사용처와 규모를 밝히기를 꺼리는 조직의 특성이 반영된 결과이다. 어떤 조직이나 단체도 활동에 맞게 화합과 조직목표를 이루기 위해서는 재무의 투명성과 경비의 공정성이 보장되어야 할 필요가 있다. 응답을 회피한 이익단체들은 자신들의 예산규모를 밝히기를 꺼리는 사회적 관행이라는 속성을 지니고 있다.

〈표 3-10〉 지역사회 참여방식과 설립목표에 따른 참여방식 – 순천시

	설립목표	빈 도	평 균	표준편차	F	
의견교환	단체구성원 친목도모	5	1.2000	1.64317	.604	.665
	단체구성원 이익도모	8	27.2500	50.13339		
	사회봉사	5	10.8000	4.76445		
	사회정의 실현	1	12.0000	.		
	공공의 문제해결	5	12.8000	6.68581		
	전 체	24	14.7500	29.59620		
로 비	단체구성원 친목도모	5	3.2000	3.11448	.480	.750
	단체구성원 이익도모	8	42.3750	93.80213		
	사회봉사	5	15.8000	12.59762		
	사회정의 실현	1	4.0000	.		
	공공의 문제해결	5	9.6000	4.15933		
	전 체	24	20.2500	54.62700		
온건행동	단체구성원 친목도모	5	1.8000	2.68328	1.272	.316
	단체구성원 이익도모	8	5.7500	10.03921		
	사회봉사	5	4.2000	2.86356		
	사회정의 실현	1	4.0000	.		
	공공의 문제해결	5	13.2000	12.31666		

	설립목표	빈 도	평 균	표준편차	F	
과격행동	전 체	24	6.0833	8.70241		
	단체구성원 친목도모	5	.0000	.00000	.444	.775
	단체구성원 이익도모	8	2.0000	5.65685		
	사회봉사	5	.0000	.00000		
	사회정의 실현	1	1.0000	.		
	공공의 문제해결	5	.0000	.00000		
	전 체	24	.7083	3.26349		

위의 표는 단체의 5개 설립목표에 따른 4가지 참여방식에 관한 분석이다. 순천 이익단체의 경우, 의견교환의 참여방식에서 설립목표가 단체구성원의 이익도모는 평균횟수가 27.2회, 사회정의 실현과 공공문제 해결이 각각 12회로 나타나 설립목표보다 낮은 값을 보여주고 있다. 로비와 관련해서는 구성원 이익도모 평균횟수가 42.3회, 온건행동에서는 공공문제 해결 평균횟수 13.2회, 과격행동에서는 구성원 이익도모가 평균횟수 2.0회로 나타났다. 유의도 수준은 p > 0.05로서 유의미하지 않다.

〈표 3-11〉 지역사회 참여방식과 설립목표에 따른 참여방식 – 나주시

	설립목표	빈 도	평 균	표준편차	F	P
의견교환	단체구성원 친목도모	5	2.8000	3.34664	1.067	.395
	단체구성원 이익도모	9	10.8889	11.09554		
	사회봉사	7	6.4286	7.78582		
	사회정의 실현	5	14.0000	13.43503		
	공공의 문제해결	2	9.5000	3.53553		
	전 체	28	8.7857	9.66612		
로 비	단체구성원 친목도모	5	1.6000	2.60768	.840	.514
	단체구성원 이익도모	9	10.0000	11.31371		
	사회봉사	7	5.1429	7.17469		
	사회정의 실현	5	9.8000	15.33623		
	공공의 문제해결	2	2.0000	2.82843		
	전 체	28	6.6786	9.89970		

	설립목표	빈 도	평 균	표준편차	F	P
온건행동	단체구성원 친목도모	5	1.6000	2.30217	1.601	.208
	단체구성원 이익도모	9	4.0000	6.67083		
	사회봉사	7	3.4286	6.52833		
	사회정의 실현	5	12.0000	13.32291		
	공공의 문제해결	2	.0000	.00000		
	전 체	28	4.5714	7.97416		
과격행동	단체구성원 친목도모	5	.0000	.00000	.900	.480
	단체구성원 이익도모	9	2.4444	5.00278		
	사회봉사	7	.2857	.75593		
	사회정의 실현	5	2.6000	3.43511		
	공공의 문제해결	2	.0000	.00000		
	전 체	28	1.3214	3.27791		

　　나주 이익단체의 경우, 의견교환의 참여방식에서 설립목표가 단체구성원의 이익도모는 평균횟수가 10.8회, 사회정의 실현은 14회로 나타나 설립목표보다 더 높은 값을 보여주고 있다. 로비와 관련해서는 구성원 이익도모 평균횟수가 10회, 온건행동에서는 사회정의 실현이 평균횟수 12회, 과격행동에서도 사회정의 실현의 평균횟수 2.6회로 나타났다. 유의도 수준은 p 〉 0.05로서 유의미하지 않음을 보여주고 있다.

〈표 3-12〉 지역사회 참여방식

			회의 참석	건의서 제출	간담회 개최	공청회 개최	책자 발행	보도 광고	교섭 교제	결의문 발표	집회 개최	파업 태업	집단 농성	집단 시위
순천시	0회	빈도	3	13	10	18	14	12	9	13	16	24	23	24
		%	12.0	52.0	40.0	72.0	56.0	53.6	57.1	57.1	71.4	92.9	89.3	82.1
	1～4회	빈도	5	8	8	5	5	8	4	10	5	0	1	1
		%	20.0	32.0	32.0	20.0	20.0	32.0	16.0	40.0	20.0	0.0	4.0	4.0
	5～9회	빈도	4	2	3	1	3	2	5	1	3	1	1	0
		%	16.0	8.0	12.0	4.0	12.0	8.0	20.0	4.0	12.0	4.0	4.0	0.0
	10회 이상	빈도	13	2	4	2	3	3	7	1	1	0	0	0
		%	52.0	8.0	16.0	8.0	12.0	12.0	28.0	4.0	4.0	0.0	0.0	0.0

			회의 참석	건의서 제출	간담회 개최	공청회 개최	책자 발행	보도 광고	교섭 교제	결의문 발표	집회 개최	파업 태업	집단 농성	집단 시위
나주시	0회 이하	빈도	8	21	14	25	20	20	17	20	17	27	25	23
		%	28.6	75.0	50.0	89.3	71.4	71.4	60.7	71.4	60.7	96.4	89.3	82.1
	1~4회	빈도	7	4	11	3	6	6	4	4	5	1	2	2
		%	25.2	14.4	39.6	10.8	21.6	21.6	14.4	14.4	18.0	3.6	7.2	7.1
	5~9회	빈도	4	3	1	0	1	2	3	1	6	0	0	3
		%	14.4	10.8	3.6	0.0	3.6	7.2	10.8	3.6	21.6	0.0	0.0	10.8
	10회 이상	빈도	9	0	2	0	1	0	4	3	0	0	1	0
		%	32.4	0.0	7.1	0.0	3.6	0.0	14.4	10.8	0.0	0.0	3.6	0.0

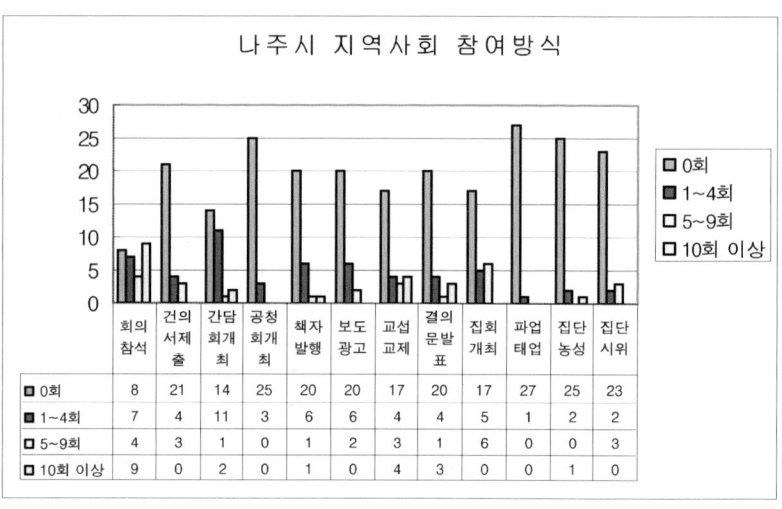

〈그림 3-8〉 지역사회 참여방식 – 순천시

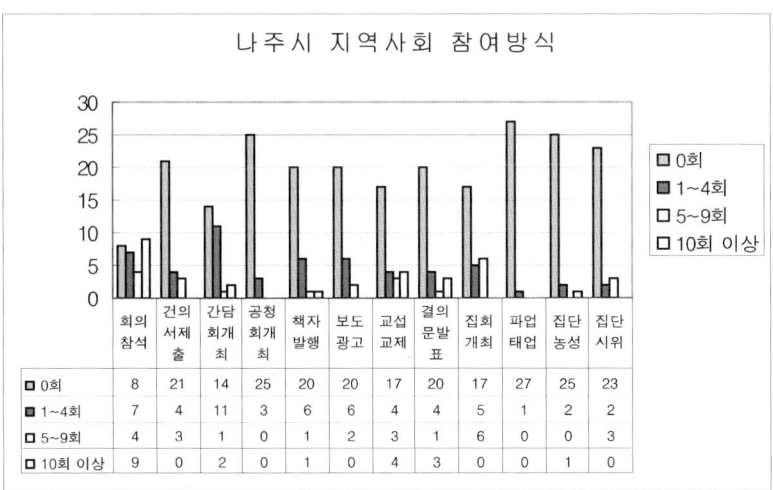

〈그림 3-9〉 지역사회 참여방식 – 나주시

지난 2년간 시민사회단체가 지역사회에 참여한 방식을 묻는 내용으로 12
개 문항으로 구성되어 있다. 순천시와 나주시 이익단체들은 회의참석에 있
어 10회 이상 참여 빈도가 13명(52.0%), 9명(32.4%)으로 가장 활발하
며, 나머지 항목에서는 참여하지 않는다는 0회 빈도가 평균 50%를 초과하
고 있는 것으로 드러났다. 이는 지역 시민사회단체들이 회원 간의 친목도모
또는 이익도모에는 적극적이지만, 지역사회와 관련하여 홍보, 책자발행, 교
섭, 건의서 제출 등에는 소극적 행동을 하고 있는 것으로 분석할 수 있다.

〈표 3-13〉 이익집단의 대외 활동 대상

		중앙 정부	지방 정부	여 당	야 당	언론 기관	경제 단체	사회 단체	불특정 단체
순천시	빈 도	7	17	2	2	6	6	6	10
	%	28.0	68.0	8.0	8.0	24.0	24.0	24.0	40.0
나주시	빈 도	10	11	2	2	1	6	6	8
	%	35.7	39.3	7.2	7.2	3.6	21.6	21.6	28.6

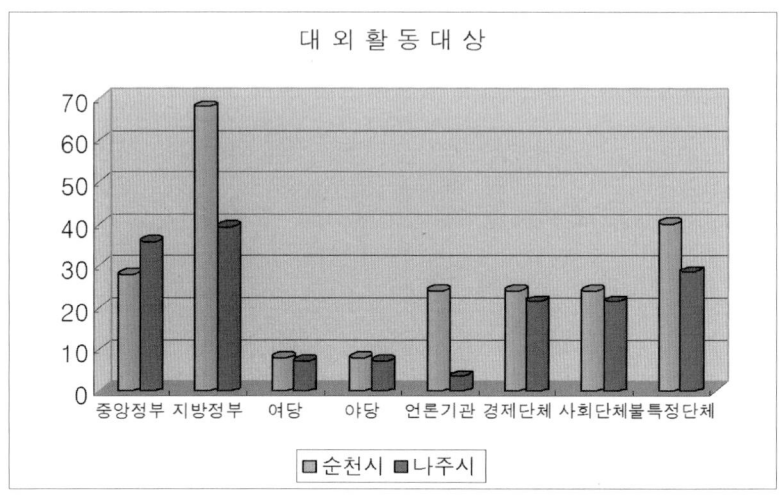

〈그림 3-10〉 대외 활동 대상

　시사회단체의 대외 활동 대상을 묻는 내용으로 순천시에 소재한 단체들은 지방정부에 대한 빈도가 17명(68.0%), 불특정 단체가 10명(40.0%)으로 나타났다. 정당을 상대로 한 빈도는 가장 낮다. 나주시 시민사회단체의 경우, 지방정부나 중앙정부를 활동 대상으로 한 빈도가 각각 11명(39.3%), 10명(35.7%)으로 표출되었으며, 정당에 대한 빈도는 저조하다. 순천과 나주 이익단체의 차이는 언론기관에 관한 것이다. 순천은 24.0%가 대상으로 삼고 있었지만, 나주는 3.6%에 불과하다. 순천시에는 지역신문 2개 사, 방송국 등이 있다. 그리고 이 외에도 광주시에 소재한 지방신문의 지국이 있다. 물론 나주에도 신문사의 지국은 있지만, 광주시와 근거리이기 때문에 직접 본사에 제보하는 경우가 많다.

　한편, 시민사회단체가 활동 대상으로 간주하고 있는 지방정부나 불특정 단체에 대해서는 비교적 참여율이 높게 나타나고 있지만, 여당이나 야당을 활동 대상으로 생각하고 있지 않는 것은 지역사회 활동에 있어 정당의 기능과 시민사회단체 간의 활동에서 심각한 거리감이 있다는 것을 반증하고 있다.

〈표 3-14〉 가입회원의 회비납부비율

		0~30%	31~60%	61~90%	91~100%	무 효	전 체
순천시	빈도	4	0	7	10	4	25
	%	16.0	0.0	28.0	40.0	16.0	100
나주시	빈도	4	2	8	3	9	28
	%	14.4	7.2	28.8	32.4	17.9	100

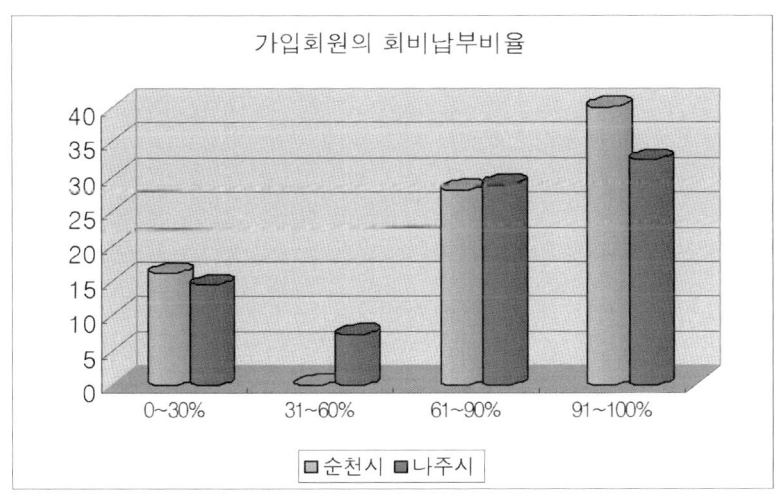

〈그림 3-11〉 가입회원의 회비납부비율

　시민사회단체의 회원들의 회비납부율을 묻는 내용은 위의 표에서 보는 바와 같다. 순천시의 경우 91-100% 납부율이 10명(40.0%)으로 높으며, 나주시는 61-90% 납부율이 8명(28.8%)으로 가장 높게 나타나고 있다. 따라서 순천시와 나주시의 시민사회단체들의 회비납부율은 순천이 비교적 높은 빈도와 높은 비율을 나타내고 있다. 그러나 회비납부비율이 전체적으로 높게 니디내는 것은 아니고 0~30% 비반노 석시 않음을 알 수 있다. 이는 진성회원이 부족히디는 것을 보여주고 있다.

<표 3-15> 설립목표와 회비납부비율의 상관성 - 순천시

설립목표			납부비율묶음			전 체
			0-30%	61-90%	91-100%	
설립목표	단체친목도모	Count	3		2	5
		% within 설립목표	60.0%		40.0%	100.0%
		% within 납부비율묶음	37.5%		22.2%	20.8%
		% of 전체	12.5%		8.3%	20.8%
	단체이익도모	Count	1	4	3	8
		% within 설립목표	12.5%	50.0%	37.5%	100.0%
		% within 납부비율묶음	12.5%	57.1%	33.3%	33.3%
		% of 전체	4.2%	16.7%	12.5%	33.3%
	사회봉사	Count	2	1	2	5
		% within 설립목표	40.0%	20.0%	40.0%	100.0%
		% within 납부비율묶음	25.0%	14.3%	22.2%	20.8%
		% of 전체	8.3%	4.2%	8.3%	20.8%
	사회정의 실현	Count			1	1
		% within 설립목표			100.0%	100.0%
		% within 납부비율묶음			11.1%	4.2%
		% of 전체			4.2%	4.2%
	공공문제 해결	Count	2	2	1	5
		% within 설립목표	40.0%	40.0%	20.0%	100.0%
		% within 납부비율묶음	25.0%	28.6%	11.1%	20.8%
		% of 전체	8.3%	8.3%	4.2%	20.8%
전 체		Count	8	7	9	24
		% within 설립목표	33.3%	29.2%	37.5%	100.0%
		% within 납부비율묶음	100.0%	100.0%	100.0%	100.0%
		% of 전체	33.3%	29.2%	37.5%	100.0%
x2		.502				

순천시에서 설립목표와 회비납부비율의 상관성을 알아보기 위한 내용은 위의 표에서 보는 바와 같다. 먼저 단체구성원 친목도모라고 응답한 내용에는 91-100%, 0-30%의 회비납부비율이 각각 2명과 3명으로 가장 많다. 단체구성원의 이익도모에서는 61~90%의 회비납부율이 가장 높은 4명을

차지하고 있다. 사회봉사에서는 0-30%와 91~100%의 회비를 납입한다고 응답한 빈도비율이 각 2명으로 나타나고 있다. 사회정의 실현은 91~100%의 회비납부 빈도비율이 1명, 공공의 문제해결에서는 0-30%와 61~90%의 납부 빈도비율이 각 2명으로 나타났다. 전체적으로 순천시의 시민사회단체들의 회비납부비율은 퍼센트별로 대동소이한 결과를 보여주고 있지만, 그 가운데에도 91~100%의 회비납입의 빈도가 가장 많다. 설립목표에 따른 회비납부비율은 단체구성원 이익도모의 목표를 갖는 단체에서 회비납부비율이 가장 높게 나타난 반면, 사회정의 실현 단체가 가장 낮은 비율을 보이고 있다.

〈표 3-16〉 설립목표와 회비납부비율의 상관성 - 나주시

			납부비율묶음				전 체
			0-30%	31-60%	61-90%	91-100%	
설립목표	단체친목도모	Count	3		1	1	5
		% within 설립목표	60.0%		20.0%	20.0%	100.0%
		% within 납부비율묶음	33.3%		12.5%	11.1%	17.9%
		% of 전체	10.7%		3.6%	3.6%	17.9%
	단체이익도모	Count	1		1	7	9
		% within 설립목표	11.1%		11.1%	77.8%	100.0%
		% within 납부비율묶음	11.1%		12.5%	77.8%	32.1%
		% of 전체	3.6%		3.6%	25.0%	32.1%
	사회봉사	Count	3	1	3		7
		% within 설립목표	42.9%	14.3%	42.9%		100.0%
		% within 납부비율묶음	33.3%	50.0%	37.5%		25.0%
		% of 전체	10.7%	3.6%	10.7%		25.0%
	사회정의 실현	Count	1	1	2	1	5
		% within 설립목표	20.0%	20.0%	40.0%	20.0%	100.0%
		% within 납부비율묶음	11.1%	50.0%	25.0%	11.1%	17.9%
		% of 전체	3.6%	3.6%	7.1%	3.6%	17.9%
	공공문제 해결	Count	1		1		2
		% within 설립목표	50.0%		50.0%		100.0%
		% within 납부비율묶음	11.1%		12.5%		7.1%
		% of 전체	3.6%		3.6%		7.1%

		납부비율묶음				전 체
		0-30%	31-60%	61-90%	91-100%	
전 체	Count	9	2	8	9	28
	% within 설립목표	32.1%	7.1%	28.6%	32.1%	100.0%
	% within 납부비율묶음	100.0%	100.0%	100.0%	100.0%	100.0%
	% of 전체	32.1%	7.1%	28.6%	32.1%	100.0%
x2	.141					

　나주시에서 활동하는 시민사회단체의 설립목표와 회비납부비율의 상관성
을 보면 단체구성원의 이익도모에서 91~100%의 회비납부율이 7명으로
가장 높게 나왔다. 공공문제 해결에서 가장 낮은 빈도를 보이고 있다. 전체
적으로 순천시의 시민사회단체들의 회비납부비율은 각 항목당 거의 비슷한
납부형태를 보여주고 있지만, 31~60%의 회비를 납입하고 있다는 응답이
가장 낮게 나타나고 있다. 설립목표에 따른 회비납부비율은 단체구성원 이
익도모의 목표를 갖는 시민사회단체에서 회비납부비율이 가장 높게 나타나
고 있으며, 설립목표가 공공의 문제해결이라고 한 단체의 회비납부율이 저
조한 것으로 밝혀졌다. 결과적으로 공공의 문제에 관심을 두면서도 자신의
부담은 전혀 책임지지 않는 시민사회단체 회원들의 낮은 동기가 회비 부진
의 주요원인이 되고 있다.

〈표 3-17〉 참여방법과 회비납부비율의 상관성 – 순천시

	납부비율	빈 도	평 균	표준편차	F	P
의견교환	0-30%	8	7.7500	7.83308	1.113	.346
	61-90%	7	28.5714	53.72727		
	91-100%	10	11.2000	7.95543		
	전 체	25	14.9600	28.99207		
로 비	0-30%	8	8.7500	10.83315	.957	.399
	61-90%	7	43.7143	101.20724		
	91-100%	10	12.6000	9.86802		
	전 체	25	20.0800	53.48358		

	납부비율	빈 도	평 균	표준편차	F	P
온건행동	0-30%	8	2.0000	2.82843	2.288	.125
	61-90%	7	11.0000	13.42882		
	91-100%	10	6.3000	5.92640		
	전 체	25	6.2400	8.55512		
과격행동	0-30%	8	.0000	.00000	1.254	.305
	61-90%	7	2.2857	6.04743		
	91-100%	10	.1000	.31623		
	전 체	25	.6800	3.19792		

순천시 시민사회단체 회원의 회비납부비율에 따른 참여방식의 차이에 관한 내용이 표로 요약되어 있다. 의견교환과 로비 참여방식에서는 납부비율 61-90% 빈두 7명씩이 평균 28.5회, 43.7회로 가장 높게 나타났다. 온건행동 참여에서는 납부비율 61-90%가 평균 11회, 과격행동 참여방식에서도 61-90% 비율자가 2.2회로 나타났다. 따라서 순천 시민사회단체의 경우 4개 참여방식 모두에서 납부비율 61-90%가 가장 적극적 참여를 보여주고 있다. 유의도 측면을 보면 p >0.05로서 유의미하지 않다.

<표 3-18> 참여방법과 회비납부비율의 상관성 - 나주시

	납부비율	빈 도	평 균	표준편차	F	P
의견교환	0-30%	9	7.3333	10.11187	.401	.754
	31-60%	2	15.5000	6.36396		
	61-90%	8	9.6250	11.66114		
	91-100%	9	8.0000	8.60233		
	전 체	28	8.7857	9.66612		
로 비	0-30%	9	5.4444	9.34226	.446	.722
	31-60%	2	14.0000	4.24264		
	61-90%	8	5.3750	12.45492		
	91-100%	9	7.4444	9.38231		
	전 체	28	6.6786	9.89970		

	납부비율	빈 도	평 균	표준편차	F	P
온건행동	0-30%	9	4.7778	8.28821	.585	.631
	31-60%	2	9.5000	3.53553		
	61-90%	8	5.8750	12.00521		
	91-100%	9	2.1111	1.90029		
	전 체	28	4.5714	7.97416		
과격행동	0-30%	9	1.8889	4.96096	.732	.543
	31-60%	2	4.0000	5.65685		
	61-90%	8	.5000	1.41421		
	91-100%	9	.8889	1.69148		
	전 체	28	1.3214	3.27791		

나주시 시민사회단체 회원의 회비납부비율에 따른 참여방식의 차이에 관한 내용이다. 의견교환, 로비, 온건행동, 과격행동 모두에서 납부비율 31-60% 납부자가 평균 15.5회, 14회, 9.5회, 4회로 가장 높게 나타났다. 따라서 나주 시민사회단체의 경우 4개 참여방식 모두에서 납부비율 31-60%가 가장 적극적 참여를 보여주고 있다. 유의도 측면을 보면 p〉0.05로서 4개 참여방법은 모두 유의미하지 않다.

〈표 3-19〉 타 단체와 연대 여부

		연대경험 유	연대경험 무	무 효	전 체
순천시	빈 도	14	11	0	25
	%	56.0	44.0	0.0	100
나주시	빈 도	13	14	1	28
	%	46.4	50.0	3.6	100

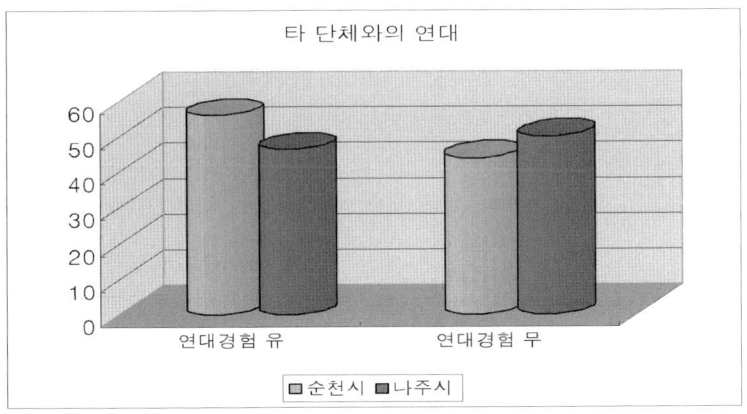

〈그림 3-12〉 타 단체와 연대 여부

타 단체와 상호 연대를 묻는 내용이다. 두 지역단체 모두 거의 절반에 가까운 연대경험을 갖고 있다. 타 단체와의 연대는 무엇보다 쟁점이 자기 단체의 설립목적과 맞는가가 중요하다. 따라서 동일한 목적을 가진 단체라면 여러 사항에 걸쳐 연대가 형성될 수 있지만, 특정 목적을 가지고 설립된 단체는 다른 단체와의 연대 빈도가 낮을 수밖에 없다.

3. 정치문화적 가치관

지역사회의 한국정치문화의 특성은 라스웰(Lasswell)의 8가지 가치관에 의거하여 권력, 계몽, 부, 안녕, 기술, 애정, 존경, 정직, 등의 8가지 요인을 설문 문항으로 작성하였다. 한국 지역 시민사회단체장의 정치문화의 정향을 이해하고 정치적 행동과 지역 주민들의 정치적 이해관계를 알아보기 위하여 순천시와 나주시의 시민사회단체장들의 정치정향을 문의하고 지역차별에 대한 김영삼 정권과 김대중 정권의 지역적 차별에 관한 인식을 알아보았다. 질문 1 - 지역 주민들이 지방정부의 정책결정에 참여하고 있다고 생각하십니까? 질문 2 - 사회변화에 민감하게 대응하지 못하면 시대에 뒤쳐진다. 질문 3 - 돈은 사회활동에서 중요한 역할을 한다. 질문 4 - 사회의 안정과 복지를 위해서 주민들 간에 상호신뢰와 협력이 얼마나 이루어지고 있다고 생각하십니까?

<표 3-20> 정치적 가치관 (권력, 계몽, 부, 안녕)

	시 별	매우 아니다		아니다		중 간		그렇다		매우 그렇다		M	SD
		빈도	%	빈도	%	빈도	%	빈도	%	빈도	%		
권력	순천시	3	12.0	13	52.0	3	12.0	5	20.0	1	4.0	2.52	1.085
	나주시	5	17.9	10	35.7	7	25.0	5	17.9	1	3.6	2.54	1.105
계몽	순천시	0	0.0	3	12.0	3	12.0	9	36.0	10	40.0	4.04	1.020
	나주시	0	0.0	1	3.6	4	14.3	8	28.6	15	53.6	4.32	0.863
부	순천시	0	0.0	0	0.0	5	20.0	12	48.0	8	32.0	4.12	0.726
	나주시	0	0.0	0	0.0	5	17.9	10	35.7	13	46.4	4.29	0.763
안녕	순천시	1	4.0	11	44.0	10	40.0	3	12.0	0	0.0	2.60	0.764
	나주시	2	7.1	14	50.0	12	42.9	0	0.0	0	0.0	2.36	0.621

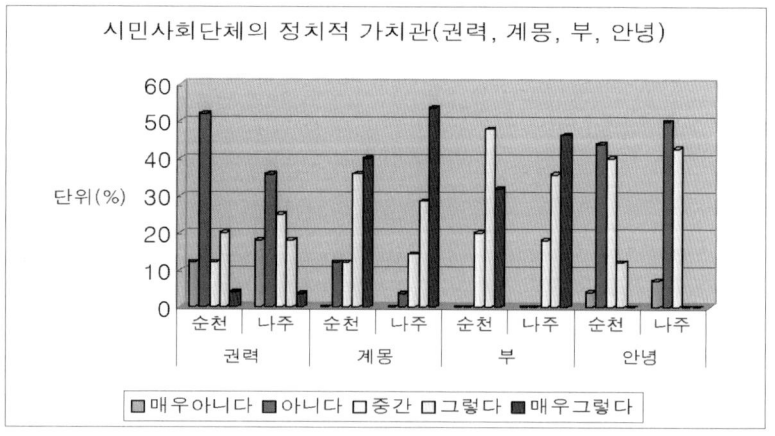

<그림 3-13> 정치적 가치관 (권력, 계몽, 부, 안녕)

지역사회 시민사회단체장들이 인지하는 지역 주민들이 정치권력에 대한 태도를 묻는 내용이다. 순천시민과 나주시민이 정책결정에 얼마나 참여하고 있는가에 대한 응답의 결과는 순천시와 나주시가 모두 부정적 반응인 참여하고 있지 않다고 응답의 빈도비율이 높게 나타나고 있는 수준이다. 특히 두 도시 간의 비교에서 평균값이 순천시 2.52, 나주시 2.54로 거의 차이가 없음을 보여주고 있다. 계몽가치를 묻는 내용에서도 얼마나 사회변화에 민감하게 대응하는가의 질문에서 순천시와 나주시는 "매우 그렇다"라고 응답한 빈도비율이 가장 높게 나타났다. 응답의 결과 순천시는 "매우 그렇다"가 10명(40.0%), 나주시 15명(53.6%)으로 가장 높게 나타나고 있다. 따라서 순천시와 나주시의 두 도시의 시민사회단체장들은 사회변화에 민감하게 대응해 나아가고 있다고 알 수 있다. 두 도시 간의 평균값에서도 거의 비슷한 결과가 도출되었다.

다음으로 돈이 사회활동에 얼마나 중요한 역할을 하는가 하는 부의 가치에 관한 질문내용에서는 순천시는 "그렇다"가 12명(48.0%), 나주시는 "매우 그렇다"가 13명(46.4%)으로 가장 높은 비율을 나타내고 있다. 두 도시 간의 비교에서도 비슷한 양태로 긍정하는 입장이다. 두 도시 간의 평균값을 보면 거의 차이가 없는 결과가 나왔다. 지역사회의 안정과 복지를 위한 주민들의 상호신뢰와 협력이 얼마나 이루어지는가에 관한 "안녕"가치의 질문내용은 순천시가 "아니다"가 11명(44.0%)이고 "중간"이 10명(40.0%)이다. 나주시도 "아니다" 빈도가 제일 높으며, 그다음으로 "중간"이라고 응답한 빈도가 높게 나타나고 있다.

기술, 애정, 존경, 정직에 관한 질문을 던졌다. 질문 5 - 우리 사회는 개인의 전문성보다는 연공서열을 중시하는 사회이다. 질문 6 - 우리 사회는 가난하고 어려운 이웃을 돕고 있다고 생각하십니까? 질문 7 - 정당하지 않은 방법으로 높은 지위에 오르거나 사회적 인정을 받는 경우가 많다. 질문 8 - 우리 사회에서 정직과 준법정신이 언제나 지켜지고 있다고 생각하십니까?

〈표 3-21〉 정치적 가치관 (기술, 애정, 존경, 정직)

시　별		매우 아니다		아니다		중　간		그렇다		매우 그렇다		M	SD
	순천시	빈도	%	빈도	%	빈도	%	빈도	%	빈도	%	3.88	0.927
기술	애　정	1	4.0	0	0.0	6	24.0	12	48.0	6	24.0	3.71	0.854
	순천시	0	0.0	2	7.1	9	32.1	12	42.9	5	17.9	2.76	0.779
존경	정　직	1	4.0	8	32.0	12	48.0	4	16.0	0	0.0	2.54	0.881
		3	10.7	10	35.7	13	46.4	1	3.6	1	3.6		
부	순천시	0	0.0	2	8.0	8	32.0	8	32.0	7	28.0	3.80	0.957
	나주시	1	3.6	1	3.6	11	39.3	10	35.7	5	17.9	3.61	0.956
안녕	순천시	2	8.0	10	40.0	10	40.0	3	12.0	0	0.0	2.56	0.821
	나주시	6	21.4	12	42.9	8	28.6	2	7.1	0	0.0	2.21	0.876

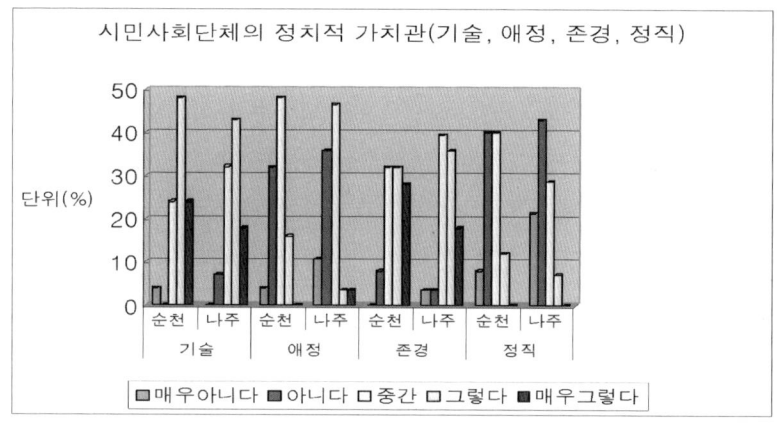

〈그림 3-14〉 정치적 가치관(기술, 애정, 존경, 정직)

　　우리 사회가 개인의 전문성을 얼마나 중시하는가 하는 기술에 관한 질문 내용이다. 먼저 순천시와 나주시에서 절반에 가까운 수가 "그렇다"에 동의하고 있다. 두 도시 간 평균값의 차이는 거의 없는 것으로 밝혀졌다. 다음으로 우리 사회가 가난하고 어려운 이웃을 얼마나 돕는가를 묻는 내용에서 순천시와 나주시 모두에서 중간 응답자 빈도가 가장 높게 나왔다. 부정적 응답인 "아니다"에 응답한 빈도는 각각 35%에 근접하게 나타났다.

우리 사회가 높은 지위에 대한 존경의 태도를 묻는 내용에서 두 도시 모두 "중간"과 "그렇다"라고 응답한 비율은 10명 가운데 7명 정도이다. 이는 우리의 보통 사람들이 높은 직위를 가진 사람들에 대해 부정적 인식을 하고 있음을 가리키고 있다. 사회에서 정직과 준법정신이 얼마나 지켜지고 있는 가에 관한 "정직"의 가치에 대한 질문의 내용을 보면 순천시는 "아니다"와 "중간"이라고 응답한 사람이 각각 10명(40.0%)이었으며, 나주시는 "아니다" 가 12명(42.9%)으로 가장 높다. 따라서 두 도시 모두에서 자치단체장 자신들은 대체로 "정직"이라는 가치를 부정하는 입장이고, 두 도시 간의 비교에서는 나주시가 순천시보다는 더 부정적으로 생각하고 있다.

〈표 3-22〉 정치적 가치관-김영삼 정권 이전, 김대중 정권 이후

지역 차별	시 별	매우 아니다		아니다		중 간		그렇다		매우 그렇다		M	SD
		빈도	%	빈도	%	빈도	%	빈도	%	빈도	%		
김영삼 이전	순천시	0	0.0	2	8.0	2	8.0	10	40.0	11	44.0	4.20	0.913
	나주시	1	3.6	1	3.6	4	14.3	11	39.3	11	39.3	4.07	1.016
김대중 이후	순천시	4	16.0	5	20.0	10	40.0	3	12.0	3	12.0	2.84	1.214
	나주시	3	10.7	9	32.1	10	35.7	3	10.7	3	10.7	2.79	1.134

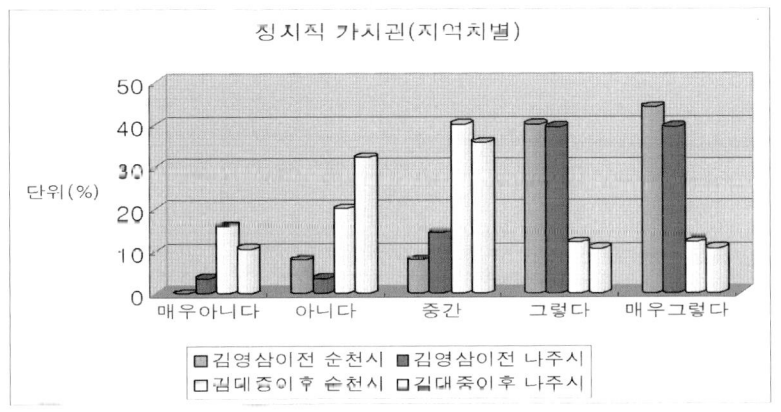

〈그림 3-15〉 정치적 가치관-김영삼 정권 이전, 김대중 정권 이후

　　문민정부의 출범인 김영삼 정권 이전과 김대중 정권 이후 우리 지역사회
가 타 지역사회에 비하여 정치·경제적으로 불공정정한 대우를 받았는가를
묻는 내용이다. 순천시와 나주시에서 10명 중 8명 정도가 타 지역에 비하
여 김영삼 정권까지 지역차별을 받았다고 응답하였다. 김대중 정권에서는 비
교적 낮은 빈도만이 차별받았다고 인식한 반면 5명 가운데 2명 정도는 중
간자적 입장을 보여주었다. 즉 차별도 혜택도 받지 않은 것으로 생각하고
있다.

　　따라서 순천시와 나주시 단체장들은 김영삼 정권 이전까지 타 지역에 비
하여 지역차별을 받았으며, 김대중 정권 이후로는 차별 인식이 희석되고 있
는 경향을 보여주고 있다.

　　지역사회에서 발생하는 사안들에 대해서 다음의 어떤 경로로 통해서 얻고
있는가를 알아보기 위해 가장 많이 사용되는 경로부터 우선순위를 매겨 아
래의 순위마다 번호를 적었다.

〈표 3-23〉 정보 경로

시　별		1순위		2순위		3순위		4순위		5순위		M	SD
		빈도	%	빈도	%	빈도	%	빈도	%	빈도	%		
T.V 라디오	순천시	13	52.0	7	28.0	2	8.0	2	8.0	1	4.0	1.84	1.143
	나주시	14	50.0	7	25.0	2	7.1	3	10.7	2	7.1	2.00	1.305
시정 정보지	순천시	1	4.0	1	4.0	4	16.0	4	16.0	15	60.0	4.24	1.128
	나주시	1	3.6	2	7.1	2	7.1	6	21.4	17	60.7	4.29	1.117
사적 모임	순천시	4	16.0	1	4.0	9	36.0	9	36.0	2	8.0	3.16	1.179
	나주시	5	17.9	3	10.7	12	42.9	6	21.4	2	7.1	2.89	1.166
인터넷	순천시	3	12.0	5	20.0	2	8.0	7	28.0	8	32.0	3.48	1.447
	나주시	1	3.6	2	7.1	5	17.9	10	35.7	10	35.7	3.93	1.086
신　문	순천시	4	16.0	11	44.0	7	28.0	1	4.0	2	8.0	2.44	1.083
	나주시	6	21.4	13	46.4	6	21.4	2	7.1	1	3.6	2.25	1.005

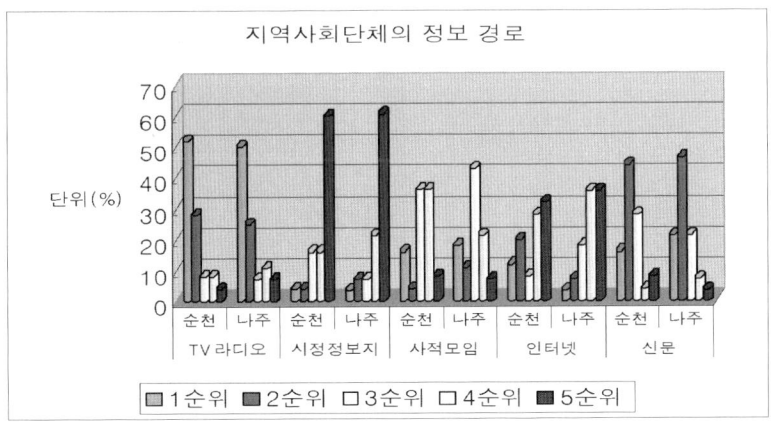

〈그림 3-16〉 정보 경로

지역사회에서 발생하는 사안들에 대해서 어떤 경로를 통해 정보를 입수하는가를 묻는 내용이다. TV와 라디오가 가장 높은 순위로 나타나고 있다. TV와 라디오는 1순위가 각각 13명(52.0%)과 14명(50.0%)으로 나타나고 있다. 다음으로 신문이 각각 11명(44.0%)과 13명(46.4%)으로 나타나며, 다음으로 사적 모임이었다. 단체장들의 연령대가 40대 이상인 점을 감안하면 인터넷 이용자가 낮은 빈도를 이해할 수 있다. 시정정보지와 인터넷 이용자는 5순위가 가장 많다.

〈표 3-24〉 자기희생, 타인의 눈치, 청탁거절

	시 별	매우 아니다		아니다		중 간		그렇다		매우 그렇다		M	SD
		빈도	%	빈도	%	빈도	%	빈도	%	빈도	%		
단체를 위한 자기희생	순천시	2	8.0	0	0.0	5	20.0	13	52.0	5	20.0	3.76	1.052
	나주시	0	0.0	2	7.1	5	17.9	5	17.9	16	57.1	4.25	1.005
의사결정 시 타인의 눈치	순천시	1	4.0	4	16.0	8	32.0	9	36.0	3	12.0	3.36	1.036
	나주시	2	7.1	4	14.3	8	28.6	12	42.9	2	7.1	3.29	1.049
청탁거절 여부	순천시	8	32.0	5	20.0	9	36.0	3	12.0	0	0.0	2.28	1.061
	나주시	12	42.9	8	28.6	4	14.3	4	14.3	0	0.0	2.00	1.089

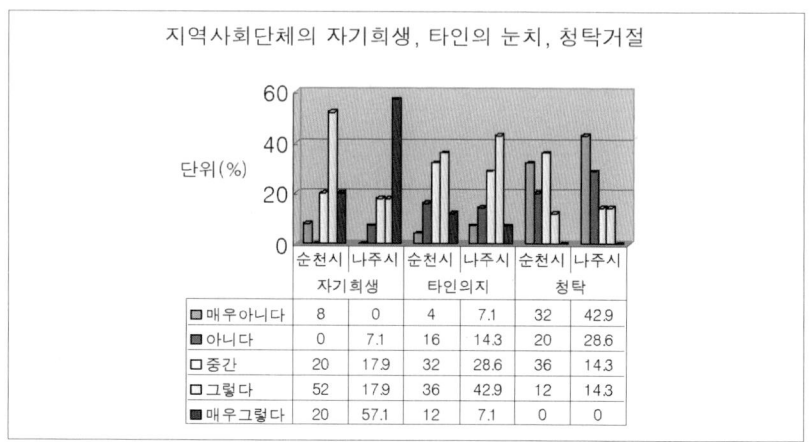

지역사회단체의 자기희생, 타인의 눈치, 청탁거절

	순천시	나주시	순천시	나주시	순천시	나주시
	자기희생		타인의지		청탁	
■매우아니다	8	0	4	7.1	32	42.9
■아니다	0	7.1	16	14.3	20	28.6
□중간	20	17.9	32	28.6	36	14.3
□그렇다	52	17.9	36	42.9	12	14.3
■매우그렇다	20	57.1	12	7.1	0	0

〈그림 3-17〉 자기희생, 타인의 눈치, 청탁거절

위의 표는 내가 속한 집단의 이익을 위해 희생을 감수할 것인가라는 질문, 의사결정 과정에서 주변의 의견이나 속내를 얼마나 살피는가, 그리고 내가 하고 싶지 않아도 주위 사람들이 시위나 서명을 부탁하면 얼마나 여기에 동참하는가를 묻는 내용이다. 자기희생을 묻는 내용은 순천시와 나주시 모두가 "그렇다"와 "매우 그렇다"에 응답한 빈도가 10명 가운데 7명 정도이다. 다음으로 자신의 의사결정 시에 타인의 눈치나 속내를 얼마나 살피는가를 묻는 내용에서는 순천시와 나주시에서 "중간"이라고 응답한 사람이 10명 중 3명 정도, "그렇다"라고 응답한 비율이 35%로 나타났다. 주위 사람들의 부탁을 얼마나 거절하지 못하고 동참하게 되는가를 묻는 내용을 보면 순천시는 "매우 아니다"라고 응답한 빈도가 8명(32.0%), "중간"으로 응답한 빈도가 9명(36.0%)이다. 나주시를 보면 "매우 아니다"가 12명(42.9%), "아니다"가 8명(28.6%)으로 나주시 단체장들이 청탁거절에서 20% 정도 더 높은 비율을 보여주고 있다.

다음은 내용 중에서 국가발전을 위해 중요하다고 판단되는 정도에 따라 세 가지를 선정하고 중요한 순서대로 외편의 순위와 연결하여 분석한 내용이다.

〈표 3-25〉 국가발전을 위해 중요 순서 선택

	시 별	1순위		2순위		3순위		무 효		M	SD
		빈도	%	빈도	%	빈도	%	빈도	%		
경제활성화 및 고용증대	순천시	11	44.0	2	8.0	7	28.0	5	20.0	2.24	1.234
	나주시	9	32.1	7	25.0	3	10.7	9	32.1	2.43	1.260
민의수렴과 제도개혁	순천시	0	0.0	0	0.0	0	0.0	25	100	4.00	0.000
	나주시	0	0.0	3	10.7	0	0.0	25	89.3	3.79	0.630
지방재정 및 지방분권	순천시	0	0.0	0	0.0	2	8.0	23	92.0	3.92	0.277
	나주시	1	3.6	5	17.9	2	7.1	20	71.4	3.46	0.922
시민의식 함양	순천시	3	12.0	1	4.0	1	4.0	20	80.0	3.52	1.046
	나주시	4	14.3	2	7.1	1	3.6	21	75.0	3.39	1.133
남북한교류 및 통일	순천시	0	0.0	1	4.0	4	16.0	20	80.0	3.76	0.523
	나주시	3	10.7	2	7.1	1	3.6	22	78.6	3.50	1.036
주민참여 및 자율성	순천시	3	12.0	7	28.0	3	12.0	12	48.0	3.80	0.577
	나주시	0	0.0	2	7.1	2	7.1	24	85.7	3.79	0.568
정치사회 안정 및 신뢰성	순천시	3	12.0	7	28.0	3	12.0	12	48.0	2.96	1.136
	나주시	4	14.3	4	14.3	6	21.4	14	50.0	3.07	1.120
사회구성원 의 전문화	순천시	0	0.0	1	4.0	0	0.0	24	96.0	3.92	0.400
	나주시	0	0.0	0	0.0	3	10.7	25	89.3	3.89	0.315
인권강화	순천시	0	0.0	0	0.0	1	4.0	24	96.0	3.96	0.200
	나주시	0	0.0	0	0.0	0	0.0	28	100	4.00	0.000
언론활성화	순천시	0	0.0	1	4.0	0	0.0	24	96.0	3.92	0.400
	나주시	0	0.0	0	0.0	0	0.0	28	100	4.00	0.000
대통령과 국 회의 도덕성	순천시	5	20.0	6	24.0	3	12.0	11	44.0	2.80	1.225
	나주시	4	14.3	1	3.6	3	10.7	20	71.4	3.39	1.100
불신풍조와 부패해소	순천시	3	12.0	4	16.0	3	12.0	15	60.0	3.20	1.118
	나주시	1	3.6	2	7.1	5	17.9	20	71.4	3.57	0.790
기 타	순천시	0	0.0	0	0.0	0	0.0	25	100	4.00	0.000
	나주시	1	3.6	0	0.0	0	0.0	27	96.4	3.89	0.567

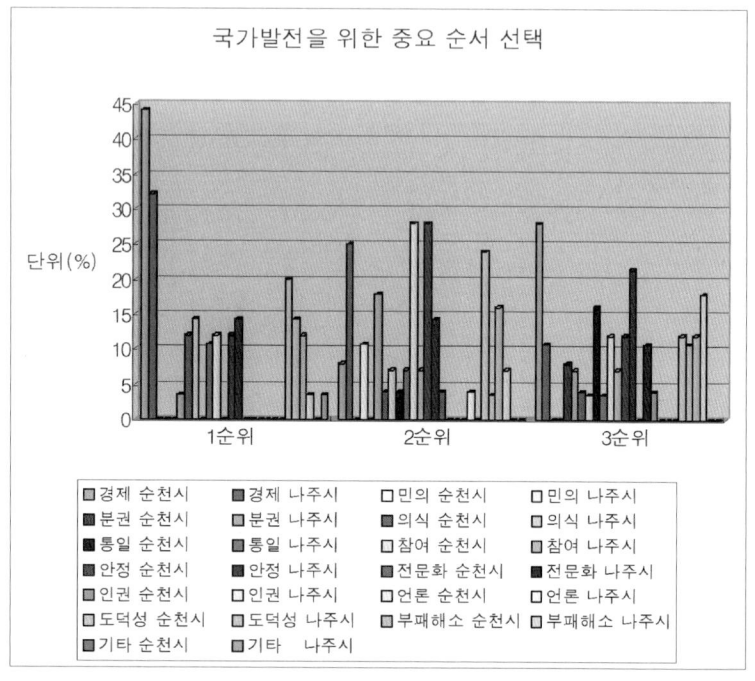

〈그림 3-18〉 국가발전을 위해 중요 순서 선택

국가발전을 위해 중요한 선택을 묻는 내용이다. 순천시와 나주시 모두에서 제1순위는 경제활성화 및 고용증대가 각각 11명(44.0%), 9명(32.1%)이다. 이는 2003년부터 국내 경제의 불황 및 청년 실업자 증대와 관련이 있는 듯싶다. 다음으로 대통령과 국회의 도덕성이다. 과거 대통령과 직간접적 금품 비리가 만연하였고, 또한 국회의원들의 부정과 비리도 우리 사회의 큰 이슈였다.

2순위를 보면 순천시에서는 정치사회 안정 및 신뢰도, 주민참여 및 자율성 문항에 각 7명(28.0%)이 동의하였고, 나주시에서는 경제활성화 및 고용증대가 7명(25.0%)으로 나타났다. 결국 두 도시의 단체장들은 노무현 정권 이후, 계속된 경제불황과 청년 실업자 문제를 반영하여 1순위로 기입하였다.

다음은 지역사회의 유력인사로 활동하기 위해 필요한 중요요소를 알아보는 질문이다. "우리나라에서 지역사회의 유력인사로 활동하기 위해서는 어떤 요인이 가장 중요하다고 생각하십니까? 가장 중요하다고 판단되는 요인 4개를 선정하여 중요한 순서대로 기입해 주십시오."

〈표 3-26〉 시민사회단체의 지역활동 기준

시 별		1순위		2순위		3순위		4순위		무 효		M	SD
		빈도	%	빈도	%	빈도	%	빈도	%	빈도	%		
출신지역	순천시	3	12.0	0	0.0	3	12.0	5	20.0	14	56.0	4.08	1.352
	나주시	7	25.0	2	7.1	3	10.7	5	17.9	11	39.3	3.39	1.663
출신고교	순천시	2	8.0	0	0.0	4	16.0	4	16.0	15	60.0	4.20	1.225
	나주시	0	0.0	2	7.1	4	14.3	0	0.0	22	78.6	4.50	1.000
출신대학	순천시	0	0.0	3	12.0	0	0.0	6	24.0	16	64.0	4.40	1.000
	나주시	1	3.6	6	21.4	4	14.3	3	10.7	14	50.0	3.82	1.362
혈연·가문	순천시	1	4.0	1	4.0	2	8.0	0	0.0	21	84.0	4.56	1.083
	나주시	1	3.6	2	7.1	2	7.1	6	21.4	17	60.7	4.29	1.117
개인의 자질	순천시	11	44.0	10	40.0	1	4.0	2	8.0	1	4.0	1.88	1.092
	나주시	14	50.0	3	10.7	2	7.1	4	14.3	5	17.9	2.39	1.641
도덕성	순천시	7	28.0	9	36.0	5	20.0	1	4.0	3	12.0	2.36	1.287
	나주시	4	14.3	11	39.3	2	7.1	4	14.3	7	25.0	2.96	1.478
소속단체	순천시	2	8.0	2	8.0	9	36.0	5	20.0	7	28.0	3.52	1.229
	나주시	0	0.0	2	7.1	9	32.1	3	10.7	14	50.0	4.04	1.071

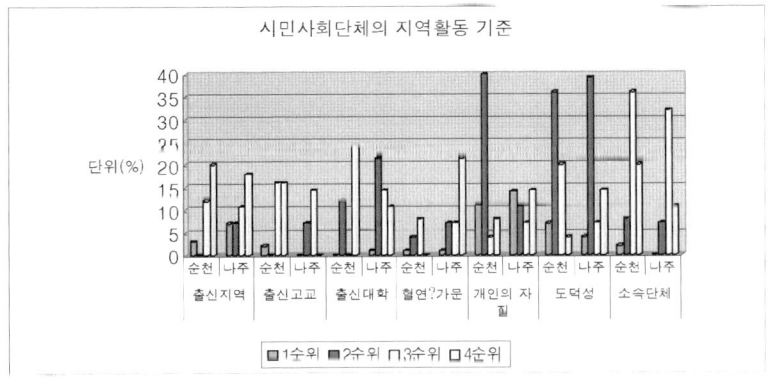

〈그림 3-19〉 시민사회단체의 지역활동 기준

지역사회 유력인사로서 활동하기 위한 여러 인적 관계형성을 묻는 내용이다. 순천시와 나주시의 단체장은 제1순위로 개인의 자질을 각각 11명(44.0%)과 14명(50.0%)이 선택했으며, 2순위에서 순천시는 개인적 자질 10명(40.0%), 나주시는 도덕성이 11명(39.3%)으로 나타났다. 3순위를 묻는 내용에서는 순천시와 나주시에서 소속단체가 가장 높은 빈도를 보이는데 각각 9명(36.0%), (32.1%)으로 나타나고 있었다. 마지막으로 4순위는 순천시가 출신대학(24.0%), 나주시는 출신지역 5명(17.9%)이었다. 따라서 지역에서 유력인사로 활동하기 위한 가장 중요한 요인은 개인의 자질임을 알 수 있었다. 나머지 요인들은 충분조건에 해당한다.

〈표 3-27〉 정실주의

	대인관계		혈연·지연·학연		개인적 자질		인사 청탁	
	빈 도	%	빈 도	%	빈 도	%	빈 도	%
순천시	11	44.0	0	0.0	14	56.0	0	0.0
나주시	5	17.9	0	0.0	23	82.1	0	0.0

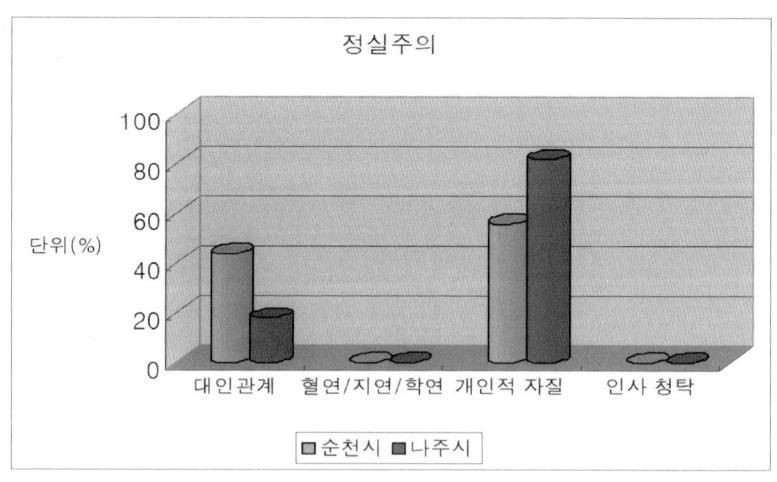

〈그림 3-20〉 정실주의

시민사회단체장이 회사의 CEO라고 생각할 때, 부하 직원을 승진시키게 될 경우 가장 중요시 여기는 요인에 관한 질문이다. 인사에 관한 내용을 묻는 내용으로 승진문제와 관련하여 가장 우선시되는 것은 개인적 자질이었다. 다음으로는 상대방과의 인간관계를 형성하는 대인관계이다. 따라서 순천시와 나주시의 시민사회단체장은 인사와 관련하여 개인적 자질과 대인관계의 정도를 가장 우선시한다고 분석된다.

〈표 3-28〉 투표행위 결정요인

	지역연고		정치적 신념		지지정당		인 물		여 론		공약·정책	
	빈도	%	빈도	%	빈도	%	빈도	%	빈도	%	빈도	%
순천시	0	0.0	14	56.0	1	4.0	5	20.0	0	0.0	5	20.0
나주시	0	0.0	10	35.7	3	10.7	10	35.7	0	0.0	5	17.9

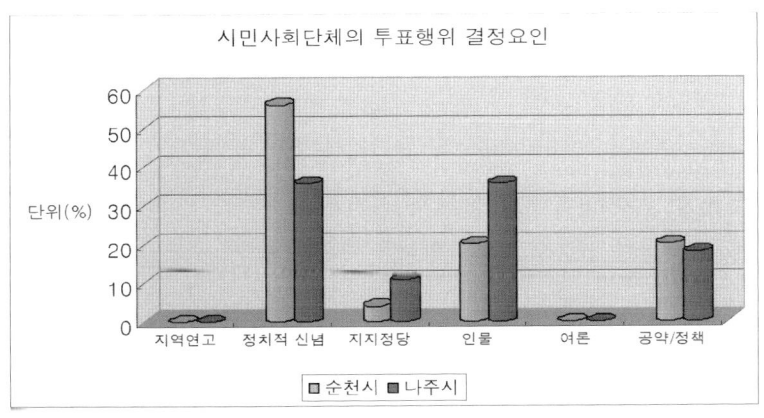

〈그림 3-21〉 투표행위 결정요인

시민사회단체장들에게 대통령 선거 시 어떤 요인을 고려하여 투표하는가를 묻는 내용으로 순천시와 나주시 모두 정치적 신념에 따라 투표한다고 응답한 빈도가 가장 높았다. 순천시가 14명(55.0%)이고 나주시가 10명(35.7%)으로 나타났으며, 다음으로 후보자의 인물 혹은 공약과 정책을 평가하여 투표하는 것으로 밝혀졌다. 따라서 대통령 선거과정에서 후보자에 대한 선택 결정요인은 정치적 신념, 후보자의 인물, 공약과 정책을 보고 투표하는 것으로 나타났다.

제5절 시민사회단체장의 지역편견

1. 각 지역에 대한 편견 의식

한국정치에 있어 고질적 문제 중 하나인 지역감정에 대한 편견을 묻는 내용이다. 지역감정은 지역개발에 따른 불균형에서 발생하였다. 장기간에 걸친 영남정권의 패권적 지배는 한국사회의 정치, 경제, 권력의 불균형을 초래하였고 왜곡된 편견을 통하여 합리적 사고를 저해하는 요인으로 작용하였다. 특히 이는 정당구조를 지역 정당으로 전락시키고 정치발전을 저해하고 있다. 이러한 지역감정의 원인을 규명하고 지역적 특성을 비교해 보려는 의도에서 지역사회를 6개 지역으로 구분하고 특정의 인식에 대한 경험 여부를 묻는 내용이다.[19] 순천시와 나주시 시민사회단체장의 지역적 평가를 통해 각 지역에 관한 편견을 분석하였다.

평가내용은 6개 항목으로 구성되어 있다. 1.타산적이다. 2.우둔하다. 3. 막무가내이다. 4.우유부단하다. 5.신뢰성이 없다. 6.이기적이다.

---

19) 지역편견에 대한 이론적 논의는 제2장 6절을 참조하기 바람.

〈표 3-29〉 단체장 강원평가

		평가내용	지 역		전 체
			순 천	나 주	
강원보기1평가	1	Count	1	6	7
		% within 강원보기1평가	14.3%	85.7%	100.0%
		% within 지역	5.6%	42.9%	21.9%
		% of 전체	3.1%	18.8%	21.9%
	2	Count	9	5	14
		% within 강원보기1평가	64.3%	35.7%	100.0%
		% within 지역	50.0%	35.7%	43.8%
		% of 전체	28.1%	15.6%	43.8%
	3	Count	3		3
		% within 강원보기1평가	100.0%		100.0%
		% within 지역	16.7%		9.4%
		% of 전체	9.4%		9.4%
	4	Count	3	3	6
		% within 강원보기1평가	50.0%	50.0%	100.0%
		% within 지역	16.7%	21.4%	18.8%
		% of 전체	9.4%	9.4%	18.8%
	5	Count	1		1
		% within 강원보기1평가	100.0%		100.0%
		% within 지역	5.6%		3.1%
		% of 전체	3.1%		3.1%
	6	Count	1		1
		% within 강원보기1평가	100.0%		100.0%
		% within 지역	5.6%		3.1%
		% of 전체	3.1%		3.1%
전 체		Count	18	14	32
		% within 강원보기1평가	56.3%	43.8%	100.0%
		% within 지역	100.0%	100.0%	100.0%
		% of 전체	56.3%	43.8%	100.0%
Chi Square			.096		

순천과 나주지역단체장들의 강원도민에 대한 지역적인 편견을 묻는 내용으로 "우둔하다"가 14명(43.8%)으로 최다였다. 도시별로 보면 순천시에서 우둔하다에 9명, 나주시에서는 타산적이다에 6명이 동의하였다. 따라서 순천시와 나주시의 시민사회단체장들은 강원도 사람들에 대해 우둔하다는 인식을 갖고 있는 것으로 나타났다. 강원도 하면 '감자바위'가 연상된다. 강원도 유권자들 가운데 다수는 선거에서 항상 집권당 지지 성향을 보여주었다. 그러나 결과에 대한 보상으로서 강원도가 특별한 지역적 수혜를 받지 않았다. 이들은 보상이 없어도 불평과 불만을 표출시키지 않았다. 약간만 이해 타산적인 사람이라면 최소 투자로 최대 이익을 얻으려는 경제논리는 고사하더라도 투자한 것에 비례하는 이득을 요구할 것이다.

강원인들은 선거에서 집권당 지지의 대가로 이익을 요구하지도 않았으며, 정부가 배려해 주면 받고, 안 주어도 불만을 토로하지 않았다. 즉 자기 이익이나 권리에 둔감함으로서 선거에서 '집권당 우선주의' 경향을 갖고 있었다. 이런 측면에서 단체장 다수는 강원도 주민을 '우둔하다'고 인식하고 있었다. 강원인 평가에 대한 결과는 시민들의 정치관심도와 일정한 연관성이 있다. 광주광역시 주민들을 대상으로 심리적 정치관심도를 조사한 결과, 타지역에 비해 정치관심도가 높은 것으로 산출되었다(박대식·강경태 2005, 276). 광주와 전남을 동일 정치권으로 본다면 전남인들의 평가는 강원인들이 각종 선거에서 여당 지지와는 달리 지역적 낙후 등을 고려한 평가로 해석할 수 있다.

그러나 단체장들의 강원인에 대한 '우둔하다'는 평가는 부정확할 수도 있다. 강원인들은 우둔하기보다는 품성이 착하고, 순박하다는 것이 정확한 평가일 수도 있다. 강원인 다수가 비타산적이고 순수하다 보니 득실에 둔감하였다. 이런 장점이 지역민들에게 오히려 부정적 인식으로 작용한 결과, 강원인을 '우둔한' 존재로 평가하게 만들었다.

<표 3-30> 단체장 경기평가

		평가내용	지 역		전 체
			순 천	나 주	
경기보기1평가	1	Count	9	7	16
		% within 경기보기1평가	56.3%	43.8%	100.0%
		% within 지역	47.4%	43.8%	45.7%
		% of 전체	25.7%	20.0%	45.7%
	3	Count	1		1
		% within 경기보기1평가	100.0%		100.0%
		% within 지역	5.3%		2.9%
		% of 전체	2.9%		2.9%
	4	Count	2	1	3
		% within 경기보기1평가	66.7%	33.3%	100.0%
		% within 지역	10.5%	6.3%	8.6%
		% of 전체	5.7%	2.9%	8.6%
	5	Count	4	3	7
		% within 경기보기1평가	57.1%	42.9%	100.0%
		% within 지역	21.1%	18.8%	20.0%
		% of 전체	11.4%	8.6%	20.0%
	6	Count	3	5	8
		% within 경기보기1평가	37.5%	62.5%	100.0%
		% within 지역	15.8%	31.3%	22.9%
		% of 전체	8.6%	14.3%	22.9%
전 체		Count	19	16	35
		% within 경기보기1평가	54.3%	45.7%	100.0%
		% within 지역	100.0%	100.0%	100.0%
		% of 전체	54.3%	45.7%	100.0%
Chi Square		.739			

경기도민에 대한 순천과 나주지역단체장들의 지역적 편견은 "타사적이다"
가 16명(45.7%)으로 최다였다. 소수 의견으로 약한 신뢰성과 이기적이라

는 평가도 있었다. 결국 두 지역 시민사회단체장들은 경기도민에 대해 압도적으로 타산적이라는 부정적 평가를 내리고 있었다. 경기인에 대한 단체장들의 '타산적' 평가는 서울과 이웃해 있는 수도권 지역이라는 지리적 여건과 함께 전국에서 몰려와 집성된 도시형성 구조, 인구집중 과밀에 기인한 사회문화적 배경을 근원에 두고 있는 것으로 이해할 수 있다. 단체장들은 경기인을 실리를 챙기는 존재로 인식함으로서 '우둔하다'는 평가는 소수에 불과하였다.

단체장들의 경기인에 대한 '타산적이다'는 평가는 부정확할 수도 있다. 다시 말해 일부 소수의 행위를 경기도인 전체로 생각하여 표현함으로써 다소 과장되어 있다. 경기인들이 실리에 집착하는 존재라면 경기인 모두는 여타 지역민보다 훨씬 더 풍요롭고 부유한 생활을 하여야 한다. 왜냐하면 이재에 밝기 때문이다. 그러나 현실에서는 그렇지 않았다. 일부 주민을 제외하고는 타 시·도 지역에서 생활하는 주민들과 비교하여 별 차이가 없었다. 인간의 본능 중 하나는 '소유욕'이다. 경기인의 '타산성'을 소유욕과 연관시켜 언급하면 경기인은 실리관계에서 계산적이기 때문에 오히려 합리적 존재일수도 있다.

〈표 3-31〉 단체장 경상평가

		평가내용	지 역		전 체
			순 천	나 주	
경상보기1평가	1	Count	4	1	5
		% within 경상보기1평가	80.0%	20.0%	100.0%
		% within 지역	22.2%	5.3%	13.5%
		% of 전체	10.8%	2.7%	13.5%
	2	Count		1	1
		% within 경상보기1평가		100.0%	100.0%
		% within 지역		5.3%	2.7%
		% of 전체		2.7%	2.7%

		평가내용	지 역		전 체
			순 천	나 주	
	3	Count	8	9	17
		% within 경상보기1평가	47.1%	52.9%	100.0%
		% within 지역	44.4%	47.4%	45.9%
		% of 전체	21.6%	24.3%	45.9%
	5	Count	1	2	3
		% within 경상보기1평가	33.3%	66.7%	100.0%
		% within 지역	5.6%	10.5%	8.1%
		% of 전체	2.7%	5.4%	8.1%
	6	Count	5	6	11
		% within 경상보기1평가	45.5%	54.5%	100.0%
		% within 지역	27.8%	31.6%	29.7%
		% of 전체	13.5%	16.2%	29.7%
전 체		Count	18	19	37
		% within 경상보기1평가	48.6%	51.4%	100.0%
		% within 지역	100.0%	100.0%	100.0%
		% of 전체	48.6%	51.4%	100.0%
Chi Square		.516			

단체장들의 경상도민에 대한 편견은 "막무가내이다"가 17명(45.9%)으로
최다이며, 그다음으로는 "이기적이다"에 11명(29.7%)이 응답하였다. 영·
호남 간의 지역적 감정의 골이 심화된 상황에서 호남민들의 영남인에 대한
막무가내 생각은 앞뒤 가리지 않는 영남인들의 저돌적 성향을 보고 평가한
것 같다. 결국 순천시와 나주시의 시민사회단체장들은 경상인들에 막무가내
라는 압도적인 부정적 평가를 하고 있다. 우리나라에서 지역주의의 대표적
사례는 영·호남지역의 갈등이다. 영남의 패권적 지역주의와 호남의 저항적
지역주의의 충돌은 지역갈등을 확산시켰으며, 이는 세대 간 전이를 통해 지
속되고 있는 것으로 추정할 수 있다.

왜 단체장들은 영남인을 '막무가내'라는 존재로 인식하고 있는가. 이재열 (2004, 205)의 연구에 의하면 영남인의 부정적 이미지로 '거칠다,' '과격하다,' '단순 무식하다' 등이 제시되었다. 이러한 영남인의 부정적 이미지는 본 글의 '막무가내'와 유사한 의미를 지니고 있다. 영남인의 성격적 기질은 자기주장과 의사 결정성이 뚜렷하며, 목표 달성을 위한 강한 추진력을 갖고 있음으로써 매우 비타협적이다. 즉 상대방의 말을 잘 듣지 않고, 무조건적 자기 의사를 관철시키려는 무대포적 경향이 많다. 응답자 2명 중 약 1명 정도가 영남인 하면 '막무가내' 존재로 인식하고 있었다.

전남 출신인 김대중에 대한 박정희의 탄압 그리고 5·18 광주민중항쟁에 대한 경상도 출신이 중심이 된 신군부의 무자비한 진압 등이 전남인들에게 경상인 하면 '막무가내'라는 각인을 심어 주었다. 또한 박정희부터 김영삼 정권까지 경상도 출신 대통령의 통치 형태는 매우 권위적·명령적이었다. 바로 이런 점들이 단체장들로 하여금 경상인을 '막무가내'라는 이미지로 각 인시켜준 하나의 요인으로 작용하였다.

〈표 3-32〉 단체장 서울평가

평가내용			지 역		전 체
			순 천	나 주	
서울보기1평가	1	Count	5	6	11
		% within 서울보기1평가	45.5%	54.5%	100.0%
		% within 지역	25.0%	33.3%	28.9%
		% of 전체	13.2%	15.8%	28.9%
	4	Count	3	2	5
		% within 서울보기1평가	60.0%	40.0%	100.0%
		% within 지역	15.0%	11.1%	13.2%
		% of 전체	7.9%	5.3%	13.2%
	5	Count	1	3	4
		% within 서울보기1평가	25.0%	75.0%	100.0%

		평가내용	지 역		전 체
			순 천	나 주	
		% within 지역	5.0%	16.7%	10.5%
		% of 전체	2.6%	7.9%	10.5%
	6	Count	11	7	18
		% within 서울보기1평가	61.1%	38.9%	100.0%
		% within 지역	55.0%	38.9%	47.4%
		% of 전체	28.9%	18.4%	47.4%
전 체		Count	20	18	38
		% within 서울보기1평가	52.6%	47.4%	100.0%
		% within 지역	100.0%	100.0%	100.0%
		% of 전체	52.6%	47.4%	100.0%
Chi Square		.556			

순천과 나주지역단체장들의 서울민에 대한 평가는 "이기적이다"가 18명 (47.4%)으로 최다이며, 그다음으로는 "타산적이다"에 11명(28.9%)이 동의하였다. 순천시와 나주시의 시민사회단체장들이 이러한 평가를 내린 이유는 개인적 손익을 잘 계산하는 성향 때문에 이기적이면서 타산적 성품을 가진 사람들로 인식하고 있기 때문이다. 서울주민에 대한 비슷한 유형으로 "서울 깍두기"라는 지칭이 있는데 이 역시 이기적 타산적 의미를 내포하고 있다.

서울에 거주하는 사람들을 폄하하는 대표적 단어로 '깍쟁이'가 사용되고 있다. 예전에는 서울주민에 한정하였다. 그러나 교통의 발달로 인해 서울과 경기도가 하나의 권역으로 묶이면서 동일 문화권이 형성되었다. 이러한 영향은 경기도인들로 하여금 서울인들과 거의 유사한 성향을 갖게 만들었다. 따라서 경기도 사람들도 '깍쟁이' 부류에 포함시키고 있다. '깍쟁이'는 자기 일만 챙기고 다른 일에는 관심을 두지 않는 이기적 성향 그리고 손익계산에 있어 이해타산적인 사람을 의미하는 내포적 용어이다. 손익관계에서 손실을 감수하기보다는 먼저 이득을 생각하는 성향이 강하기 때문에 지역민들은 서울민을 '이기적' 존재로 의식하고 있다.

<표 3-33> 단체장 전라평가

		평가내용	지 역		전 체
			순 천	나 주	
전라보기1평가	1	Count	4	1	5
		% within 전라보기1평가	80.0%	20.0%	100.0%
		% within 지역	22.2%	5.6%	13.9%
		% of 전체	11.1%	2.8%	13.9%
	2	Count	1	2	3
		% within 전라보기1평가	33.3%	66.7%	100.0%
		% within 지역	5.6%	11.1%	8.3%
		% of 전체	2.8%	5.6%	8.3%
	3	Count	6	8	14
		% within 전라보기1평가	42.9%	57.1%	100.0%
		% within 지역	33.3%	44.4%	38.9%
		% of 전체	16.7%	22.2%	38.9%
	5	Count	7	5	12
		% within 전라보기1평가	58.3%	41.7%	100.0%
		% within 지역	38.9%	27.8%	33.3%
		% of 전체	19.4%	13.9%	33.3%
	6	Count		2	2
		% within 전라보기1평가		100.0%	100.0%
		% within 지역		11.1%	5.6%
		% of 전체		5.6%	5.6%
전 체		Count	18	18	36
		% within 전라보기1평가	50.0%	50.0%	100.0%
		% within 지역	100.0%	100.0%	100.0%
		% of 전체	50.0%	50.0%	100.0%
Chi Square		.314			

단체장 자신들에 대한 지역편견을 묻는 평가이다. 단체장들은 전라주민에 대해 "막무가내이다"와 "신뢰성이 없다"가 각각 14명(38.9%), 12명(33.3%)

으로 최다로 나왔다. 단체장들의 자기 도민에 대한 스스로의 평가에서 호남인들을 막무가내형으로 평가한 것은 저돌적 성향을 보고 평가한 것 같으며, 신뢰성이 없다는 순간의 이익을 위해 의리를 저버리는 경향 때문에 이 같은 평가를 하고 있다.

박정희 정권의 편향적 경제개발은 많은 호남인들이 고향을 떠나 타 지역으로 이주한 요인으로 작용하였다. 사회적 지위, 교육의 정도, 경제적 부가 빈약한 상태에서 이주한 호남인들은 하루하루의 생활이 생존권 투쟁이었다. 열악한 환경은 호남인으로 하여금 이익을 위해서는 앞뒤를 가리지 않는, 즉 목적을 위해서는 수단과 방법을 가리지 않는 일부 호남인들이 나타났다. 또한 호남인들은 경제적 거래나 조직생활에서 살아남기 위해 신의를 저버리고, 배반을 하는 경향이 있었다.

문제는 사회생활을 하는 데 있어 호남인만 저돌적이고, 신뢰성이 없다는 인식에서 과연 타 시도민은 자유로울 수 있는가. 결코 그렇지 않다. 일부 호남인의 행위를 호남인 전체로 보는 과대 인식이 단체장을 포함해 타 지역민들에게도 내포되어 있다. 그 결과 호남인에 대해 막무가내 또는 신뢰성이 없다는 인식을 갖고 있었다.

〈표 3-34〉 단체장 충청평가

		평가내용	지 역		전 체
			순 천	나 주	
충청보기1평가	1	Count	1	1	2
		% within 충청보기1평가	50.0%	50.0%	100.0%
		% within 지역	5.3%	5.3%	5.3%
		% of 전체	2.6%	2.6%	5.3%
	2	Count	6	7	13
		% within 충청보기1평가	46.2%	53.8%	100.0%
		% within 지역	31.6%	36.8%	34.2%
		% of 전체	15.8%	18.4%	34.2%

	평가내용		지 역		전 체
			순 천	나 주	
4	Count		12	10	22
	% within 충청보기1평가		54.5%	45.5%	100.0%
	% within 지역		63.2%	52.6%	57.9%
	% of 전체		31.6%	26.3%	57.9%
6	Count			1	1
	% within 충청보기1평가			100.0%	100.0%
	% within 지역			5.3%	2.6%
	% of 전체			2.6%	2.6%
전 체	Count		19	19	38
	% within 충청보기1평가		50.0%	50.0%	100.0%
	% within 지역		100.0%	100.0%	100.0%
	% of 전체		50.0%	50.0%	100.0%
Chi Square	.739				

　　단체장들의 충청인에 대한 지역적 평가는 "우유부단하다"가 22명(57.9%)으로 최다이며, 다음 의견으로는 13명이 우둔하다고 평가하였다. 이는 충청인들이 항상 손해 보는 혹은 이용만 당하는 경향이 많기 때문에 이 같은 평가를 내린 것 같다. 사람의 성격에 대해 '우유부단하다'는 의미는 자기 결정성 또는 자기주장이 부족할 때 흔히 사용되고 있다. 충청인의 우유부단은 기회가 주어져도 제대로 활용하지 못하는 충청인의 소극성과 관련되어 있는 것으로 추정할 수 있다. 자기의 강한 주장이나 소신보다는 주위의 눈치를 보는 경향이 많음으로써 개개인의 속내를 드러내지 않는 성격 때문인 것 같다. 충청인은 명확하게 자기 의사를 표명하기보다는 특유의 완곡 표현법을 즐겨 사용한다. 흔히 "물에 물 탄 듯, 술에 술 탄 듯"이 자기주장과 소신이 약한 사람을 일컬어 우유부단한 사람이라고 비난하고 있다.

　　충청인에 대한 '우유부단하다'는 평가를 정치와 연관시켜 해석하면 '정치의 중심이 없다'는 의미로 추정할 수 있다. 충청인의 우유부단적 특성은 선거에서 잘 나타났다. 각종 선거에서 여론조사를 실시하면 충청도 주민들은 개개인의 속내를 밝히기를 꺼리는 속성을 지니고 있다. 또한 충청인 중 다수가 선거 전날까지도 뚜렷이 지지하는 후보를 결정하지 않는 경향이 많은 것으로 알려졌다. 즉 보수적 이념과 소극적 태도를 지니고 있었다(이재열 외 2004, 212-218).

한편 설문 결과에서 충청인에 대한 2순위 빈도는 '우둔하다'로 34.2%였다. 충청인 하면 연상되는 단어는 '멍청도'와 '더듬수'이다. 대체로 우둔한 경우, 동작이 느린 경향이 많다. 이재열(2004, 205-209)은 주민의 정체성 연구에서 충청인의 부정적 이미지로 '둔하다'고 평가하였다. '둔하다'의 의미는 '머리가 미련하다'와 '동작이 느리다'라는 뜻을 내포하고 있다. 충청인에 대한 소수 의견으로는 신뢰성 부족, 이기적, 밑무가내 등이 제시되었다.

충청인에 대한 단체장의 '우유부단하다'는 평가는 정확한가. 충청인에 대한 개인적 인식의 편차는 있겠지만, 충청인이 결코 우유부단한 존재는 아니라고 생각한다. 충청인의 경우, 말이 느리기 때문에 의사표현이 빠르지 않는 것으로 판단할 수 있다. 또 흔히 충청도 사람을 '양반'이라고 칭한다. 흔히 점잖은 사람을 양반이라고 일컫는 말이다. 점잖은 사람은 상대방과 의견이 다르더라도 면박을 주지 않으며, 자기 속내를 잘 드러내지 않는다. 이런 점들을 고려한다면 충청인 결코 '우유부단'한 존재가 아닐 수도 있다.

2. 자녀의 배우자 만족도

다음은 자녀들의 배우자에 대한 지역 출신 호감도를 분석한 내용이다. 응답자를 대상으로 "다른 조건은 동일한 경우, 다음 지역의 출신지가 귀하 자녀의 배우자가 된다면 어떤 생각이 느시겠습니까? 만족스리운 정도에 따라

서 매우 불만족스러울 것이다(1)에서 매우 만족스러울 것이다(5)까지의
정도를 표시해 주십시오."

〈표 3-35〉 단체장 자녀 배우자의 지역 출신 만족도

시 별		매우 불만족		불만족		중 간		만 족		매우 만족		M	SD
		빈도	%	빈도	%	빈도	%	빈도	%	빈도	%		
강원도	순천시	1	4.0	1	4.0	17	68.0	5	20.0	1	4.0	3.16	0.746
	나주시	0	0.0	2	7.1	20	71.4	2	7.1	4	14.3	3.29	0.810
경기도	순천시	2	8.0	1	4.0	13	52.0	6	24.0	3	12.0	3.28	1.021
	나주시	0	0.0	2	7.1	20	71.4	3	10.7	3	10.7	3.25	0.752
경상도	순천시	3	12.0	3	12.0	15	60.0	4	16.0	0	0.0	2.80	0.866
	나주시	3	10.7	4	14.3	17	60.7	1	3.6	3	10.7	2.89	1.031
서울시	순천시	1	4.0	4	16.0	12	48.0	5	20.0	3	12.0	3.20	1.000
	나주시	0	0.0	1	3.6	22	78.6	3	10.7	2	7.1	3.21	0.630
전라도	순천시	1	4.0	0	0.0	11	44.0	8	32.0	5	20.0	3.64	0.952
	나주시	0	0.0	2	7.1	15	53.6	5	17.9	6	21.4	3.54	0.922
충청도	순천시	2	8.0	0	0.0	11	44.0	10	40.0	2	8.0	3.40	0.957
	나주시	0	0.0	1	3.6	19	67.9	4	14.3	4	14.3	3.39	0.786

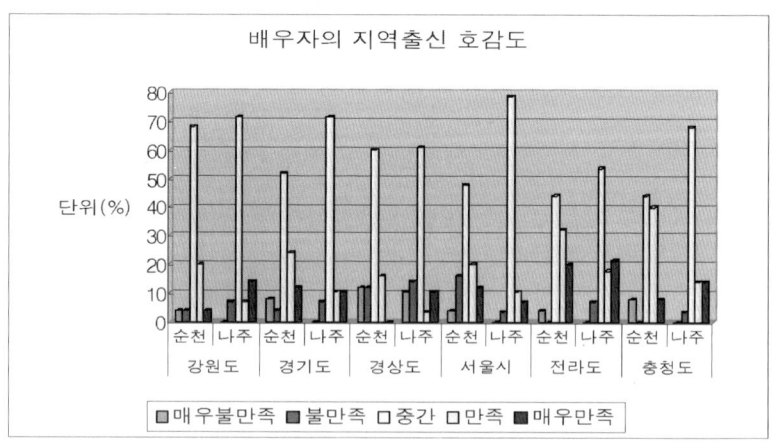

〈그림 3-22〉 배우자의 지역 출신 호감도

단체장이 부모이며, 그들 자녀의 배우자로 타 지역 출신에 대한 호감도를 조사하였다. 순천시와 나주시 단체장 모두가 대체로 "중간" 정도라고 응답한 빈도비율이 가장 높게 나타났다. 두 지역의 단체장들은 각 지역 출신의 자녀 배우자에 대한 편견은 미미한 편이었다. 특히 특정 지역에 대한 만족의 정도 및 불만족의 정도가 크게 차이가 나지 않음으로써, 가족의 구성원으로서 배우자를 고려하는 가치에 있어서는 지역적 편차가 적은 것으로 나타났다. 다만 특이 사항으로는 경상 출신에 대한 불만족 빈도가 가장 높았으며, 전라도 출신에 대한 만족 빈도가 가장 높게 나타나고 있었다.

제6절 결 론

1. 요 약

순천과 나주지역 시민사회단체의 현황과 특성, 구성과 운용방침 및 활동, 지역편견 의식 등을 살펴보았다. 순천시와 나주시의 연고난제, 식능난제, 종교단체, 시민사회단체로 대별하여 순천시의 28개, 나주시는 25개를 소사하였다. 시민사회단체의 성별에서 순천은 남자는 22명, 여자 3명이었으며, 나주는 남자 26명, 여자 2명으로 두 지역에서 여성들의 이익단체 참여가 극히 저조함을 알 수 있었다.

최종학력 부분에서 순천시 단체장 학력이 나주보다 고학력으로 나타났으며, 가계소득의 측면 또한 나주시보다는 순천시가 경제적으로 규모가 큰 도시이고 그들의 경제적 생활수준이 높게 나타났다. 순천시와 나주시에서 시민사회단체들의 설립목적은 구성원의 이익도모에 가장 높은 빈도를 나타냈으며, 차순위로는 구성원 간 친목도모였다.

시민사회단체의 활동방향을 보면 단체들은 시민의식에 초점을 두고 적극적으로 활동하고 있었으며, 중앙정부나 지방정부에 대한 정책변경이나 정책건의는 미비한 수준으로 나타났다. 순천시와 나주시는 여론 환기 문항에서 약간의 빈도 차이가 있었다. 참여비율을 보면 50% 이하, 불특정 다수에의 참여율이 높게 나왔다.

두 지역 시민사회단체는 중앙에서 지역으로 기능에 따라 분리된 단체로 활동하는 단체의 빈도가 높은 편이었다. 반면에 새로 구성된 단체나 신생단체의 응답 빈도는 낮게 나타남으로서 독자적으로 활동하고 있는 시민사회단체는 극소수에 불과하다. 순천과 나주 시민사회단체는 회원가입 시 법적 가입보다는 회원들의 자발적인 자유의사에 의해서 회원을 받아들이고 있으며, 나주시 시민사회단체의 예산규모는 순천보다 작은 것으로 드러났다.

순천시와 나주시는 모든 영역에서 0회의 참여가 가장 높은 빈도비율을 보이고 있고, 10회 이상 참여하고 있다고 응답한 비율이 가장 낮게 나왔다. 부분별로 보면 파업이나 집단농성, 그리고 집회개최와 집단시위는 비교적 적은 회수의 참여율을 보이고 있었으며, 회의참석, 간담회, 공청회 등에 비교적 많이 참여하고 있다. 순천과 나주 시민사회단체의 타 단체와의 연대경험은 50%로 순천 시민사회단체의 연대경험이 조금 높게 나타나고 있다.

지방정치에서 하부 정치문화의 특성을 분석하기 위해 라스웰(Lasswell)의 8가지 가치관을 활용하였다. 권력가치는 낮은 참여율을 보였으며, 계몽가치는 비교적 높은 편이었다. 부에 관한 가치는 매우 높은 편이며 사회안정에 관한 가치는 그저 그렇다는 응답 비율이 높게 나왔다. 한편 사회적 전문성에 관한 가치는 대체로 긍정하는 편이나 이웃을 돕는 애정에 관한 가치는 부정적 경향이 많았으며, 사회적 존경에 관한 가치에서는 대체로 긍정하는 반면, 정직에 관한 가치에 대해서는 약간 부정적 응답이 많았다. 지역차별과 관련하여 김영삼 정권 이전까지만 해도 적지 않은 차별을 받았다고 기술하였지만, 김대중 정권 이후에는 차별과 특혜가 없는 보통이라는 인식을 갖고 있었다.

지역사회에서 정보의 입수 경로는 TV나 라디오에 가장 많이 의존하고 있었으며, 차순위로는 신문이었다. 인터넷 이용과 시정홍보지를 통한 정보 입수는 아주 저조하게 나타났다. 지역사회에 대한 정실주의를 보면 단체를 위한 희생의 정도는 어느 정도 긍정하고 있었으며, 시민사회단체장이 의사결정에 있어서 타인의 의사나 다른 사람의 속내를 살피는 경향이 높았다. 청탁에 관해서는 부정적 입장 표명이 많았다.

국가발전을 위해 가장 우선시해야 할 가치관을 보면 1위는 두 도시 모두 경세활성화였지만, 2위는 약간의 차이를 보이고 있다. 순천의 경우, 고용증대, 나주는 주민참여로 나타났다. 지역사회에서 활동하기 위한 가장 기본적 요인은 개인적 자질이었으며, 다음으로 도덕성, 소속단체에 비중을 두고 있었다. 특히 부하 직원의 승진문제에 관련하여 개인적 자질을 우선시했으며, 대인관계가 두 번째 중요요인으로 지적되었다. 대통령 선거에서 단체장들의 후보 선택 기준은 정치적 신념에 가장 많은 사람이 응답하고 있었으며, 다음으로 개인적 인물을 선택하였다. 그러나 과거 대통령 선거 시 전남의 선거행태는 정치적 신념, 개인적 자질보다는 특정 정당 후보에게 몰표를 주었다. 이러한 사실을 고려한다면, 이번 연구 조사와 실재 선거 행태와의 사이에 불일치가 존재하고 있었다.

지역편견에 관한 내용으로 순전과 나수 시민사회단제상늘은 상원노빈은 우둔, 경기도민은 타산적, 경상도민과 전라도민을 막부가내, 서울민은 이기적, 충청도민은 우유부단하다고 인식하고 있었다. 가족구성원으로 자녀 배우자의 선택을 묻는 내용에서 전체 지역별로 만족도 부정도 하지 않는다는 응답이 가장 많았다. 이러한 연구 결과는 실제 상항과 자신이 이향을 묻는 내용에서 속내를 드러내지 않으려는 속성이 반영한 결과라고 생각된다.

2. 발전방향

지방에서 활동하고 있는 시민사회단체의 여러 특성과 행태를 살펴보았다. 지역적 차원에서 시민운동의 필요성, 지방정부와의 관계 정립의 차원에서 시민사회단체의 발전방향을 위한 제언은 다음과 같다. 첫째, 주민이 참여하는 시민운동이 필요하다. 지역사회에서의 시민사회단체의 활동은 시민 없는 활동, 시민참여가 없는 그들만의 활동이라는 비난이 적지 않았다. 따라서 시민들의 지속적인 관심을 잡아두고, 시민참여의 방안을 개발하여 시민들의 일상적인 생활 속에서 시민운동이 이루어질 수 있는 환경을 조성하여야 한다.

둘째, 지역사회에서 시민사회단체의 운동이라고 규정할 수 있는 영역, 범주, 위상을 체계화하여 세계화, 정보화, 지방화 시대에 적절한 시민운동을 모색하여야 한다. 한국의 시민운동은 자생적 시민운동이라기보다는 서구 선진국가의 지원하에 성장한 시민사회단체들이 대부분이다. 이들은 국제적 연대와 국내에서의 조직적 활동에는 적극적인 반면에 지역적 특색에 맞는 시민운동은 소홀히 다루어 왔다.

특히 특정한 쟁점을 중심으로 시민운동을 이끌다 보니 언론이 관심을 갖는 분야, 대중들에게 초미의 관심사를 제공하는 분야에서는 시민운동이 활성화되었지만, 시민들의 피부에 와 닿는 환경, 보건, 복지 분야에 대해서는 등한시하는 경향을 보여주었다. 지방화 시대에 알맞은 시민운동의 대안을 찾지 못하고, 여전히 중앙 상부기관과 연계한 시민운동이 지역단위에서 획일적으로 진행되고 있기 때문에 시민운동의 자생력이 부족하다는 비난을 받고 있다. 따라서 지역의 시민이 원하는 분야, 그리고 지역의 발전을 도모할 수 있는 분야를 개척하여 지역적 특색을 반영하는 시민운동이 전개되어야 한다.

셋째, 중앙정부의 지방분권화 정책에 맞추어 지역의 시민사회단체는 단체의 역할과 위상을 새로 정립하여야 한다. 예컨대, 중앙정부의 지방분권화는 지방정부의 권한을 증대시키고 있다. 이러한 상황에서 지방정부가 결정·집행하는 제 정책에 대해 시민사회단체가 적극적 감시와 견제, 그리고 참여를 함으로써 지역과 단체의 발전을 가져올 수 있다. 또한 시민사회단체의 활동이 지방정부에 종속되지 않고, 자율성을 가질 수 있도록 노력하여야 한다. 시민사회단체의 역할과 활동의 변화는 지역사회에서 시민사회단체와 지방정부 간 관계를 새로이 정립하는 계기를 제공할 것이다.

넷째, 지역적 특색을 반영할 수 있는 시민운동의 활동방향성을 제시하고, 나아가 지역사회에 적합한 시민사회단체 모델을 모색하여야 한다. 지역에서 적실성을 갖는 시민운동은 시민들의 관심을 집중시키고 참여를 유도하여 시민사회단체와 시민이 함께하는 시민운동을 가능케 할 것이다.

다섯째, 자율적 시민운동을 위한 제도적 방안을 제시하여야 한다. 지역에서 시민사회단체들의 활동은 체계적·조직적 활동이라기보다는 쟁점에 따라 자신의 이익을 실현하기 위한 수단으로 활용되는 경향이 많았다. 즉 특정한 이슈에 따라 결집되고 활동하는 인위적 활동에 주안점을 두었다. 그러나 이제는 지역단위의 시민사회단체의 조직과 구조를 개선하여, 지역적으로 단체의 전통과 특성에 맞는 자율적 시민운동의 돌파구를 모색해야 한다.

여섯째, 시민사회단체에 대한 국가 지원의 제도적 장치가 필요하다. 시민사회단체가 지속적으로 존립하고 활동하기 위해서는 회원 관리와 예산 문제가 단체 운영에 있어 가장 큰 걸림돌로 작용하고 있다. 특히 재정적 지원이 열악한 환경에서 시민운동의 전개는 시민사회단체를 재정적으로 압박하는 요인이다. 시민운동은 시민단체만의 몫이 아니라 사회 구성원 모두와 연관되어 있다. 따라서 시민운동을 전개하고 있는 시민사회단체에 대해서는 소요되는 비용의 일정 부분을 국가가 의무적으로 지원하는 제도적 장치가 마련되어야 한다.

참고문헌

김영래(1997). "한국 비정부단체(NGO)의 세계화 전략연구."「국제정치논총」.
　　37(1).

김영래·김혁래(1999). "한국사회에서 국회와 NGO의 역할."「한국 비정부조직
　　(NGO)의 현황과 과제 월례발표논문집」. 한국정치학회.

김순양(1994). "집단이익의 갈등과 정부개입에 관한 비교연구: 보건의료정책 분야
　　의 의약분업사례와 한약조제권 분쟁사례의 비교."「한국정치학회보」. 28(1).

김종순(1999). "한국 NGO의 실태와 발전방향."「한국행정연구」. 8(1).

김태룡(2002). "NGO들 간의 영향력차이와 그에 따른 효과성에 관한 연구: 지방
　　정부의 환경 정책결정 과정과 관련하여."「한국행정학보」. 36(2).

박대식·강경태 편(2005).「한국 지역사회 주민참여」. 오름.

박상필(2001). "NGO의 개념적 논의-NPO, NGO, CSO, VO 비교." 조희연
　　외,「NGO 가이드」. 한겨레신문사.

박상필(2001).「NGO와 현대사회」. 아르케.

박종민 편(2000).「한국의 지방정치와 도시권력구조」. 나남출판.

성경륭 외(1997).「시민운동의 활성화를 위한 민간단체 육성방안연구」. 정무장관(제1)실.

송희준(1999). "국가와 시민사회의 관계."「한국행정연구」.8(1).

신진 편(2006).「한국 지방중소도시의 시민사회단체」. 동양문화.

신희권(1999). "지방정치의 변화와 자발적 조직의 역할."「한국행정연구」. 8(1).

안청시 외(1995). "지역사회의 민주화와 지방엘리트 연구."「사회과학정책연구」. 17(2).

윤형섭·김영래(1989). "한국 이익집단의 정치참여에 관한 연구."「한국정치학회보」.
　　23(1).

이대희(2001). "이익집단." 하태권 외(편).「현대 한국정부론」. 법문사.

이정희(1990). "한국 주요 이익집단의 정치이념."「한국정치학회보」. 24(1).

이재열·강희경·설동훈(2004).「충청지역의 사회의식과 지역정체성」. 백산서당.

이광우(1990). "이익집단의 정치적 기능과 압력행사방법."「한국정치학회보」. 24(1).

유팔무(1995). "한국의 시민사회론과 시민사회분석을 위한 개념틀의 모색." 유팔
　　무·김호기 (편).「시민사회와 시민운동」. 한울.

이효선(1997). 「현대한국의 시민운동」. 아산재단연구총서, 36. 집문당.

임혁백(1998). 「시장 / 국가 / 민주주의 – 한국민주화와 정치경제이론」. 나남.

임혁백(1992). "민주화시대의 국가 – 시민사회 관계의 틀 모색: 국가, 시장, 민주주의." 한국사회학회 / 한국정치학회(편). 「한국의 국가와 시민사회」. 한울.

전영평(2001). "시민단체와 지방정부 간 관계." 「한국행정논집」.13(1).

최진혁(2001). "지방자치단체 행정서비스에 대한 주민(시민)평가모델의 발전적 고찰." 충남 대학교 사회과학연구소. 「사회과학연구」.12.

하태권 외(2001). 「현대 한국정부론」. 법문사.

한상진(1994). "지역사회의 권력구조와 지방정치: 성남시 사례를 중심으로." 한국산업사회연구회(편). 「산업사회의 재조명」. 한울.

홍일표(2001). "이제 다시 위태로운 모험의 기로에 선 한국 시민운동." 유팔무 · 김정훈(편). 「시민사회와 시민운동」. 한울.

Almond, Gabriel & Sidney Verba(1965). *The Civic Culture*. Boston: Little, Brown.

Bachrach, Peter, and Morton S. Baratz(1970). *Power and Poverty*. New York: Oxford University Press.

Bell, Daniel(1989). "American Exceptionalism Revisited: The Role of Civil Society," *The Public Interest*. 95. 38-56.

Berger, Peter L. & Richard John Neuhaus(1996). *To Empower-People: From State to Civil Society*. Washington. D.C.: The AEI Press.

Blair, Harry(1997). "Donors, Democratization, and Civil Society: Relating Theory to Practice," In David Hulme and Michael Edwards (1997). *NGOs, States and Donors: Too Close for Comport?*. New York: St. Martin's Press.

Boli, John and George M. Thomas(1997). "World Culture in the World Polity: A Century of International Non-Governmental Organization," *American Sociological Review*. 62(2).

Cohen, Hean L. and Andrew Arato(1992). Civil Society and Political Theory. Cambridge, Mass.: The MIT Press.

Colebatch, Hal and Peter Larmour(1993). Market, Bureaucracy and Community. London· Pluto Press.

Cook, Brian J.(1996). Bureaucracy and Self-Government: Reconsidering the Role of Public Administration in American Politics. Baltimore: The Johns Hopkins Univ Press.

Dahl, Robert A.(1961). Who Governs? New Haven: Yale University Press.

Elkin, Stephen L.(1987). City and Regime in the American Republic. Chicago: University of Chicago Press.

Freeman, Jo(1975). The Politics of Women's Liberation. New York: David Mckay.

Giddens, Anthony(1998). The Third Way: The Renewal of Social Democracy. 한상진 / 박찬욱(옮김). 제3의 길. 생각의 나무.

Giner, Salvador(1995). "Civil Society and its Future," In John A. Hall(ed.). Civil Society: Theory, History and Comparison. Cambridge, UK: Polity Press. Gordon, White, J. Howell and Shang Xiaoyuan(1996). In Search of Civil Society: Market Reform and Social Change in Contemporary China. Oxford, UK: Clarendon Press.

Hall, John A.(eds.)(1995). Civil Society: Theory, History, Comparison. Cambridge, UK: Polity Press.

Hall, John A.(1995). "In Search of Civil Society," In John A. Hall (eds.). Civil Society: Theory, History, Comparison. Cambridge, UK: Polity Press.

Hall, Peter D.(1992). Inventing the Nonprofit Sector: Essays on Philanthropy, Voluntarism, and Nonprofit Organizations. Baltimore: Johns Hopkins University Press.

Hansmann, Henry(1987). "Economic Theories of Nonprofit Organization," In Walter W. Powell(ed.). The Nonprofit Sector: A Research Handbook. New Haven: Yale University Press.

Held, David(1987). Models of Democracy. Cambridge, UK: Polity Press.

Hunter, Floyd(1953). Community Power Structure: A Study of

Decision Makers. Chapel Hill: University of North Carolina Press.

James, Estelle(1987). "Nonprofit Sector in Comparative Perspective," In Walter W. Powell(ed.). The Nonprofit Sector: A Research Handbook. New Haven: Yale University Press.

Keane, John(1988a). Democracy and Civil Society: On the Predicaments of European Socialism, the Prospects for Democracy, and the Problem of Controlling Social and Political Power. London: Verso.

Keane, John(1988b). Civil Society and the State: New European Perspectives. London: Verso.

Leach, Steve, John Stewart, & Kieron, Walsh(1994). The Changing Organization and Management of Local Government. London: Macmillan.

Lindblom, Charles E.(1977). Politics and Markets. New York: Basics Books.

Logan, John R., and Harvey L. Molotch(1987). Urban Fortunes: The Political Economy of Place. Berkely, CA: University of California Press.

McCarthy, John & Mayer N, Zald(1977). "Resource Mobilization and Social Movement: A Practical Theory," American Journal of Sociology. 82.

Miller, David(1989). Market, State, and Community: Theoretical Foundations of Market Socialism. Clarendon Press. Oxford.

Moe, Terry M.(1980). The Organization of Interests, Chicago: The Univ. of Chicago Press.

Mouzelis, Nicos(1995). "Modernity, Late Development and Civil Society," John A. Hall(ds.). Civil Society: Theory, History, Comparison. Cambridge, UK: Polity Press.

Neocleous, Mark(1996). Administering Civil Society: Toward a Theory of State Power. New York: MacMillan Press.

Nutt, Paul C. and Robert W. Backoff(1992). Strategic Management of Public and Third Sector Organizations. San Francisco: Jossey-Bass Publishers.

O'Connell, Brian(1996). A Major Transfer of Government Responsibility to Voluntary Organizations?, Proceed with Caution. Public Administration Review, 56(3).

O'Neil, Michael(1989). The Third America. San Francisco: Jossey-Bass.

Olson, Mancur(1977). The Logic of Collective Action. Cambridge, MA.: Harvard Univ. Press.

Osborne, David and Ted Gaebler(1993). Reinventing Government: How the Entrepreneurial Spirit is Transforming the Public Sector. New York: Plume.

Peterson, Paul(1981). City Limits. Chicago: University of Chicago Press.

Polsby, Nelson W.(1980). Community power and Political theory. New Haven: Yale University Press.

Seligman, Adam B.(1992). The Idea of Civil Society. New York: The Free Press.

Seligman, Adam B.(1995). "Animadversions Upon Civil Society and Civic Virtue in the Last Decade of the Twentieth Century," In John A. Hall(eds.). Civil Society: Theory, History, Comparison. Polity Press.

Shils, Edward(1991). "The Virtues of Civil Society," Government and Opposition, 26(2).

Stone, Clarence N.(1989). Regime Politics: Governing Atlanta 1946-1988. Lawrence, KS: University Press of Kansas.

Taylor, Charles(1990). "Modes of Civil Society," Public Culture. 3(1).

Wapner, Paul(1996). Environmental Activism and World Civic Politics. Albany: SUNY Press.

Wolf, Jr., Charles(1988). Markets or Governments: Choosing Between Imperfect Alternatives. RAND: The MIT Press.

제 4 장 　지방정치와 주민참여

제1절 서 론

1. 연구목적

1995년 지방단체장과 지방의회 의원을 선출하면서 본격적인 지방자치 시대가 열렸다. 1998년, 2002년, 2006년까지 4번의 지방선거가 행해졌다. 11년이라는 시간이 경과하였음에도 불구하고 지방자치의 수준은 기대에 못 미치고 있다. 그 원인은 제도적 측면을 비롯하여 여러 가지가 있지만 중요한 것의 하나로 지적되는 것이 바로 주민의 지방정치에의 참여부족이다. 이러한 문제의식에서 출발하여, 그동안 지역사회의 주민참여의 실태와 참여방식에 대한 연구가 다수 이루어졌으나, 대부분이 제도상의 문제점, 개선방안 및 구체적인 사안을 중심으로 한 사례연구에 치우치고 있었다. 또한 지방 중소도시를 대상으로 한 보다 구체적·종합적 연구의 필요성이 제기되고 있었지만 지금까지 그러한 연구는 진행되지 못하였다.

본 연구는 이 같은 필요성에 의해 전남지역의 인구 10만-50만 정도의 중소도시 가운데 전남을 대표하는 표본 중소도시 2곳을 선정하였다. 선정기준은 첫째, 표본도시는 전남지역의 정서와 문화를 잘 반영하는 곳으로서, 가능하면 2곳의 표본도시가 전남지역이라는 공통성과 함께 서로 차별성을 나타낸다면 많은 유의미한 분석결과를 얻을 수 있을 것으로 판단된다. 둘째, 1995년 1월 이후 도농통합도시로 생성된 곳이다.

위와 같은 기준을 가장 잘 충족시킨다고 생각되어 선정한 도시가 순천시와 나주시이다. 순천시는 전남 동부권에 위치한 인구 27만 명 정도의 중소도시로서 바다를 끼고 있는 그리고 보수와 진보적 성향이 혼재된 도시이다. 반면 나주시는 광주광역시에 바로 인접하고 있으며, 인구 10만 명 정도의 전형적인 농촌도시이다.

본 연구는 지방에서 생활하고 있는 주민들의 시민의식수준과 지방정치 과정에의 참여행태를 조사하기 위해 면접과 설문조사를 통한 자료수집과 분석을 실시하였다. 보다 구체적으로는 우선, 버바(Sidney Verba)와 나이(Norman H. Nie)의 개념정의에 따라, 지방정치에 대한 주민의 관심도, 효능감, 기여감, 그리고 지식도를 중심으로 주민참여 의식, 즉 시민의식의 수준을 측정하고, 각 참여유형별 참여행태에 대해 분석하였다. 이를 바탕으로 주민의 참여의식을 결정하는 요인(사회환경적 변인), 시민의식과 참여행태 간의 관계, 주민의 참여강도를 결정하는 요인, 시민의식과 참여유형과의 관계에 대하여 차례로 분석하고자 한다.

2. 연구방법

본 연구를 위해, 각 지역별로 확률표집 방식에 의해 표본 집단을 선정하였다. 각 도시의 기초적인 인구통계학적 수치와 지역별 인구분포를 감안하여, 순천지역에서 280표본, 나주지역에서 251표본을 추출하였다. 순천지역은 통합 이전 승주군 지역(해룡면, 서면, 별량면)에서 79표본, 기존의 순천시 지역(덕연동, 풍덕동, 왕조동, 남제동, 삼산동)에서 201표본을 얻었고, 나주지역은 기존의 나주시 지역(영산동, 남내동, 송월동)에서 98표본이다.

그리고 1995년 나주군에서 나주시로 통합된 읍·면 지역(노안면, 다시면, 남평읍, 금천면, 세지면)에서 152표본을 추출하였다. 이렇게 추출된 표본 집단에 대한 설문면접 방식을 통해 응답 자료를 얻었고, 이 자료들을 SPSS 통계 프로그램을 사용해 분석하였다. 설문 면접조사 시점은 순천시 2004년 5월 초순, 나주시는 2004년 7월 초순이다.

제2절 이론적 고찰20)

1. 주민참여의 중요성

1995년 지방선거를 통해 단체장과 지방의회를 주민 직선에 의해 선출함으로써 본격적인 지방정치 시대의 개막을 가져왔다. 그리고 1998년, 2002년, 2006년 지방선거를 경험하면서 이제 지방정치는 주민들의 삶과 긴밀한

20) 이론적 논의는 지충남·이상봉, 중·소도시 주민의 지방정치에의 참여의식과 참여행태에 대한 변량분석, 한국지방자치학회보, 제17권제2호(2005년) p.91~116 참소.

연결고리를 맺고 있다. 정치란 공적 가치나 공공재에 대한 의사결정의 과정을 의미한다. 중앙정치가 국가의 권위적인 결정과정에 초점을 맞춘다면, 지방정치는 지역이라는 한정된 영역의 지역적인 사안에 관심을 갖는다(이달곤 2004, 41). 다시 말해 중앙정치가 국민 전체를 위한 자원의 권위적 배분을 뜻한다면, 지방정치는 지역단위의 한정적 범위 내에서의 자원배분에 대한 정책적 선택을 뜻한다.

의회와 집행부를 포함한 지방정부, 중앙정부의 각종 특별지방행정기관, 지역 언론, 지역 시민사회단체, 지역 주민, 지역경제와 시장(市場) 등은 지방정치체제를 구성하는 주요 행위자들이다. 물론 지방정치의 발전이라는 측면에서 보면 이들의 역할은 모두 중요하지만, 특히 지방정치를 풀뿌리 민주주의(Gras-root Democracy)를 실현하는 장(場)으로 규정한다면 지방정치는 주민자치와 일상생활정치로 요약되며 그 중심에 지역 주민이 위치하고 있다. 따라서 지방정치의 주체는 주민이어야 한다. 문제는 지방정치에의 주민참여가 아주 낮다는 사실이다.

주민참여란 직접·간접으로 정책의 영향을 받는 주민이 정책과정에 참여하여 자신의 이익을 정책에 반영하는 과정이다(지방자치실무연구소 1995, 194).21) 이런 점에서 주민참여는 지방정치에서 주민의사를 실현하는 중요한 수단이며, 또한 지방정부의 주민에 대한 책임성 제고와 함께 주민의 지방정부에 대한 이해와 협조를 확보하는 효과를 산출한다.

지방정치와 주민참여는 두 가지 측면에서 불가분의 긴밀한 관계를 갖고 있다. 첫째, 주민자치는 지방정치의 기본 이념이다. 주민참여 없는 지방정치는 존재할 수 없다. 지방정치의 승패는 주민참여의 양과 질에 있으며, 여기에서 주민참여의 활성화 문제가 제기되고 있다. 둘째, 주민참여의 확대는

---

21) 주민참여의 개념은 학자의 관점에 따라 다양하게 정의되고 있다. 알포드(Robert R. Alford), 버바(Sidney Verba), 아른슈타인(Sherry Arnstein), 벤스,(Charies Bens) 모글로프(Melviu B. Mogulof), 엘리슨(Lincoln Allison), 조창현 등의 정의는 조창현(지방자치론) 「지방자치론」 267-269 참조.

대의제 민주주의가 지니고 있는 한계를 보완하는 직접민주제의 한 방식이다. 간접참여방식인 대의제를 채택하고 있는 다수의 국가에서 나타나는 공통적 현상은 주민참여의 저조함이다(Stewar 1976, 11).

지방정치에서 주민참여의 순기능은 첫째, 행정의 책임성과 반응성을 확립해 줄 수 있다. 둘째, 사회적 형평성을 제고시킬 수 있다. 셋째, 주민에게 공익정신과 자주성을 고취시키는 데 기여한다. 넷째, 지방정부와 주민 간 혹은 주민과 주민 사이의 정치적 갈등 여지를 사전에 줄여 줌으로써 지역사회의 안정에 기여한다. 다섯째, 행정의 민주화와 지방정치의 발전에 기여한다(지방자치실무연구소 1995, 199).

지방정치 과정에서 주민들의 낮은 참여행태는 많은 연구자들로 하여금 주민참여 연구의 중요성을 부각시켜 주었으며, 다수의 연구물이 발표되었다. 기존의 연구물들은 주로 일정한 참여방식에 국한시켜 행정사업계획에 대한 참여 또는 반상회, 공청회, 위원회를 통한 참여 연구가 주류를 이루었다. 결과적으로 특정한 참여 형태와 개선방안을 제시함으로써 지방정치에서 주민들의 참여 의식과 참여 실태를 파악하고 평가하는 데에 부족함이 있었다. 따라서 본 연구는 주민들의 낮은 참여를 고려하여 주민참여의 의식수준, 사회환경적 요인과 참여 의식 간의 상관성 및 참여강도 등을 분석하여 적극적 주민참여를 유발할 수 있는 정책적 함의를 제시하겠다.

2. 선행연구

정치참여 연구에 많은 업적을 보이고 있는 마가렛 콘웨이(Margaret Conway 1991)에 따르면, 정치참여는 정부구조, 공직담당자 선출이나 정책 등에 영향을 미치는 행위라고 한다. 이런 정치행위는 현 정부에 대한 지지 혹은 반대하는 모습으로 나타나기도 한다. 위와 같은 정치참여를 콘웨이는 목적의식이 있는 보다 적극적 정치참여라고 평가하였다. 그런데 정치참여는 적극적 참여만 있는 것이 아니라 오히려 일반시민들은 생업에 바쁘기 때문에 소극적 정치참여가 많다. 소극적 정치참여에는 8·15 경축 행사 등에 참여, 전국적이나 지역적 정치권의 동향에 관심을 가지는 것 등이 있다. 언론에 보도되는 후보의 일정, 연설, 공약 등에 관심을 가진다든지, 주변 친구들과 선거과정이나 결과에 대한 토론 등이 바로 일반인이 시간적으로 큰 부담 없이 참여할 수 있는 대표적 정치행위라고 할 수 있다.

주민참여에 대한 연구는 매우 다양하게 이루어져 일률적으로 구분하기는 쉽지 않다. 기존 연구를 몇 가지 범주로 구분하면 첫째, 가장 오래된 연구의 한 분야로 미국 등에서 1930년대 이루어진 분야이다. 당시에는 미국정부가 추진하는 각종 지역사회 개발이나 주민복지 사업에 다양한 이해집단들이 어떤 방식으로 정책결정에 참여하는가에 관심을 가지고 있었다. 둘째, 1960-70년대 미국사회는 2차대전 이후 경제호황이 침체시기에 들어가면서 사회적 병리 현상이 표출되자, 이런 문제를 해결하기 위해 신행정학은 주민참여와 통제에 관심을 갖게 되었다. 공무원과 지역 주민들 간, 혹은 조직과 고객 간 협조 모델이나 교호작용 모델 등이 개발되었다. 셋째, 주민참여를 정치학적으로 분석하는 부류이다. 알몬드, 버바, 파웰 등은 서구중심적인 사고에서 벗어나 여타 국가에도 보편적으로 적용될 수 있는 모델을 제시하였다(Almond and Verba 1963; Almond and Powell, Jr. 1978).

또 다른 연구는 참여형태에 보다 많은 관심을 가지고 있었다. 아른스타인(Arnstein 1996)은 미국 지방자치단체들의 빈곤퇴치 사업이나 도시개발 사업에 주민들의 참여형태에 따라 시민들을 구분하였다. 그는 시민을 실질적 참여형, 형식적 참여형 및 비참여형으로 삼분하였다. 아른스타인과 비슷한 연구로 주민의 참여가 자발적으로 이루어지느냐, 수동적으로 이루어지는가에 관심을 가진 연구도 있다(Zimmerman 1986).

참여 의식이나 정치참여를 결정하는 요인에 관한 연구이다. 이들은 주로 개인적 특성, 사회경제적 여건, 제도적 환경 등 다양한 결정요인을 제시하고 있다. 이러한 결정요인들을 버바, 나이와 킴(Verba, Nie and Kim 1987), 스타우휘, 오프하임과 데이(Stouffer, Opheim and Day 1991) 등이 제시하고 있다. 마지막으로 참여행태에 관해 사브시도와 아르세(Sabucedo and Arce 1991), 페리, 모이저와 데이(Parry, Moyser and Day 1992) 등이 참여유형을 각자의 기준에 의해 분류하여 모형화하고 있다.

우리나라의 경우, 연구경향에 있어 시대별로 다소 차이가 발견된다. 1970년대에는 주로 정치체제에 관한 연구가 '정치의식,' '투표행태,' '정치문화' 등의 차원에서 수행되었다(배성동 외 다수, 1975; 이홍구, 1977). 1980년대에 들어서는 이러한 연구가 사회집단 및 사회계층에 관한 참여연구로 확대된다. 즉 참여연구는 농민, 대학생, 도시빈곤층, 시민, 중산층 등 특정한 사회집단 또는 사회계층에 관한 연구로 다양하게 전개되었다(안병만 1983; 강형기 1983). 1990년대에는 지방자치가 시작되면서 지방정부 또는 정책·기획과정에 대한 주민참여 연구가 많이 등장한다. 다양한 연구가 있으나 이 시기에는 지방행정과 지역개발 사업 등에 관한 주민참여에 관해 많은 관심을 보이게 된 것이 특징이다(김영수·김기옥·황병천 1991; 윤병구 1994).

근래에는 성별 간 정치참여를 다룬 연구물(한배호·어수영 1986; 박혜자 2000; 어수영·곽진영 2001)도 발표되었다. 한배호·어수영은 1984년 전국 1,500명의 남녀 성인을 대상으로 실시한 여론조사에서 한국인의 성별에 따른 정치참여도는 큰 차이가 있음을 보여주었다.[22] 정치참여의 이 같은

---

22) 정치참여의 여러 유형 중 선거 유세에 참여하는 남성들의 평균점수는 37점인 데 반하여, 여성들은 -37이며, 항의행위에 참여하는 평균점수도 남성이 31점, 여성이 -30점이며, 종합 정치참여 점수도 남성이 133점, 여성이 -136점으로 큰 격차를 보이고 있다. 투표 참여는 남성의 평균이 -3점인데, 여성은 +7점으로 여성의 투표 참여율이 더 높게 나타난 것이다. 여성의 정치참여 면에서만 본다면 일견 바람직하다고도 할 수 있을 것이나, 저자들은 그 이유를 여성 표들은 '官', 선거운동원,

젠더갭(gender gap)은 90년대에 와서 많이 변화되고 있다. 95년의 6·27 지방선거에서는 95%의 남성에 비하면 다소 비율이 낮으나, 90.5%의 여성 유권자들이 독자적인 판단으로 표를 던진 것으로 나타나 정치참여가 과거에 보이는 종속적인 행태가 아님을 보여주는 연구도 있다(한국여성정치연구소 1995). 이와 같이 90년대 이후 한국 여성들의 정치행태는 80년대 이전과는 다르게 보이기는 하나 아직 뚜렷한 결론을 내리기는 어려운 실정이다.

한편 전국 9개 대도시 지역을 대상으로 한 주민참여의 연구이다(박대식, 2003). 주민들의 지역정치에 대한 관심도는 주민 4명 중 1명꼴로 지역의 정치문제에 큰 관심을 가지고 있다. 그러나 지식수준은 이보다는 낮은 수준을 보였다. 효능감은 지역에 따라 수준이 낮은 경우도 있고, 높은 경우도 있었다. 만족감과 관련하여 2/3 정도의 주민이 긍정적인 답변을 하여 지방 유권자로서 만족감이 높게 표출되었다. 주민들의 정치참여는 대체로 낮은 투표율, 선거기간 중 선거활동이 미약하였다. 지역문제 해결을 위해 시간적, 물리적으로 비용이 적게 드는 서명운동의 참여도는 높게 조사되었다. 지방정치에 대한 주민들의 참여행태를 보면 지방주민들의 정치참여 수준은 남성이 여성에 비해 참여 수준이 훨씬 더 높았다.

지방자치의 단절로 인해 지방정치의 핵심 연구대상인 주민참여에 관한 연구는 다수가 사례연구 위주로 수행되었으며, 체계적인 분석틀을 기반으로 수행된 연구물도 아주 미미한 편이다. 또한 주민참여에 관한 연구가 대도시를 중심으로 연구되는 편중현상을 보여 왔다. 따라서 본 연구는 체계적인 분석틀에 입각하여 지방의 중소도시인 순천과 밀양지역의 주민참여 실태를 파악하고 비교함으로써 주민참여를 유인하는 정책적 함의를 논의할 것이다.

가족 등에 쉽게 동원되기 때문으로 오히려 부정적으로 보았다.

3. 분석틀

버바와 나이(Verba and Nie 1972), 버바, 나이와 킴(Verba, Nie and Kim 1987), 패리, 모이저와 데이(Parry, Moyser and Day 1992), 버바, 슐로츠만, 브래디와 나이(Verba, Schlozman, Brady and Nie 1993)의 연구 결과를 참조하여 참여 결정요인, 참여 의식 및 참여행태를 위한 변수를 추출하여 분석틀을 설정하였다. 새로운 모형의 추구보다는 일반적인 모델을 적용하여 지역의 소도시에서 나타나는 주민들의 지방정치에의 참여 의식과 참여형태를 분석하기 위해 사회환경적 변인을 측정하였다. 교육, 소득 요인이 지방정치에 있어 어떤 시민의식으로 나타나는가. 그리고 이들 변인들이 어떠한 참여유형으로 나타나는지를 분석하겠다. 기본적인 분석틀은 〈그림-1〉과 같다.

먼저 정치참여 행태를 9개로 구분하였다. 투표활동은 일반주민이 가장 보편적으로 행사하는 정치참여 행위라고 할 수 있는데, 지방선거 참여 경험을 나타낸다. 두 번째, 선거활동은 선거 기간 동안 특정 정당을 지지하도록 권유해 본 투표권유 경험을 나타낸다. 세 번째, 접촉활동은 민원이나 정책제안·문의로 지방의회·의원 혹은 관청을 방문해 본 경험을 의미하며, 공청회, 청원/진정, 인터넷 민원, 청탁 등이 있다. 네 번째, 집단행동은 특정 정책에 대한 보다 적극적인 의사표시로 서명, 시위에 가담한 경험을 의미하다.

이러한 정치참여 행위에 영향을 주는 요인으로 사회환경적 변인이 있다,[23] 사회환경적 변인은 교육수준, 소득수준, 현지 거주기간, 연령 및 성 변인이다. 버바와 나이에 따르면 주민들의 다양한 교육, 직업 및 소득수준은 하나의 의식수준을 형성하고 주민들의 다양한 의식수준이 다시 정치참여에 영향을 미치는 것으로 나타나 있다. 실제로 한국의 9개 대도시 연구에서도 이와 유사한 결과가 도출되었다.[24] 본 논문에서는 직업 변수를 제외하

---

23) 버바와 나이는 사회환경적 변수의 하나로 인종을 제시하였으나, 우리나라 실성을 감안하여 이를 빼고 성을 추가하였다.

였다.

교육, 소득 등 개인이 점유하는 사회 경제적 지위는 '시민의식'이라는 정부에 대한 주민들의 의식을 형성하고 있다. 나아가 이러한 시민의식과 더불어 사회환경적 변인에 해당하는 현지 거주기간, 연령, 성 등의 변수는 지방정치에 대한 주민들의 참여에 영향을 주고 있다(김익식·장연수 2004, 35). 시민의식은 지역사회 문제에 참여적인 의식으로 정치관심도, 정치효능감, 지역사회 기여도, 지식도 등으로 정의된다(Verba and Nie 1972, 133). 5단계 리커트 척도의 설문을 구성하였다.

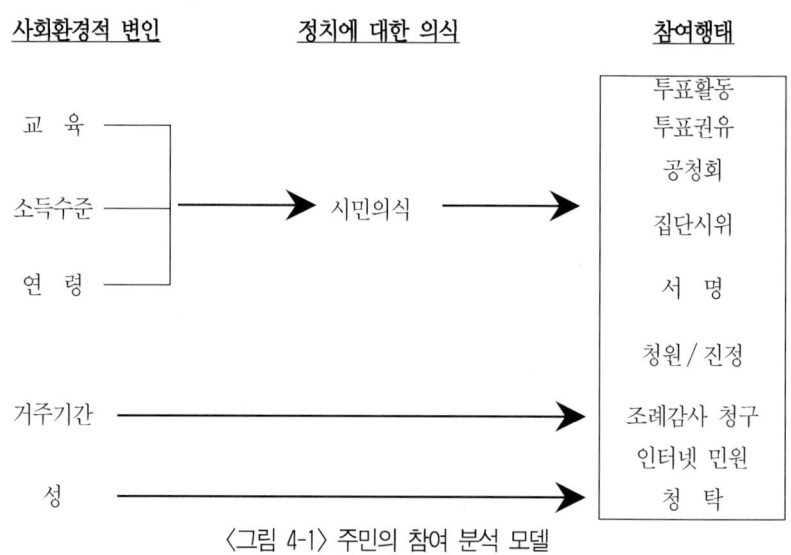

〈그림 4-1〉 주민의 참여 분석 모델

---

24) 버바와 나이(Verba and Nie 1972, p.133) 연구에서는 교육, 직업, 소득 등 사회경제적 변수와 시민의식 간 다중상관계수가 0.45로 강한 상관관계가 입증되었다. 전국9대 도시 연구에서도 교육수준, 직업, 소득수준은 시민의식과 높은 상관관계를 보였는데, 고등교육을 받을수록, 상위 직업군에 속할수록, 소득이 높을수록 시민의식수준 역시 높게 나타났다.

제3절 주민참여 의식과 참여행태에 대한 빈도 분석

1. 표본 집단의 특성

1) 성별·연령별 분포 및 특성

순천시와 나주시의 표본은 각각 280개, 251개이다. 두 도시의 연령대는 5개로 분류되었으며, 성별은 남성과 여성으로 분류된다.

〈표 4-1〉 주민의 변인별 분포

구 분		순 천		나 주		구 분		순 천		나 주	
		표본	%	표본	%			표본	%	표본	%
성 별	남	138	49.3	123	49.0	교육 수준별	무 학	4	1.4	15	6.0
	여	142	50.7	128	51.0		초등졸	46	16.4	41	16.3
연령대별	20대	62	22.1	29	23.6		중 졸	29	10.4	43	17.1
	30대	69	24.6	23	18.7		고 졸	85	30.4	84	33.5
	40대	61	21.8	24	19.5		전문대졸	34	12.1	25	10.0
	50대	31	11.1	19	15.4		대 졸	73	26.1	41	16.3
	60대 이상	57	20.4	28	22.8		대학원졸	9	3.2	2	.8
가계소득 수준별	100만 원이하	82	29.3	100	39.8	현지거주 기간별	0-9년	59	21.1	31	12.4
	100만 원대	111	39.6	116	46.2		10-19년	49	17.5	32	12.7
	200만 원대	58	20.7	30	12.0		20-29년	63	22.5	52	20.7
	300만 원대	20	7.1	3	1.2		30-39년	50	17.9	37	14.7
	400만 원대	9	3.2	2	.8		40-49	24	8.6	34	13.5
							50년 이상	35	12.5	65	25.9

순천시와 나주시 주민들의 변인별 분포가 〈표 4-1〉에 정리되어 있다. 성별 분포는 순천지역이 남성 49.3%, 여성 50.7%를 나타내고 있고, 나주지역은 남성이 49.0%, 여성 51.0%를 차지하고 있다. 연령별로는 순천이 20대 22.1%, 30대 24.6%, 40대 21.8%, 50대 11.1%, 그리고 60대 이상이 20.4%를 차지하고 있다. 나주지역은 20대가 20.3%, 30대 17.5%, 40대 16.7%, 50대 15.5%, 그리고 60대 이상이 29.9%를 나타내고 있다.

이 같은 표본의 연령별 분포도는 각 도시의 연령별 인구분포가 대체로 반영된 결과이다. 연령별 분포에서 나타나는 상대적인 특성은 농촌지역인 나주의 경우, 50대 이상이 전체의 45.4%를 차지하고 있어, 순천의 50대 이상의 비율 31.5%보다 14%가량 높은 빈도를 나타내고 있다. 나주시의 경우, 60대 이상 연령층이 거의 30%로 나타나고 있음은 우리의 농촌도시가 고령화 사회로 접어들었음을 입증하고 있다. 반면 20-30대 젊은 연령대의 분포는 순천 46.7%인 데 비해 나주는 37.8%로서 순천시가 9% 정도 높게 나왔다. 이는 대도시일수록 노인층보다는 젊은 층의 집중도가 높음을 나타내고 있다.

두 도시 주민 표본의 교육 정도를 7개로 분류하였다. 순천지역의 경우, 중졸 이하의 학력이 10명 중 3명이며, 고졸도 3명, 그리고 대졸(전문대 포함) 이상의 학력 소유자는 10명 가운데 4명 정도로 나타났다. 나주지역은 중졸 이하가 13.5%, 고졸이 38.4%, 그리고 대학 이상(전문대 포함)이 거의 절반에 가까운 것으로 드러났다. 순천과 나주 주민의 학력 차이는 나주 주민은 시도 간의 경계상 나주시 주민에 속하지만, 광주광역시와 바로 인접한 관계로 생활권이 광주광역시에 속할 뿐만 아니라, 학교 진학도 광주광역시에 소재한 다수의 학교에서 수학하는 경우가 많기 때문이다.

주민들의 가계소득별 분포를 보면, 100만 원 이하에서 200만 원대 사이의 가계소득을 가진 자들이 10명 중 9명을 차지하고 있다. 순천시와 나주시 주민의 경우, 100만 원대 주민이 거의 40%, 46%에 높은 빈도가 분포되어 있으며, 300만 원대는 각각 10%, 2%에 불과하다. 상대적으로 볼 때, 순천지역이 나주지역보다 200만 원 이상의 고소득자의 분포가 높으며, 100만 원대 이하 소득자도 적게 나타나고 있다. 순천시는 상업도시인 반면, 나주시는 광주광역시 근교에 위치한 농촌도시이기 때문에 도시적 특성에 의해 소득 차이가 표출되고 있다. 지역별 조사대상자의 현지 거주기간별 분포에서 순천 주민의 경우, 20-29년 동안 거주한 주민(22.5%)의 빈도가 제일 높은 반면 나주는 50년 이상 거주한 주민(25.9%)의 빈도가 가장 높다. 순천시 주민 가운데 0-9년 거주자 빈도가 21.1%로 높은 이유는 새로운 택지개발로 인해 대단위 아파트가 많이 들어섰으며, 또한 타 시·군에서 거주한 주민의 유입이 증가하였기 때문이다. 거주기간 변인은 조사대상자의 연령이 높을수록 같이 높아질 가능성이 크므로, 이 같은 결과는 나주지역 조사대상자 가운데 50대 이상의 빈도가 높다는 특성과 관계되어 있다고도 볼 수 있으며, 농촌지역의 경우 인구의 이동이 상대적으로 적다는 점도 작용한 것으로 여겨진다.

〈표 4-2〉 직업별 분포

직 업	순천 빈도	%	나주 빈도	%
자영업	70	25.0	63	25.0
농업 광업 축산업	18	6.4	47	18.7
주 부	70	25.0	38	15.1
학 생	34	12.1	29	11.5
회사원·종업원	36	12.8	17	6.7
공무원·전문직	20	7.1	9	3.5
무 직	22	7.8	32	12.7
무응답·기다	10	3.5	16	6.3
전 체	280	100.0	251	100.0

위의 표는 응답자의 직업별 분포를 나타낸 것이다. 순천의 경우, 자영업(25.0%)과 주부(25.0%), 회사원(12.8%), 학생(12.0%) 순으로 높은

빈도를 나타내고 있다. 나주지역은 자영업(25.0%), 농업(18.7%), 주부(15.1%) 순으로 높은 빈도를 차지하고 있다. 순천은 상업이 발달한 관계로 자영업자, 그리고 전업주부가 많은 관계로 이들의 빈도가 높은 반면, 나주는 자영업자, 그리고 나주평야와 시설하우스가 많은 관계로 농업에 종사하는 조사대상자의 빈도가 높다. 두 지역의 도시 특성이 직업분포에서 잘 나타나고 있다.

2. 주민참여 의식수준에 대한 빈도 분석

지역사회 관심도, 지방정치 효능감, 지역사회에의 기여도, 시정운영에 대한 만족도, 지방정치 지식도 등을 살펴보면 다음과 같다.

<표 4-3> 지역사회 관심도

	전혀 아니다 (1점)	아닌 편이다 (2점)	보통이다 (3점)	그런 편이다 (4점)	매우 그렇다 (5점)	합 계	평균	표준편차
순천시	34	55	65	53	73	280	3.27	1.359
	12.1%	19.6%	23.2%	18.9%	26.1%	100.0%		
나주시	25	38	70	51	67	251	3.39	1.295
	10.0%	15.1%	27.9%	20.3%	26.7%	100.0%		

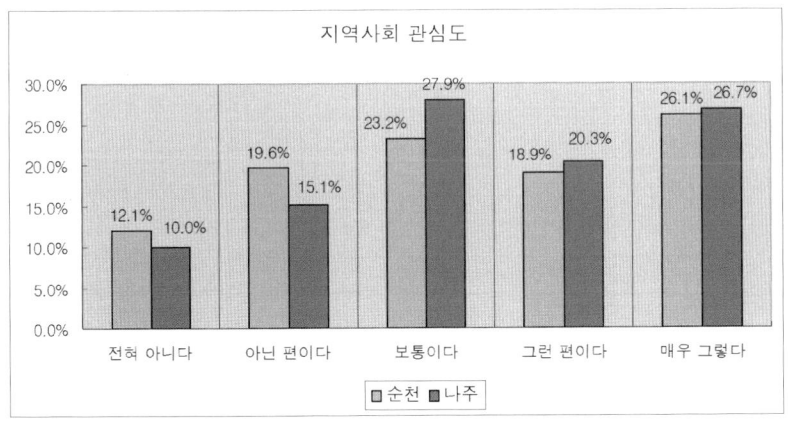

<그림 4-2> 지역사회 관심도

　위의 표와 그림은 각 지역 주민들이 지역사회에서 발생하는 여러 가시 공익적 문제들에 대해 어느 정도 관심을 가지고 있는가에 대한 응답을 나타낸 것이다. 전체적으로 보면, 보통이다(순천 23.2%, 나주 27.9%)를 기준으로 할 때, 관심이 있다(그런 편이다＋매우 그렇다)고 긍정적으로 답한 빈도(순천 45.0%, 나주 47.0%)가 부정적인 응답(아닌 편이다＋전혀 아니다)의 빈도(순천 31.7%, 나주 25.1%)보다 훨씬 높게 나타나고 있다. 그리고 순천과 나주의 상대적인 빈도를 비교해 보면, 나주지역이 약간 관심도가 높게(순천 평균 3.27, 나주 평균 3.39) 나타나지만, $P > .05$ 유의수준에서 통계학적으로 유의미한 관계로 나타나고 있지 않다. 전체적으로 볼 때, 실재 행동으로 이어지는지 여부와는 관계없이 순천과 나주지역 주민들의 관념상의 지역사회에 대한 관심은 아주 높은 편이라고 볼 수 있다.

〈표 4-4〉 지방정치 효능감

	전혀 아니다 (1점)	아닌 편이다 (2점)	보통이다 (3점)	그런 편이다 (4점)	매우 그렇다 (5점)	합　계	평균	표준편차
순천시	64	72	80	29	35	280	2.64	1.285
	22.9%	25.7%	28.6%	10.4%	12.5%	100.0%		
나주시	50	63	65	37	36	251	2.78	1.315
	19.9%	25.1%	25.9%	14.7%	14.3%	100.0%		

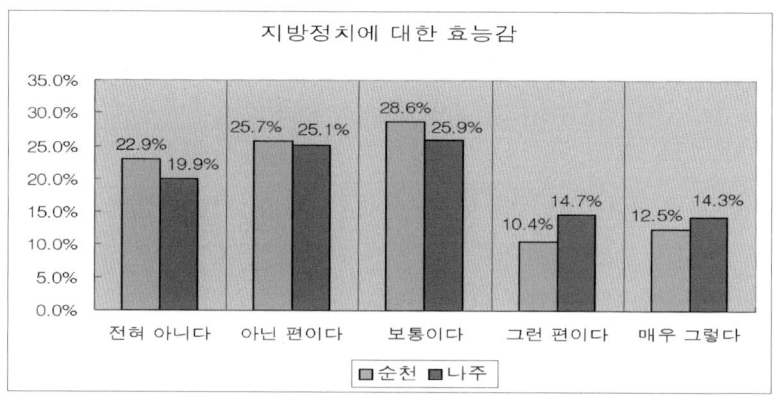

〈그림 4-3〉 지방정치 효능감

　지역 주민들이 지방정치의 과정에 대해 느끼는 효능감에 대해 조사한 결과를 나타낸 것이다. 지방정치에 대한 효능감은 관료나 정치인의 업무수행에 대해 느끼는 효능감과 자신의 참여에 대해 느끼는 효능감으로 구별되는데, 여기서는 참여에 대한 효능감을 중심으로 물어보았다. 조사결과를 살펴보면, 보통(순천 28.6%, 나주 25.9%)을 기준으로 효능감에 대해 부정적(전혀 아니다+아닌 편이다)으로 응답한 빈도(순천 48.6%, 나주 45.0%)가 긍정적으로 답한 빈도(순천 22.9%, 나주 29.0%)보다 거의 2배 가까이 높게 나타나고 있다. 두 지역 주민들이 느끼는 효능감은 전반적으로 낮은 수준이라고 볼 수 있다. 자신이 직접 지방정치의 과정에 참여해 봤자 별로 달라질 것이 없다는 의식을 기본적으로 갖고 있음을 알 수 있다.

순천과 나주의 결과를 비교해 보면, 순천지역의 효능감(평균 2.64)이 나주
(평균2.78)보다 약간 낮게 나타나고 있지만, 통계학적으로 유의미한 차이
는 확인되지 않는다(P 〉.05).

〈표 4-5〉 지역사회 기여도

	전혀 아니다 (1점)	아닌 편이다 (2점)	보통이다 (3점)	그런 편이다 (4점)	매우 그렇다 (5점)	합　계	평균	표준편차
순천시	56	72	83	40	29	280	2.69	1.235
	20.0%	25.7%	29.6%	14.3%	10.4%	100.0%		
나주시	39	62	98	35	17	251	2.72	1.097
	15.5%	24.7%	39.0%	13.9%	6.8%	100.0%		

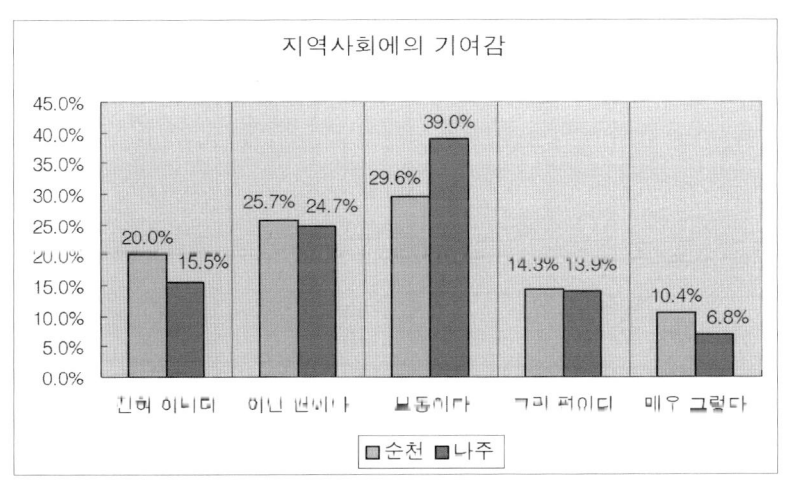

〈그림 4-4〉 지역사회 기여도

각 지역 주민들이 자신이 평소에 지역사회에 기여하고 있다고 인식하는지
에 대한 조사결과를 나타내고 있다. 우선, 기여하고 있다고 긍정적으로 인

식하고 있는 응답자의 빈도는 순천이 24.7%, 마산이 20.7%인 반면, 그렇지 않다고 응답한 빈도의 합은 순천이 45.7%, 나주가 40.2%를 차지하고 있다. 두 도시 모두에서, 부정적인 응답 빈도가 긍정적인 응답의 거의 2배가량 나타나고 있어, 전반적인 기여도의 정도가 낮다는 것을 알 수 있다.

두 도시의 상대적인 기여도에 대한 인식 정도는 나주가 약간 높게(나주 평균 2.72, 순천 평균 2.69) 나타나고 있으나, 통계적으로 유의미한 차이는 확인되지 않고 있다(P 〉.05). 효능감과 기여도를 비교할 때, 순천은 기여도가 높은 반면, 나주지역은 효능감이 다소 높게 나타나고 있다.

〈표 4-6〉 시정운영 만족도

	전혀 아니다 (1점)	아닌 편이다 (2점)	보통이다 (3점)	그런 편이다 (4점)	매우 그렇다 (5점)	합 계	평균	표준편차
순천시	57	63	88	41	31	280	2.74	1.251
	20.4%	22.5%	31.4%	14.6%	11.1%	100.0%		
나주시	53	80	93	15	10	251	2.40	1.012
	21.1%	31.9%	37.1%	6.0%	4.0%	100.0%		

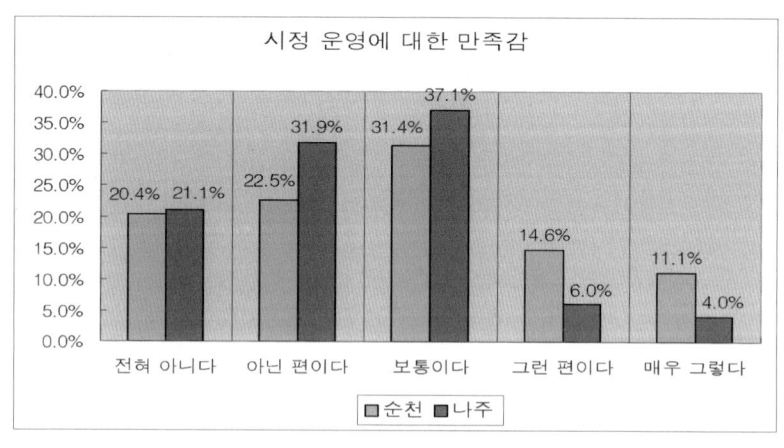

〈그림 4-5〉 시정운영 만족도

주민들이 전반적인 시정에 대해서 느끼는 만족감의 정도를 조사한 결과이다. 만족도를 보면, 우선 전반적인 만족도가 낮게 나타남을 알 수 있다. 양 도시 모두에서 시정에 만족한다는 응답 빈도는 4명 가운데 1명으로 나타났다. 순천지역은 보통을 기준으로 만족하지 못하고 있다는 응답의 합이 42.9%인 반면, 만족하고 있다(그런 편이다+매우 그렇다)는 응답은 4명 중 1명으로 나타나고 있다. 나주지역은 만족하지 않는다는 응답의 빈도가 2명 중 1명이며, 만족한다는 응답의 빈도는 순천과 마찬가지로 4명 중 1명으로 나타났다. 이 같은 결과는 P〈.05 유의수준에서 유의미한 차이를 나타내고 있다.

순천과 나주를 포함하여 전국 대다수의 지방정부 주민들은 시정에 만족하고 있지 못하다. 물론 지방정부의 시정이 모든 주민 개개인을 만족시켜 줄 수는 없지만, 주민들의 절반 정도가 시정에 불만을 갖고 있다는 것 자체에 문제가 있다. 다시 말해 시의 정책추진에 있어 주민들이 전혀 피부로 느끼지 못한 정책추진 때문에 주민들은 시정운영에 대해 만족하지 못한 것으로 평가할 수 있다.

〈표 4-7〉 지방정치 지식도

	0명	1명	2명	3명	4명 이상	합　계	평　균	표준편차
순천시	123	107	23	19	8	280	1.04명	2.381
	43.9%	38.2%	8.2%	6.8%	2.9%	100.0%		
나주시	162	79	7	1	2	251	0.49명	1.334
	64.5%	31.5%	2.8%	0.4%	0.8%	100.0%		

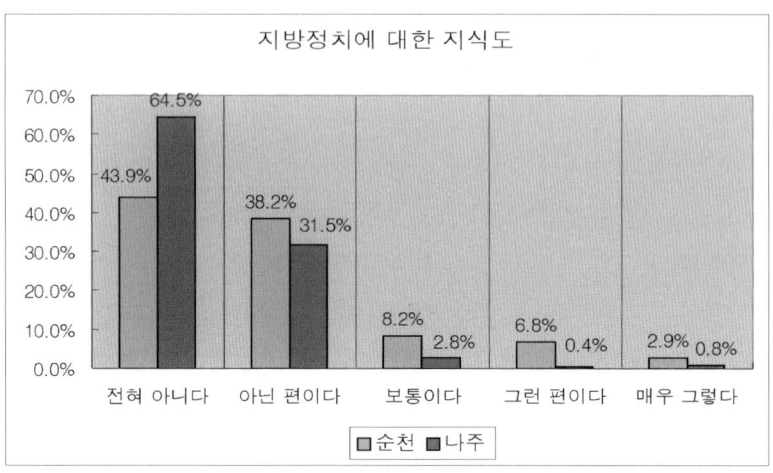

〈그림 4-6〉 지방정치 지식도

　주민들의 지방정치에 대한 지식도를 측정하여 그 결과를 나타낸 것이다. 지식도를 측정하기 위하여, 자신의 거주지역 시의원의 이름을 얼마나 알고 있는가라는 간단하면서도 기초적인 질문을 사용하였다. 조사결과를 살펴보면, 우선 시의원의 이름을 한 명도 알지 못하는 응답자의 빈도가 아주 높게(순천 43.9%, 나주 64.5%) 나타남을 알 수 있다. 이 밖에 1명의 이름을 알고 있는 빈도가 순천 38.2%, 나주는 31.5%로 나타났으며, 3명 이상의 시의원의 이름을 알고 있는 빈도는 순천 9.7%에 이르는 반면, 나주는 1.2%에 그치고 있다. 시의원의 이름을 1명도 알지 못한다고 응답한 원인은 우선 두 지역 모두 20대 연령대가 20%를 차지하고 있다. 일반적으로 20대 연령대는 정치에 무관심한 연령대이다. 또한 직업과 관련하여 순천에서 주부 비율이 25%, 나주는 농업과 주부 비율이 33%에 이르고 있다. 이들은 대체적으로 정치에 무관심한 사람들이다.

　시의원의 이름을 알고 있는 응답자의 누적 빈도를 응답자 수로 나눈 평균값은 순천이 1.04명, 나주 0.49명으로 나타나고 있다. 전체적인 지식도의 수준은 순천이 나주에 비해 거의 2배에 근접한 수치로 나타났다. 이러한 차이는 통계학적으로도 유의미한 것으로 확인되고 있다(F비 11.473, P〈.001).

3. 주민참여 의식수준에 대한 변량 분석

1) 관심도와 연령·교육수준·가계소득별 변인과의 관계

〈표 4-8〉 연령별 변인에 따른 관심도의 차이 검증

			N	M	SD	F	Sig
관심도	순 천	20대	62	2.84	1.257	2.862	.024
		30대	69	3.32	1.266		
		40대	61	3.28	1.416		
		50대	31	3.77	1.359		
		60대 이상	57	3.40	1.425		
		전 체	280	3.27	1.359		
	나 주	20대	51	3.22	1.045	.295	.881
		30대	44	3.48	1.210		
		40대	42	3.43	1.451		
		50대	39	3.41	1.371		
		60대 이상	75	3.41	1.386		
		전 체	251	3.39	1.295		

〈표 4-9〉 교육수준에 따른 관심도의 차이 검증

			N	M	SD	F	Sig
관심도	순 천	무 학	4	3.25	2.062	.179	.982
		초등학교	46	3.39	1.513		
		중학교	29	3.21	1.521		
		고등학교	85	3.16	1.326		
		전문학교	34	3.32	1.451		
		대학교	73	3.32	1.200		
		대학원 이상	9	3.33	1.225		
		전 체	280	3.27	1.359		

			N	M	SD	F	Sig
관심도	나 주	무 학	15	2.87	1.246	.767	.597
		초등학교	41	3.39	1.481		
		중학교	43	3.47	1.533		
		고등학교	84	3.39	1.242		
		전문학교	25	3.72	.980		
		대학교	41	3.29	1.146		
		대학원 이상	2	3.00	.000		
		전 체	251	3.39	1.295		

〈표 4-10〉 소득수준에 따른 관심도의 차이 검증

			N	M	SD	F	Sig
관심도	순 천	100만 원 이하	82	3.26	1.395	.476	.753
		100만 원대	111	3.22	1.351		
		200만 원대	58	3.24	1.342		
		300만 원대	20	3.65	1.348		
		400만 원대	9	3.44	1.424		
		전 체	280	3.27	1.359		
	나 주	100만 원 이하	100	3.27	1.490	.724	.576
		100만 원대	116	3.41	1.172		
		200만 원대	30	3.70	1.088		
		300만 원대	3	3.67	1.155		
		400만 원대	2	3.00	.000		
		전 체	251	3.39	1.295		

　순천과 나주지역 주민들의 연령, 교육수준, 가계소득 수준과 같은 사회환경적 변인과 관심도와의 관계를 분석한 것이다. 우선, 연령별 변인에 있어서는 순천은 50대〉60대〉30대의 순으로 관심도가 높은 것으로 나타났으며, 이러한 차이는 p〈.02에서 유의미한 것으로 나타났다. 나주는 30대〉40대 이상〉50·60대의 순으로 높은 관심도를 나타냈으며, 이는 p〉.05에서 유의미하지 않는 것으로 나타났다. 교육수준별로는, 순천은 초졸〉대학원 이

상〉전문대졸·대졸의 순으로 높은 관심도를 나타냈으며(p 〉.05), 나주는
전문대졸〉중졸〉초졸·고졸의 순으로 관심도가 높게 나타나고 있으나 통계
적으로 유의미한 차이를 나타내지는 않고 있다(p 〉.05).

소득수준별로는, 순천은 300만 원대〉400만 원대〉100만 원대 이하의
순으로 높은 관심도를 보이고 있다(p 〉.05). 나주는 200만 원대에서 가장
높은 관심도를 나타내고 있으며, p 〉.05에서 통계적 유의미한 차이를 나타
내지 않고 있다. 순천과 나주지역의 전체적인 관심도의 평균값은 나주
(3.39)가 순천(3.27)보다 약간 높게 나타나지만, p 〉.05에서 유의미한 차
이를 나타내지는 않고 있다.

2) 효능감과 연령·교육수준·가계소득별 변인과의 관계

〈표 4-11〉 연령별 변인에 따른 효능감의 차이 검증

			N	M	SD	F	Sig
효능감	순 천	20대	62	2.47	1.170	1.254	.288
		30대	69	2.84	1.256		
		40대	61	2.74	1.290		
		50대	31	2.74	1.413		
		60대 이상	57	2.42	1.349		
		전 체	280	2.64	1.285		
효능감	나 주	20대	51	2.73	1.185	1.214	.305
		30대	44	2.70	1.268		
		40대	42	3.19	1.486		
		50대	39	2.72	1.146		
		60대 이상	75	2.68	1.397		
		전 체	251	2.78	1.315		

〈표 4-12〉 교육수준에 따른 효능감의 차이 검증

			N	M	SD	F	Sig
효능감	순 천	무 학	4	2.50	1.915	.468	.832
		초등학교	46	2.57	1.470		
		중학교	29	2.55	1.270		
		고등학교	85	2.60	1.365		
		전문학교	34	2.97	1.167		
		대학교	73	2.60	1.152		
		대학원 이상	9	2.78	.833		
		전 체	280	2.64	1.285		
	나 주	무 학	15	2.20	1.320	1.333	.243
		초등학교	41	3.05	1.532		
		중학교	43	2.65	1.270		
		고등학교	84	2.70	1.315		
		전문학교	25	3.12	1.236		
		대학교	41	2.88	1.144		
		대학원 이상	2	2.00	.000		
		전 체	251	2.78	1.315		

〈표 4-13〉 소득수준에 따른 효능감의 차이 검증

			N	M	SD	F	Sig
효능감	순 천	100만 원 이하	82	2.60	1.294	.110	.979
		100만 원대	111	2.61	1.302		
		200만 원대	58	2.71	1.338		
		300만 원대	20	2.75	1.070		
		400만 원대	9	2.67	1.323		
		전 체	280	2.64	1.285		
	나 주	100만 원 이하	100	2.68	1.463	.732	.571
		100만 원대	116	2.78	1.216		
		200만 원대	30	3.10	1.094		
		300만 원대	3	3.33	1.155		
		400만 원대	2	3.00	2.828		
		전 체	251	2.78	1.315		

연령, 교육수준, 가계소득 수준별 변인과 효능감과의 관계를 분석한 것이다. 연령대, 교육수준, 소득수준별로 각각 평균값에서 다소의 차이를 나타내고 있지만, 어느 경우도 p〉.05 유의수준에서 통계학적으로 유의미한 차이를 나타내지는 못하고 있다. 즉, 주민이 느끼는 효능감의 정도는 연령, 교육수준, 가계소득 등의 사회환경적 요인과는 무관한 것으로 볼 수 있다. 순천과 나주지역의 효능감의 평균값은 다소간의 차이를 보이고 있지만, p〉.05에서 유의미한 통계적 차이는 확인되지 않는다.

3) 기여도와 연령·교육수준·가계소득별 변인과의 관계

〈표 4-14〉 연령별 변인에 따른 기여도의 차이 검증

			N	M	SD	F	Sig
기여도	순 천	20대	62	2.37	1.120	2.370	.053
		30대	69	2.93	1.155		
		40대	61	2.72	1.267		
		50대	31	3.00	1.238		
		60대 이상	57	2.56	1.350		
		전 체	280	2.69	1.235		
	나 주	20대	51	2.51	1.046	1.723	.145
		30대	44	2.93	1.043		
		40대	42	2.95	1.011		
		50대	39	2.77	1.111		
		60대 이상	75	2.57	1.176		
		전 체	251	2.72	1.097		

〈표 4-15〉 교육수준에 따른 기여도의 차이 검증

			N	M	SD	F	Sig
기여도	순 천	무 학	4	2.00	1.155	.729	.626
		초등학교	46	2.57	1.311		
		중학교	29	2.86	1.407		
		고등학교	85	2.61	1.206		
		전문학교	34	2.97	1.291		
		대학교	73	2.71	1.160		
		대학원 이상	9	2.67	1.000		
		전 체	280	2.69	1.235		
기여도	나 주	무 학	15	2.27	.884	1.431	.203
		초등학교	41	3.02	1.172		
		중학교	43	2.47	1.162		
		고등학교	84	2.77	1.112		
		전문학교	25	2.80	1.041		
		대학교	41	2.68	.986		
		대학원 이상	2	2.50	.707		
		전 체	251	2.72	1.097		

〈표 4-16〉 소득수준에 따른 기여도의 차이 검증

			N	M	SD	F	Sig
기여도	순 천	100만 원 이하	82	2.51	1.289	.937	.443
		100만 원대	111	2.72	1.237		
		200만 원대	58	2.78	1.229		
		300만 원대	20	3.05	1.050		
		400만 원대	9	2.67	1.118		
		전 체	280	2.69	1.235		
	나 주	100만 원 이하	100	2.51	1.176	2.154	.075
		100만 원대	116	2.78	1.011		
		200만 원대	30	3.03	1.033		
		300만 원대	3	3.33	.577		
		400만 원대	2	3.50	2.121		
		전 체	251	2.72	1.097		

　연령, 교육수준, 가계소득 수준별 변인과 기여도와의 관계를 분석한 것이다. 연령별 변인에 있어서, 순천은 50대〉30대 이상〉40대의 순으로 높은 기여도를 나타내는 것으로 확인되었지만, p〉.05에서 유의미하지는 않다. 대체로 연령대가 낮을수록 기여감이 적은 반면 높아질수록 지역사회에 대한 기여감이 커진다고 볼 수 있다. 같은 연령별 변인에 있어서도 나주의 경우 통계적으로 유의미한 차이는 나타나지 않았으나 (p〉.05), 20대 연령대에서 상대적으로 낮은 기여도를 나타내고 있다. 이 밖에 교육수준, 가계소득별 변인에 따른 기여감의 차이 검증은 통계학적으로 유의미한 차이를 나타내지 않는 것으로 확인되었다. 순천과 나주의 기여도 평균값은 각각 2.69, 2.72로서 나주지역이 약간 높은 것으로 나타나고 있지만, 이 역시 통계적으로 유의미한 차이를 나타내지는 않고 있다.

4) 만족도와 연령별·교육수준별·가계소득별 변인과의 관계

〈표 4-17〉 연령별 변인에 따른 만족도의 차이 검증

			N	M	SD	F	Sig
만족도	순 천	20대	62	2.23	1.108	4.192	.003
		30대	69	2.94	1.271		
		40대	61	2.66	1.237		
		50대	31	3.00	1.342		
		60대 이상	57	2.98	1.203		
		전 체	280	2.74	1.251		
	나 주	20대	51	2.41	.853	.354	.841
		30대	44	2.27	.997		
		40대	42	2.52	.994		
		50대	39	2.44	.995		
		60대 이상	75	2.37	1.148		
		전 체	251	2.40	1.012		

〈표 4-18〉 교육수준에 따른 만족도의 차이 검증

			N	M	SD	F	Sig
만족도	순 천	무 학	4	2.75	1.708	3.425	.003
		초등학교	46	3.24	1.286		
		중학교	29	2.59	1.211		
		고등학교	85	2.52	1.306		
		전문학교	34	2.91	1.026		
		대학교	73	2.52	1.180		
		대학원 이상	9	3.78	.667		
		전 체	280	2.74	1.251		
	나 주	무 학	15	2.07	.799	.658	.684
		초등학교	41	2.54	1.185		
		중학교	43	2.42	1.096		
		고등학교	84	2.39	1.042		
		전문학교	25	2.40	1.000		
		대학교	41	2.41	.741		
		대학원 이상	2	1.50	.707		
		전 체	251	2.40	1.012		

〈표 4-19〉 소득수준에 따른 만족도의 차이 검증

			N	M	SD	F	Sig
만족도	순 천	100만 원 이하	82	2.61	1.255	.888	.472
		100만 원대	111	2.70	1.290		
		200만 원대	58	2.88	1.171		
		300만 원대	20	3.10	1.165		
		400만 원대	9	2.56	1.424		
		전 체	280	2.74	1.251		
	나 주	100만 원 이하	100	2.23	1.014	1.490	.206
		100만 원대	116	2.53	1.025		
		200만 원대	30	2.53	.900		
		300만 원대	3	2.00	1.000		
		400만 원대	2	2.00	1.414		
		전 체	251	2.40	1.012		

순천과 나주지역 주민들의 연령, 교육수준, 가계소득 수준별 변인과 만족도
와의 관계를 분석한 것이다. 우선, 연령별 변인에 있어서는 순천은 50대〉60
대〉30대의 순으로 시정에 대한 만족도가 높은 것으로 나타났으며, 이러한 차
이는 p〈.05에서 유의미한 것으로 나타났다. 순천시는 전국에서 가장 살기 좋
은 도시로 정평이 나있다. 나주는 40대〉50대〉20대 순으로 만족도가 나타나
고 있으나, 통계적으로 유의미한 차이는 확인되지 않았다(p〉.05). 나주에서
20대의 만족도가 높은 이유는 나주시장이 30대 연령층이면서 또한 진보적 시
정을 운영하기 때문인 것 같다. 이밖에 교육수준, 가계소득별 변인에 따른 만
족도의 차이 검증은 통계학적으로 유의미한 차이를 나타내지 않는 것으로 확
인되었다. 만족도의 수치가 전반적으로 낮게 나타나는 가운데, 순천과 나주의
만족도의 평균값은 순천(2.74)이 나산(2.40)보다 나소 높게 나타나고 있다.

5) 지식도와 연령·교육수준·가계소득별 변인과의 관계

〈표 4-20〉 연령별 변인에 따른 지식도의 차이 검증

			N	M	SD	F	Sig
지식도	순 천	20대	62	.48	.805	1.688	.153
		30대	69	1.36	3.694		
		40대	61	1.44	2.884		
		50대	31	.97	.912		
		60대 이상	57	.88	.965		
		전 체	280	1.04	2.381		
	나 주	20대	51	.27	.493	2.006	.094
		30대	44	.30	.462		
		40대	42	.95	2.987		
		50대	39	.36	.584		
		60대 이상	75	.56	.642		
		선 제	251	.49	1.334		

〈표 4-21〉 교육수준에 따른 지식도의 차이 검증

			N	M	SD	F	Sig
지식도	순 천	무 학	4	.50	.577	1.367	.228
		초등학교	46	.96	.942		
		중학교	29	.83	.848		
		고등학교	85	.85	.970		
		전문학교	34	2.12	5.139		
		대학교	73	.95	2.671		
		대학원 이상	9	1.00	1.118		
		전 체	280	1.04	2.381		
	나 주	무 학	15	.20	.414	.851	.532
		초등학교	41	.66	.693		
		중학교	43	.49	.592		
		고등학교	84	.64	2.149		
		전문학교	25	.44	.651		
		대학교	41	.17	.381		
		대학원 이상	2	.00	.000		
		전 체	251	.49	1.334		

〈표 4-22〉 소득수준에 따른 지식도의 차이 검증

			N	M	SD	F	Sig
지식도	순 천	100만 원 이하	82	.70	.827	2.138	.076
		100만 원대	111	.90	1.103		
		200만 원대	58	1.67	4.088		
		300만 원대	20	1.90	4.844		
		400만 원대	9	1.00	.866		
		전 체	280	1.08	2.427		
	나 주	100만 원 이하	100	.53	.627	.322	.863
		100만 원대	116	.52	1.858		
		200만 원대	30	.23	.430		
		300만 원대	3	.67	.577		
		400만 원대	2	.50	.707		
		전 체	251	.49	1.334		

〈표-28〉부터 〈표-30〉까지는 두 지역 주민들의 연령, 교육수준, 가계소득 수준별 변인과 지식도와의 관계를 분석한 것이다. 연령별 변인에 있어서는 순천은 40대〉30대의 순으로 지식도가 높은 것으로 나타났다. 나주는 40대〉60대 순으로 높은 관심도를 나타냈으나, p〉.05에서 순천과 나주 모두 유의미한 관계를 나타내지는 않고 있다.

교육수준별로는, 순천은 전문대졸이 압도적으로 높은 지식도를 나타내고 있으며, 나주는 교육수준별로 유의미한 차이를 나타내지는 않고 있다. 소득수준별로는, 순천은 300만 원대〉200만 원대〉400만 원대의 순으로 높은 관심도, 즉 소득이 높은 경우가 낮은 경우보다 지식도가 높게 나타나고 있다. 나주의 경우 가계소득에 따른 지방정치 지식도가 별 차이가 없는 것으로 나타내고 있나. 순천과 나주지역의 진체적인 지식도의 평균값은 **순천**(1.04명)이 나주(0.49) 보다 상당히 높게 표줄되고 있다.

4. 주민참여 행태에 대한 빈도 분석

1) 투표 및 선거운동(권유) 참여율

〈표 4-23〉 투표참가 및 투표권유 참여율

	투표참가			
	참 가	불 참	기 타	합 계
순 천	222	57	1	280
	79.3%	20.4%	0.4%	100.0%
나 주	200	51	0	251
	79.7%	20.3%	0%	100.0%

	투표권유			
	있 다	없 다	기 타	합 계
순 천	71	207	2	280
	25.4%	73.9%	0.7%	100.0%
나 주	41	203	7	251
	16.3%	80.9%	2.8%	100.0%

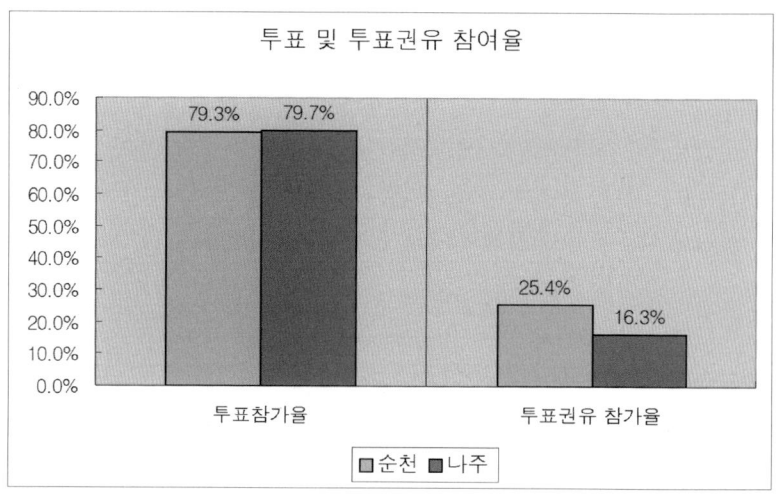

〈그림 4-7〉 투표참가 및 투표권유 참여율

　　각 지역별 조사대상자의 투표 및 투표권유 활동 참가 빈도를 나타낸 것이
다. 2002년 6월 지방선거에서 투표에 참가했는가의 여부를 묻는 질문에 대
해 순천지역은 79.3%, 나주지역은 79.7%의 조사대상자가 참가했다고 응
답하고 있다. 이러한 수치는 2002년 지방선거에서의 순천시와 나주시의 실
제 투표율 55%, 70.2%에 비해 많게는 25%, 적게는 10% 이상 높게 나
타나고 있는데, 이러한 현상은 투표 여부를 묻는 설문조사에서 흔히 나타나
는, 이른바 과잉응답 비율(대체로 10% 정도)을 감안하면 해석하는 데 큰
무리는 없어 보인다.

투표참가율과 비교할 때, 투표권유 활동의 경험 여부에 대한 빈도는 상당히 낮게 나타나고 있다. 투표권유 활동은, 의무로 여겨지는 투표참가와는 달리, 지방정치 과정에의 적극적인 참여행위로 볼 수 있다. 따라서 투표권유 활동에의 낮은 참가 경험은 지역 주민의 지역정치에의 무관심을 반영하는 하나의 지표로 해석할 수 있으며 또한 이 지역의 정서상 특정 정당에 대한 절대적 지지가 높은 편이므로 굳이 타인에게 누구를 지지하라는 투표권유가 적다. 순천과 나주지역의 결과를 비교하면, 순천지역이 약 9% 가량 높은 빈도를 나타내고 있어, 적극적인 정치참가 의식을 가진 주민이 많다는 점을 알 수 있다.

2) 참여유형별 지방정치참여 경험에 대한 빈도 분석

〈표 4-24〉 공청회 · 집단시위 · 서명 · 청원과 진정 · 조례감사 · 인터넷 민원참여

		순천빈도	%	나주빈도	%			순천빈도	%	나주빈도	%
공청회 참여	0회	258	92.2	238	94.8	청원 · 진정	0회	262	93.6	242	96.4
	1회	11	3.9	9	3.6		1회	12	4.3	5	2.0
	2회	11	3.9	3	1.2		2회	4	1.4	3	1.2
	3회			1	.4		3회	2	.7	1	.4
	전체	280	100.0	251	100.0		5회			1	.4
		순천빈도	%	나주빈도	%		전체	280	100.0	251	100.0
집단 시위	0회	264	94.5	242	96.4			순천빈도	%	나주빈도	%
	1회	10	3.6	7	2.8	조례감사 청구	0회	275	98.1	250	99.6
	2회	2	.7	1	.4		1회	3	1.1	1	.4
	3회	1	.4				2회	1	.4		
	4회	1	.4				4회	1	.4		
	5회			1	.4		전체	280	100.0	251	100.0
	6회	1	.4					순천빈도	%	나주빈도	%
	10회	1	.4			인터넷 민원	0회	254	90.7	241	96.0
	전체	280	100.0	251	100.0		1회	18	6.4	7	2.8

		순천빈도	%	나주빈도	%						
		순천빈도	%	나주빈도	%	인터넷 민원	2회	3	1.1	2	.8
	0회	188	67.1	187	74.5		3회	2	.7	1	.4
	1회	43	15.4	33	13.1		4회	1	.4		
	2회	25	8.9	20	8.0		5회	2	.7		
	3회	15	5.4	7	2.8		전체	280	100.0	251	100.0
서명	4회	4	1.4	3	1.2			순천빈도	%	나주빈도	%
	6회	2	.8	1	.4		0회	275	98.1	248	98.8
	10회	3	1.1				1회	3	1.1	3	1.2
						청탁	2회	2	.8		
	전체	280	100.0	251	100.0		전체	280	100.0	251	100.0

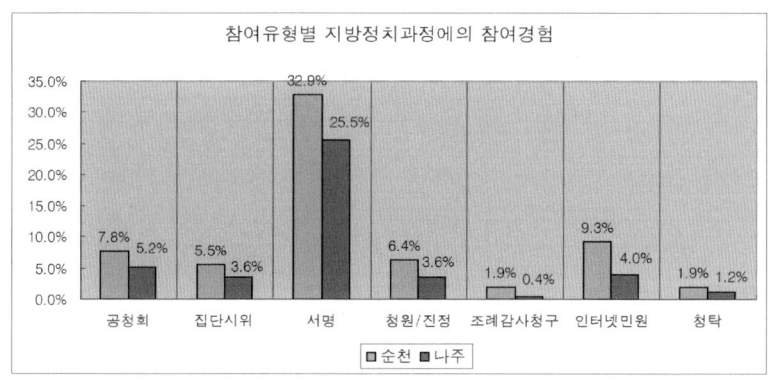

〈그림 4-8〉 참여유형별 참여 경험

　　참여유형별로 각 지역별 조사대상자들의 참가 경험의 빈도를 나타낸 것이다. 각 표의 조사결과에 나타난 바와 같이, 유형별로 복수의 참가횟수를 경험한 조사대상자의 수가 그리 많지 않아, 〈그림 4-8〉에서는 각 유형별 1회 이상의 참가 경험을 가진 조사대상자의 빈도만을 나타내었다. 결과를 보면, 우선, 참가유형별로는 조사대상자 가운데 서명에 참가한 경험이 있는 빈도가 다른 유형에 비해 압도적으로 높게(순천 32.9%, 마산 25.5%) 나타나고 있으며, 다음으로는 순천은 인터넷을 통한 민원제기(밀양 9.3%), 나주지역은 공청회 참여(나주 5.2%) 순으로 나타났다. 순천과 나주지역의 2순위 차이는 도시 규모가 클수록 인터넷 보편화가 많은 것으로 해석할 수 있다.

위와 같이 지역사회 현안에 대해 주민들이 자신의 의사를 나타내는 방법으로, 참가자의 입장에서는 다른 유형보다 비교적 시간과 비용이 적게 드는 서명과 인터넷을 통한 민원제기를 많이 이용하고 있음을 알 수 있다. 대부분의 지역사회 주민들이 소극적·수동적 참가의식을 강하게 나타내는 상태에서, 인터넷을 통한 참가는 앞으로도 이용 빈도가 점차 늘어갈 것으로 예상할 수 있다. 이 같은 결과는, 주민들의 참가를 유도하기 위해서는 참여의식을 고취시키는 방안의 모색과 함께, 주민들이 손쉽게 지방정치에 참여할 수 있는 참여유형의 개발도 필요함을 암시하고 있다고 하겠다.

3) 지역사회 관련 정보획득 매체(경로)에 대한 빈도

〈표 4-25〉 연령별·정보획득 매체(경로)별 빈도

		신 문		TV·라디오		시정홍보지		입소문		인터넷	
		M	SD	M	SD	M	SD	M	SD	M	SD
20대	순 천	2.84	0.834	1.92	0.946	4.48	1.036	3.29	1.348	2.47	1.388
	나 주	2.47	1.172	1.76	1.088	4.20	0.917	3.61	1.266	2.90	1.204
30대	순 천	2.48	0.964	1.93	1.264	4.04	0.997	3.39	1.297	3.26	1.531
	나 주	2.39	0.993	1.66	0.939	4.09	1.137	3.34	1.219	3.52	1.320
40대	순 천	2.31	1.041	2.03	1.341	3.69	1.177	3.49	1.273	3.95	1.322
	나 주	2.26	0.912	1.74	1.149	3.69	0.975	3.05	1.378	4.24	1.008
50대	순 천	2.55	1.234	1.74	0.893	3.26	1.341	3.16	1.241	4.39	0.989
	나 주	2.46	0.913	1.46	0.682	4.08	0.870	2.79	1.239	4.21	1.174
60대	순 천	2.56	1.018	2.09	1.286	3.54	1.166	2.74	1.395	4.18	1.241
	나 주	2.89	0.994	1.68	0.961	3.60	0.805	2.19	1.062	4.73	0.794
합계	순 천	2.55	1.008	1.96	1.183	3.88	1.180	3.23	1.336	3.55	1.502
	나 주	2.55	1.028	1.67	0.979	3.90	0.958	2.92	1.322	3.98	1.271

〈표 4-25〉는 각 지역별로 주민들이 지역사회와 관련된 정보를 얻기 위해

가장 자주 접하는 매체(경로)를 알아보기 위한 질문에 대한 응답을 정리한 것이다. 표에서 나타난 평균값은 가장 많이 이용하는 매체순으로 1번부터 5번까지 순위를 적은 결과를 정리한 것이다. 따라서 값이 적을수록 자주 이용하는 매체라고 볼 수 있다.

우선 표의 합계 부분에 나타난 매체별 이용 빈도를 살펴보면, 순천지역은 TV·라디오 〉 신문 〉 입소문 〉 인터넷 〉 시정홍보지 순으로 우선순위가 매겨지며, 나주지역은 TV·라디오 〉 신문 〉 입소문 〉 시정홍보지 〉 인터넷 순으로 나타나고 있다. 대체로 두 지역이 비슷한 분포를 나타내고 있으나, 나주지역이 동료나 친척들과의 대화를 통해 정보를 얻는(입소문)의 빈도가 상대적으로 다소 높게 나타나고 있으며(P 〈 .000), TV·라디오와 같은 경우는 나주의 빈도가 높은 반면 신문의 경우, 두 지역의 차이가 없다(P 〉 .05).

이 밖에 시정홍보지와 인터넷 이용 빈도는 순천이 상대적으로 높게 나타나고 있지만, 통계적으로 유의미한 차이는 확인되지 않는다(P 〉 .05). 이러한 차이는 두 도시 조사대상자의 사회환경적 특성(연령, 교육정도, 도시화의 수준 등)이 종합적으로 반영된 결과라고 여겨진다. 위의 조사결과에서 알 수 있는 또 다른 점은, 주민들의 지방정치에의 참여 의식수준이 그리 높지 않은 상태에서 별다른 노력을 들이지 않아도 가능한 TV·라디오와 같은 수동적인 매체에 의존하는 경향이 높다는 것과, 지자체에서 발행하는 시정홍보지가 정보전달 매체로서 별로 기능하지 못하고 있다는 사실이다.

매체별 빈도 분석과 함께 주요 사회환경적 변인(성별, 연령별, 교육수준별, 가계소득별, 거주기간별, 거주지역별)과 매체(획득경로)와의 상관관계에 대한 변량 분석을 시도해 본 결과, 우선 연령별 요인과 인터넷 이용 빈도와의 사이 높은 상관성이 확인되었다(순천: F 18.281, Sig 0.000, 나주: F 24.718, Sig 0.000). 위의 표에서 나타난 바와 같이, 순천과 나주지역 모두에서 연령대가 젊을수록 인터넷을 통한 정보획득을 선호하고 것으로 나타나고 있다. 인터넷 이용 빈도는 교육수준 변인과도 높은 상관관계를 나타내고 있다. 교육수준이 높을수록 인터넷을 통한 정보획득 빈도가 높아지는 것이 통계학적으로 확인되었다(순천: F 15.037, Sig 0.000, 나주: F 16.781 Sig 0.000). 인간은 나이 들수록 복잡한 것을 싫어하는 성향을 지니고 있다. 컴퓨터 운영체계의 복잡성과 새로운 지식의 입수에 대한 두려움 때문에 교육수준이 높은 사람이 인터넷을 통한 정보획득에 더 열성적이다.

이밖에 변인들과 정보획득 경로와의 변량 분석에서는, 밀양과 마산 두 지역 모두에서 유의수준 P 〉.05 수준에서 유의적인 차이를 나타내지 않았다. 한편, 통합 이전과 이후 거주지역 변인의 분석결과를 보면 거주지역 변인(통합 이전 승주군 지역과 순천시 지역, 통합 이전 나주군 지역과 나주시 지역)과 정보획득 경로와의 변량 분석에서 인터넷 이용 빈도와 거주지역 간의 관계에서 정보획득 경로로 인터넷을 선호하는 정도가 시 지역(순천과 나주 평균값: 3.44, 3.83) 이 군 지역(순천과 나주 평균값: 3.85, 4.25)보다 높은 것으로 나타났다.

제4절 주민참여 의식과 참여행태에 대한 변량 분석

지역 주민의 참여 의식에 영향을 미치는 결정요인들을 확인하기 위해 참여 의식과 사회환경적 요인 간의 변량을 분석하였다. 여기에서 주민이 참여 의식을 시민의식이라고 규정하고, 이러한 시민의식은 조사대상자들의 참여 의식수준을 나타내는 4가지 지표, 즉 지역사회에 대한 관심도, 효능감, 기여도, 그리고 지식도를 합한 값으로 산출하였나(시민의식 평균값=관심노 평균값+효능감 평균값+기여노 평균값+시식노 평균값). 시민의식과 성별, 연령별, 교육수준별, 가계소득별, 거주기간별, 거주지별 변인과의 관계를 분석하였다.

〈표 4-26〉 성별에 따른 시민의식의 차이 검증

			N	M	SD	F	Sig
시민의식	순 천	남 자	138	10.3261	4.65474	8.115	.005
		여 자	142	8.9859	3.08045		
		전 체	280	9.6464	3.98564		
	나 주	남 자	123	10.0976	3.47689	12.321	.001
		여 자	128	8.6875	2.86920		
		전 체	251	9.3785	3.25272		

순천·나주지역 주민들의 성별에 따른 시민의식의 차이를 알아보기 위한 변량 분석의 결과이다. 순천지역의 경우, 남자의 시민의식(평균값=10.3261)이 여자의 시민의식(평균값=8.9859)보다 다소 높은 것으로 나타났으며, 통계적으로 유의미한 차이를 보이고 있다 (p 〈 .005). 나주지역 역시, 남자의 시민의식(평균값=10.0976)이 여자의 시민의식(평균값=8.6875)보다 약간 높게 나타났으며, 유의미한 차이를 보이고 있다(P 〈 .001). 순천과 나주 두 도시 간의 시민의식은 순천이 나주보다 약간 높은 것으로 나타나고 있다. 두 지역에서 남성과 여성의 시민의식의 차이는 남성이 더 개방적이고 또한 연속극보다는 뉴스나 신문을 더 많이 보는 데서 비롯되고 있다.

〈표 4-27〉 연령에 따른 시민의식의 차이 검증

			N	M	SD	F	Sig
시민의식	순 천	20대	62	8.1613	3.00379	3.741	.006
		30대	69	10.4493	4.56823		
		40대	61	10.1803	4.60980		
		50대	31	10.4839	3.45322		
		60대 이상	57	9.2632	3.27614		
		전체	280	9.6464	3.98564		

			N	M	SD	F	Sig
시민의식	나 주	20대	51	8.7255	2.63119	1.898	.111
		30대	44	9.4091	2.98304		
		40대	42	10.5238	4.31807		
		50대	39	9.2564	2.91744		
		60대 이상	75	9.2267	3.18176		
		전 체	251	9.3785	3.25272		

순천과 나주시의 연령별 변인과 시민의식과의 변량 분석결과이다. 우선 연령대별 평균값을 살펴보면, 순천은 50대 〉 30대 〉 40대 〉 60대 〉 20대의 순으로 참여 의식이 높은 것으로 나타났다. 즉 30대에서 50대 연령층이 시민의식이 높은 반면, 20대가 가장 낮다. 통계학적으로 P 〈 .001 수준에서 유의적인 차이를 나타냈다. 나주지역의 경우, 40대 〉 30대 〉 50대 〉 60대 〉 20대의 순으로 높은 시민의식을 나타내고 있지만, 통계적으로 유의미한 차이를 나타내지는 않았다(P 〉 .05). 다소의 차이는 있지만, 단지 젊은 층에서 중·장년층으로 갈수록 높아지는 경향만을 확인할 수 있다. 젊은 층들이 지역사회의 제반 문제에 대해 무관심한 세태가 반영된 결과라고 할 수 있다.

〈표 4-28〉 교육수준에 따른 시민의식의 차이 검증

			N	M	SD	F	Sig
시민의식	순 천	무 학	4	8.2500	4.11299	1.358	.232
		초등학교	46	9.4783	3.12509		
		중학교	29	9.4483	3.63108		
		고등학교	85	9.2235	3.31439		
		전문학교	34	11.3824	6.17922		
		대학교	73	9.5753	4.07539		
		대학원 이상	9	9.7778	2.86259		
		전 체	280	9.6464	3.98564		

			N	M	SD	F	Sig
시민의식	나 주	무 학	15	7.5333	2.77403	1.662	.131
		초등학교	41	10.1220	3.44380		
		중학교	43	9.0698	3.09681		
		고등학교	84	9.5119	3.66847		
		전문학교	25	10.0800	2.76767		
		대학교	41	9.0244	2.52476		
		대학원 이상	2	7.5000	.70711		
		전 체	251	9.3785	3.25272		

각 도시별 교육수준의 차이와 시민의식과의 관계에 대해 분석한 결과이다. 표에 나타난 학력별 평균값을 살펴보면(표본 수가 너무 적은 무학과 대학원 졸은 제외), 순천의, 전문대졸〉대졸〉중졸〉초졸〉고졸의 순으로 높은 시민의식을 나타내고 있으며, 이는 통계학적으로 P〉.05 수준에서 유의미한 차이를 보이고 있지 않다. 나주지역은 초졸〉전문대졸〉고졸〉중졸〉대졸의 순으로 높은 평균값을 나타내고 있으며, 학력과 시민의식과는 통계학적으로 유의미한 차이를 보이지 않았다(P〉.05).

〈표 4-29〉 가계소득에 따른 시민의식의 차이 검증

			N	M	SD	F	Sig
시민의식	순 천	100만 원 이하	82	9.0610	3.32721	1.907	.110
		100만 원대	111	9.4505	3.08291		
		200만 원대	58	10.3966	5.70915		
		300만 원대	20	11.3500	5.47987		
		400만 원대	9	9.7778	2.77389		
		전 체	280	9.6786	4.04060		
	나 주	100만 원 이하	100	8.9900	3.39189	.926	.450
		100만 원대	116	9.4828	3.28497		
		200만 원대	30	10.0667	2.62525		
		300만 원대	3	11.0000	2.00000		
		400만 원대	2	10.0000	4.24264		
		전 체	289	9.1419	2.67394		

조사대상자의 가계소득별 변인과 시민의식과의 관계를 분석한 결과이다. 우선 순천지역의 분석결과를 살펴보면(표본 수가 적은 400만 원대 제외), 300만 원대〉200만 원대〉100만 원대〉100만 원 이하의 순으로 시민의식이 높은 것으로 나타났다. 즉, 가계소득 수준이 높아질수록 시민의식도 높아진다고 볼 수 있으며, 통계학적으로 P〉.05 수준에서 유의미한 차이를 보이고 있지 않다. 나주지역 역시, 표본 수가 적은 300만 원대와 400백만 원대를 제외하면, 100만 원 이하에서 200만 원대까지 가계소득 수준이 높아질수록 시민의식도 높아지는 것으로 나타나고 있다. 통계학적으로 유의미한 차이를 보이지는 않았다(P〉.05). 결국 순천과 나주 같은 중소도시에서는 경제적으로 여유가 있는 자들이 그렇지 못한 자들보다 지역사회의 제반문제에 대해 상내적으로 높은 관심과 기여를 나타낸다는 점을 확인할 수 있다.

〈표 4-30〉 현지 거주기간별 시민의식의 차이 검증

				N	M	SD	F	Sig
시민의식	순 천	0-9년	0-9년	59	9.2203		3.01186	2.860
		10-19년	10-19년	49	9.5306			
		20-29년	20-29년	63	8.6508			
		30-39년	30-39년	50	10.0200			
		40-49년	40-49년	24	11.9583			
		50년 이상	50년 이상	35	10.2000			
		전 체	전 체	280	9.6464			
	니 주	0-9년	0-9년	31	8.5484		2.17315	2.606
		10-19년	10-19년	32	9.6875			
		20-29년	20-29년	52	8.9423			
		30-39년	30-39년	37	10.6757			
		40-49년	40-49년	34	10.1176			
		50년 이싱	50년 이싱	65	8.8462			
		전 체	전 체	251	9.3785			

조사대상자의 현지 거주기간과 시민의식과의 관계를 분석한 것이다. 결과의 평균값을 살펴보면, 우선 순천지역은 거주기간 20-29년〉0-9년〉30-39년〉10-19년의 순으로 높게 나타나고 있다. 통계학적으로 유의적인 차이는 나타나지 않았다(P〉.05). 그리고 나주지역은 대체로 0-19년의 거주기간을 가진 조사대상자들보다 20년부터 50년 이상까지의 거주기간을 갖고 있는 조사대상자들의 시민의식이 높게 나타나고 있지만, 유의미한 차이는 보이고 있지 않다(P〉.05). 그렇지만 거주기간이 길수록 연령도 높아지기 때문에 이러한 결과에 연령별 요인이 작용하였다는 점도 배제하기 힘들다.

〈표 4-31〉 거주지(市·郡)별 시민의식의 차이 검증

		N	M	SD	F	Sig
시민의식	舊순천시 지역	203	9.7882	4.30283	.542	.462
	舊승주군 지역	77	9.3896	3.25720		
	전 체	280	9.6786	4.04060		
		N	M	SD	F	Sig
시민의식	舊나주시 지역	101	8.6337	2.34403	9.151	.003
	舊나주군 지역	150	9.8800	3.66540		
	전 체	251	9.3785	3.25272		

〈표 4-31〉은 1995년 구(舊)승주군 지역을 통합하여 도농통합시로 출범한 순천시, 그리고 구나주군을 통합하여 도농통합도시가 된 나주시를 대상으로, 통합 이전 군(郡)이었던 지역에 거주하는 조사대상자와 통합 이전부터 시(市) 지역이었던 곳이 거주하는 조사대상자 간의 시민의식의 차이를 분석한 것이다. 그 결과를 보면 순천시의 경우, 구순천시 지역, 나주시의 경우, 구나주군 지역이었던 곳에 거주하는 조사대상자의 시민의식이 다소 높은 것을 확인할 수 있다.

제5절 시민의식과 참여행태 상관 분석

본 절에서는 설문조사에서 얻어진 자료를 통해, 시민(주민)의식과 참여행태 간의 상관관계에 대해서 분석하였다. 시민의식은 앞 절에서 밝힌 바와 같이, 지방정치에 대한 관심도, 효능감, 기여도, 그리고 지식도의 값을 합한 값으로 산출했다(시민의식 수치＝관심도의 값＋효능감의 값＋기여도의 값＋지식도의 값). 여기서 관심도, 효능감, 기여도의 값은, 설문에서 5점 척도를 사용했으므로, 각각 1에서 5 가운데 하나의 값을 갖게 되고, 그 값이 높아질수록 시민의식이 높은 것으로 해석된다.

지식도의 값은 설문에서 그 지역의 시의원의 이름을 알고 있는 수를 물었으므로, 0(0명)에서부터 순천지역은 22(22명)까지, 그리고 나주지역은 17(17명)까지의 수치 가운데 하나로 나타나게 된다. 따라서 각 조사대상자별로 관심도, 효능감, 기여도, 지식도를 묻는 4가지 문항에 대해 응답한 결과를 합하면, 순천지역은 그 값(시민의식의 수치)이 최소 3에서 최대 36까지, 그리고 나주지역은 최소 3에서 최대 27까지의 분포로 나타난다(수치가 클수록 시민의식이 높음). 아래의 표와 그림은 순천시와 나주시 시민의식의 수치별 빈도수를 나타낸 것이다.

〈표 4-32〉 순천 · 나주 시민의식

		빈 도	%	빈 도	%
Valid	3.00	11	3.9	6	2.4
	4.00	9	3.2	10	4.0
	5.00	12	4.3	7	2.8
	6.00	19	6.8	21	8.4
	7.00	30	10.7	29	11.6

	빈 도	%	빈 도	%
8.00	29	10.4	30	12.0
9.00	27	9.6	30	12.0
10.00	32	11.4	32	12.7
11.00	35	12.5	31	12.4
12.00	27	9.6	18	7.2
13.00	18	6.4	13	5.2
14.00	14	5.0	9	3.6
15.00	8	2.9	5	2.0
16.00	4	1.4	8	3.2
18.00	1	.4		
20.00	1	.4	1	.4
27.00			1	.4
31.00	1	.4		
33.00	1	.4		
36.00	1	.4		
전 체	280	100.0	251	100.0

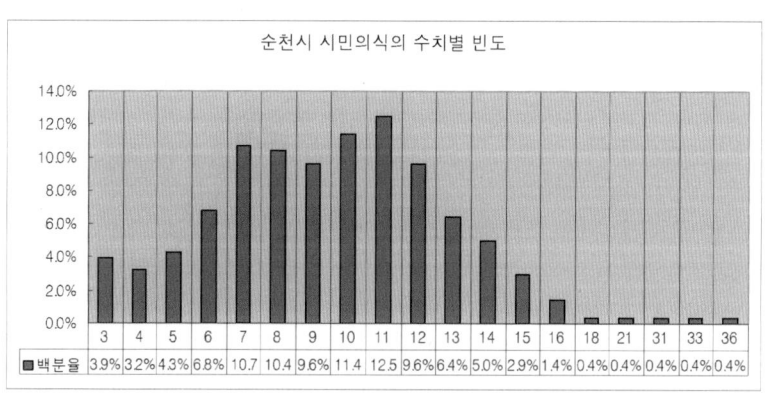

〈그림 4-9〉 순천지역 조사대상자의 시민의식 수치별 빈도

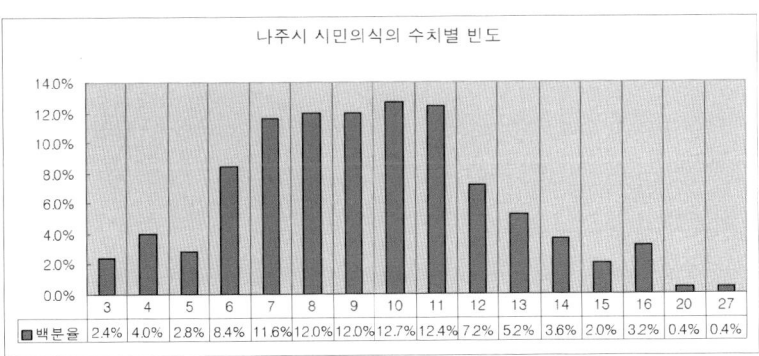

〈그림 4-10〉 나주지역 조사대상자의 시민의식 수치별 빈도

시민의식의 정도와 참여행태와의 관계, 즉 투표참가, 투표권유, 공청회 참여, 집단시위, 서명, 청원/진정, 조례감사 청구, 인터넷 민원, 청탁의 9 가지 유형별 참여와 시민의식의 정도와의 상관 분석을 시도하였으며, 그 결과를 〈표 4-33〉에 요약해 놓았다.

〈표 4-33〉 시민의식과 참여행태 간 상관 분석

			투표참가	투표권유	공청회참여	집단시위	서명	청원/진정	조례감사청구	인터넷민원	청탁
시민의식	순천	상관계수	.162	.109	.298	.130	.097	.093	-.103	.015	-.125
		유의도	.007	.068	.000	.029	.105	.121	.086	.809	.037
		N	280	280	280	280	280	280	280	280	280
	나주	상관계수	투표참가	투표권유	공청회참여	집단시위	서명	청원/진정	조례감사청구	인터넷민원	청탁
		유의도	.221	.192	.222	.107	.228	.376	-.007	.104	.021
		N	.000	.002	.000	.090	.000	.000	.907	.101	.740
		N	251	251	251	251	251	251	251	251	251

우선 순전시를 보면, 조례감사 청구, 청탁의 상관계수가 각각 -.103과 -.125

로 나타나 시민의식과 부(否)의 상관관계를 나타내고 있다. 투표참가(r =.162, p < .001)는 .005의 유의수준에서 유의미한 관계를 나타내고 있지만, 투표권유(r =.109, p > 0.5)는 유의수준에서 유의미하지 않다. 그리고 공청회 참여(r =.298, P < .001), 집단시위(r =.130, P < .05), 서명(r =.097, P > .05), 청원/진정(r =.093, P > .05), 인터넷 민원(r =.015, P > .05) 등은 각각 정도의 차이는 있으나 모두 시민의식과 정(正)의 상관관계를 나타내고 있다.

나주시의 경우 조례감사 청구(r =-.007, p > 0.5)는 시민의식과 부(否) 의 상관관계를 나타내고 있으며, 유의미하지 않다. 나머지의 참가유형들에 서는 모두 정(正)의 상관관계를 나타내고 있었으며, 투표참가, 투표권유, 공청회 참여, 서명, 청원/진정 등은 통계적으로 유의미하지만, 나머지 항 목은 유의수준을 나타내지 못하고 있다.

전체적인 분석결과는, 조례감사 청구는 시민의식과 별 관계가 없는 것으 로 나타났다는 사실과, 그 밖의 대부분의 지방정치에의 참여유형들에서는, 정도의 차이는 있지만, 시민의식이 높을수록 참여가 높다는 점이 확인되었 다는 것으로 정리할 수 있겠다. 조례감사 청구 항목이 시민의식과 부(否)의 상관관계를 나타내고 있다는 사실은 지역정치에 있어 주민들의 참여가 제자 리를 잡지 못하고 있다는 것으로 해석할 수 있다.

제6절 주민참여 강도

주민참여의 강도와 사회환경적 변인 간의 관계를 알아보기 위한 변량 분

석을 시도하였다. 앞 절에서 살펴본 시민의식이 조사대상자의 주관적·관념
적 인식의 정도를 측정한 것인 반면, 여기서의 참여강도는 각 유형별 참여
형태, 즉 투표 참여, 선거운동 참여, 공청회 참여, 집단시위 참여, 서명
참여, 청원·진정·건의 참여, 조례·감사청구, 인터넷 민원참여, 청탁의
값을 합한 수치를 말하므로, 실제 지역 정치과정에의 참여 여부를 묻는, 객
관적·경험적 측정결과라는 점에서 그 차이를 나타낸다(참여강도의 수치=
투표 참여 여부+선거운동 참여 여부+공청회 참여 횟수+집단시위 참여 횟
수+서명 참여 횟수+청원·진정·건의 참여 횟수+조례·감사청구 횟수+
인터넷 민원참여 횟수+청탁횟수).

〈표 4-34〉 성별에 따른 참여강도의 차이 검증

			N	M	SD	F	Sig
참여 강도	순 천	남 자	138	4.2391	2.57601	.188	.665
		여 자	142	4.1127	2.29739		
		전 체	280	4.1750	2.43513		
	나 주	남 자	123	3.9187	1.86246	5.717	.018
		여 자	128	3.4688	1.01126		
		전 체	251	3.6892	1.50434		

　　도시별로 성별 변인에 따른 참여강도의 차이를 분석한 결과이다. 표의 내
용을 살펴보면, 우선 순천지역은 남성의 참여강도(평균값 4.2391)가 여성
(4.1127)보다 약간 높게 나타나고 있으나, 통계학적인 유의수준은 나타나
고 있지 않다($P > .05$). 나주지역은 남성의 참여강도의 수치(평균값 3.9187)
가 여성(평균값 3.4688)보다 다소 높게 나타나고 있으며, 이는 통계적으로
$P < .05$의 유의수준에서 유의적 관계를 나타냄을 확인할 수 있다. 참고로
순천과 나주의 도시 간 참여강도 비교에서는 순천지역(평균값 4.1750)이
나주지역(3.6892)보다 다소 높은 수치를 나타내고 있지만, 통계학적으로
유의미하지는 않다($P > .05$).

〈표 4-35〉 연령별 변인에 따른 참여강도의 차이 검증

			N	M	SD	F	Sig
참여 강도	순 천	20대	62	4.4677	1.52270	1.232	.298
		30대	69	4.3478	2.88417		
		40대	61	4.3607	2.97228		
		50대	31	3.6452	2.00912		
		60대 이상	57	3.7368	2.18376		
		전 체	280	4.1750	2.43513		
참여 강도	나 주	20대	51	3.7843	1.04525	.914	.456
		30대	44	3.7955	1.39066		
		40대	42	3.8571	2.10193		
		50대	39	3.7949	1.93553		
		60대 이상	75	3.4133	1.14010		
		전 체	251	3.6892	1.50434		

연령별 변인과 참여강도 간의 관계를 분석한 결과이다. 순천지역의 연령
대별 참여강도는 20대 > 40대 > 30대 > 60대 > 50대의 순으로 높게 나타나고
있으며, 대체적으로 사회적 활동이 왕성한 20-40대층의 참여강도가 상대적
으로 높음을 확인할 수 있다. 통계적으로는 P > .05 유의수준에서 유의미하
지 않다. 나주의 경우는 20대부터 40대까지 참여강도가 비슷한 반면, 60대
에서는 그 차이가 미미한 것으로 나타났으며, 통계적으로도 연령과 참여강
도 간에는 P > .05 유의수준에서 유의미한 관계는 확인되지 않았다. 순천과
나주 모두에서 20대-40대의 참여강도가 50대 이상보다 높은 것으로 나타
나고 있다. 특히 20대의 조사대상자 중 대학생이 차지하는 빈도가 높은데다
가 시위, 서명 등에 참여할 기회도 20대에서 상대적으로 높기 때문이 아닌
가 여겨진다.

<표 4-36> 교육수준별 변인에 따른 참여강도의 차이 검증

			N	M	SD	F	Sig
참여 강도	순 천	무 학	4	2.7500	.50000	4.089	.001
		초등학교	46	3.5870	2.15588		
		중학교	29	3.4483	1.29797		
		고등학교	85	4.0353	2.04966		
		전문학교	34	3.8235	1.26660		
		대학교	73	4.9589	3.06612		
		대학원 이상	9	6.4444	4.71993		
		전 체	280	4.1750	2.43513		
참여 강도	나 주	무 학	15	3.2000	1.08233	2.278	.037
		초등학교	41	3.5610	1.14124		
		중학교	43	3.3721	.95177		
		고등학교	84	3.5952	1.44888		
		전문학교	25	3.9600	2.31805		
		대학교	41	4.3659	1.77139		
		대학원 이상	2	3.5000	.70711		
		전 체	251	3.6892	1.50434		

순천과 나주지역의 교육수준과 참여강도와의 관계를 분석하여 <표-61>로 제시하였다. 순천지역은 대학원졸 > 대졸 > 고졸 > 전문대졸의 순으로 참여강도에서 높은 수치를 나타내고 있으며, 통계적 유의수준 $P < .001$ 수준에서 유의적인 차이를 나타내고 있다. 즉, 교육수준이 높을수록 참여강도가 높아진다는 점을 확인할 수 있다. 나주지역 역시 초등졸에서부터 대학원졸까지 교육수준이 높아질수록 참여강도가 높은 것으로 나타나고 있으며 통계적 유의수준은 $P < .05$ 수준에서 유의미한 차이를 보이고 있다. 전체적으로 볼 때, 교육수준이 높을수록 참여강도가 높아지고 있음을 알 수 있다. 높은 교육수준의 소유와 높은 참여강도의 상관성은 정당하지 못한 것, 공익적인 것, 주민을 위한 정책추신, 주민의 정당한 권리 추구 능이 주민들의 기본적 권리라는 지식을 갖고 있기 때문이다.

〈표 4-37〉 가계소득별 변인에 따른 참여강도의 차이 검증

			N	M	SD	F	Sig
참여 강도	순 천	100만 원 이하	82	4.0976	2.63223	2.922	.022
		100만 원대	111	3.8919	1.61443		
		200만 원대	58	4.7759	3.18463		
		300만 원대	20	3.8500	1.46089		
		400만 원대	9	6.2222	4.71110		
		전 체	280	4.2071	2.47857		
	나 주	100만 원 이하	100	3.5200	1.43885	1.434	.223
		100만 원대	116	3.6983	1.58372		
		200만 원대	30	4.0333	1.35146		
		300만 원대	3	5.0000	1.00000		
		400만 원대	2	4.5000	2.12132		
		전 체	251	3.6892	1.50434		

각 도시별 조사대상자의 가계소득 수준의 차이가 참여강도와 어떤 관계를 나타내는지를 분석한 결과이다. 순천지역은 400만 원대〉200만 원대〉100만 원 이하〉100만 원대〉300만 원대 순으로 참여강도가 높은 것으로 나타나고 있으며, 나주지역은 300만 원대〉400만 원대〉200만 원대〉100만 원대〉100만 원 이하의 순으로 높은 참여강도를 나타내고 있다. 통계적으로는 순천은 유의미한 수준이지만 나주는 그렇지 않다. 전체적으로 보면 400만 원대의 가계소득 수준을 가진 조사대상자가 가장 참여강도가 높은 것으로 확인되었다.

〈표 4-38〉 거주기간별 변인에 따른 참여강도의 차이 검증

			N	M	SD	F	Sig
참여 강도	순 천	0-9년	59	4.4746	2.27699	2.448	.034
		10-19년	49	4.9796	3.50886		
		20-29년	63	4.2222	2.09026		
		30-39년	50	3.6000	2.36471		
		40-49년	24	3.5417	.88363		
		50년 이상	35	3.7143	1.94893		
		전 체	280	4.1750	2.43513		

			N	M	SD	F	Sig
참여 강도	나 주	0-9년	31	4.0000	1.15470	1.881	.098
		10-19년	32	3.6875	1.17604		
		20-29년	52	3.7115	1.66081		
		30-39년	37	4.1892	2.35511		
		40-49년	34	3.4118	1.10420		
		50년 이상	65	3.3846	1.12767		
		전 체	251	3.6892	1.50434		

〈표 4-38〉은 현지에 계속 거주해 온 기간과 참여강도와의 관계를 분석한 결과이다. 순천지역은 10-19년〉0-9년〉20-29년〉50년 이상〉30-39년〉40-49년의 순으로 높은 **참여강도**를 나타내고 있고, 나주지역은 30-39년〉0-9년〉20-29년〉10-19년〉40-49년〉50년 이상 순으로 나타나고 있다. 이 같은 결과를 토대로 거주기간이 길면 길수록 연령이 많다는 가정을 하면 젊은 층일수록 참여강도가 높다는 것으로 추정할 수 있다.

〈표 4-39〉 거주지(市·郡)별 변인에 따른 참여강도의 차이 검증

		N	M	SD	F	Sig
참여 강도	순천시 지역	203	4.2512	2.59492	.233	.630
	승수군 지역	77	4.0909	2.15322		
	전 체	280	4.2071	2.47857		
		N	M	SD	F	Sig
참여 강도	나주시 지역	101	3.5149	1.02581	2.283	.132
	나수군 지역	150	3.8067	1.74824		
	전 체	251	3.6892	1.50434		

두농통합시인 순천과 나주지역을 대상으로, 통합이전 군(郡) 지역이었던 지역에 거주하는 주민과 시(市) 지역에 거주하는 주민 간의 참여강도에 있어서의 차이를 분석한 것이다. 순천의 경우 시 지역, 나주는 군 지역 주민

의 참여강도의 수치가 미미하지만 더 높게 나왔다. 전체적으로 볼 때 순천시가 나주시보다 거주지별 참여강도가 더 높은 것으로 밝혀졌다. 두 지역 모두 통계적으로 유의미한 관계는 확인되지 않고 있다. 이런 점에서 거주지(市·郡)별 변인은 참여강도에 거의 영향을 미치지는 않고 있음을 알 수 있다.

제7절 정치문화의 구조적 특징과 정치적 행태

본 절에서는 순천시와 나주시의 주민들의 정치문화 의식의 구조적 특징과 정치적 행태를 살펴보고자 한다. 특정 지역에 거주하고 있는 대다수 사람들이 공유하고 있는 가치관, 신념 및 의식체계가 무엇인지 그리고 그들의 가치체계는 어떻게 변화되고 형성된 것인지 분석하겠다.

1. 정치적 가치관

조사 선정대상인 전남지역의 순천시와 나주시에 거주하고 있는 주민들의 정치문화 가운데 먼저 정치적 가치관에 대하여 살펴보겠다. 지역 주민들의 권력가치를 알아보기 위해 "지역 주민들이 지방정부의 정책결정에 참여하고 있다고 생각하십니까?"라는 질문에 대한 응답 결과이다. 순천지역 주민들은 '조금 아니다'라는 입장 표명자가 91명(32.5%)으로 최다이며, 전체적으로는 부정적 사고자가 절반을 넘고 있다. 나주지역 주민들의 경우 가장 높은 응답률을 보인 것은 '그저 그렇다'라고 77명(30.7%)이 응답하였다. 따라서 나주보다는 순천지역 주민들이 권력가치에 대해 강한 부정적 사고를 갖고 있다. 결국 두 지역 주민들의 권력가치에 대한 부정적인 생각 즉, 지방정부에 대한 정치참여에 있어서 권력가치를 다소 거리감이 있는 것으로 인식하고 있다. 이는 지방자치 시대에 지방정부의 제도적 역할이 부족함을 뜻하며, 수요자 중심의 서비스 행정차원에서 주민들의 정책결정 참여에 대한 폭넓은 기회가 주어져야 함을 의미한다.

〈표 4-40〉 권력·계몽·부(富)·안녕가치

		순천 빈도	%	나주 빈도	%
권력 가치	아니다	66	23.6	46	18.3
	조금 아니다	91	32.5	67	26.7
	그저 그렇다	66	23.6	77	30.7
	조금 그렇다	35	12.5	33	13.1
	그렇다	22	7.9	28	11.2
	전 체	280	100.0	251	100.0
		순천 빈도	%	나주 빈도	%
계몽 가치	아니다	7	2.5	15	6.0
	조금 아니다	25	8.9	13	5.2
	그저 그렇다	58	20.7	43	17.1
	조금 그렇다	62	22.1	69	27.5
	그렇다	128	45.7	111	44.2
	전 체	280	100.0	251	100.0

		순천 빈도	%	나주 빈도	%
부가치	아니다	2	.7	3	1.2
	조금 아니다	10	3.6	4	1.6
	그저 그렇다	31	11.1	40	15.9
	조금 그렇다	47	16.8	69	27.5
	그렇다	190	67.9	135	53.8
	전 체	280	100.0	251	100.0
		순천 빈도	%	나주 빈도	%
안녕 가치	아니다	35	12.5	33	13.1
	조금 아니다	72	25.7	56	22.3
	그저 그렇다	116	41.4	98	39.0
	조금 그렇다	31	11.1	48	19.1
	그렇다	26	9.3	16	6.4
	전 체	280	100.0	251	100.0

계몽가치를 살펴보기 위한 것으로서 "사회변화에 민감하게 대응하지 못하면 시대에 뒤쳐진다고 생각하십니까?"라고 질문을 하였다. 그 결과, 순천 주민들은 '그렇다'라고 응답한 사람이 128명(45.7%)으로 가장 많았으며, 그다음으로는 '조금 그렇다'라고 응답한 사람이 62명(22.1%)으로 두 개의 빈도를 더하면 약 68%를 차지한다. 따라서 순천지역의 주민들은 사회변화에 민감하게 반응한다고 할 수 있다. 나주지역 주민들은 '그렇다'에 응답한 사람이 111명(44.2%)으로 가장 높은 빈도를 보이며 그다음으로는 '조금 그렇다'라고 응답한 사람이 69명(27.5%)으로서 두 개의 빈도를 더하면 약 72%대의 높은 빈도를 보여주고 있다. 따라서 나주지역 주민들 또한 사회변화 발전에 민감하게 반응한다고 말할 수 있다.

부(富)에 대한 가치를 질문한 것으로서 "돈은 사회활동에 중요한 역할을 한다"라고 질문한 결과를 나타낸 것이다. 그 결과, 순천 주민들은 '그렇다'라고 응답한 사람이 190명(67.9%)이며 다음으로는 '조금 그렇다'라고 응답한 사람이 47명(16.8%)으로 전체 응답자의 85% 이상이 돈이 사회활동에 중요한 역할을 한다고 인식하고 있었다. 나주 주민들의 경우에는 순천 주민들에 비해서 '그렇다'라고 응답한 빈도가 다소 낮지만 가장 높은 빈도를 보이고 있는 135명(53.8%)을 보이며 그다음으로는 '조금 그렇다'라고 응답한 사람이 69명(27.5%)으로서 두 개의 응답률을 더하면 81%이다. 따라서 두 도시 지역 간에 부에 대한 가치개념은 나주지역에 비해 순천지역이 보다 강하게 나타나는 것을 알 수 있다.

라스웰의 8가지 가치 가운데 '안녕가치'를 살펴보고자 "사회의 안정과 복지를 위해서 주민들 간에 상호신뢰와 협력이 얼마나 이루어지고 있다고 생각하십니까?"라고 질문을 하였다. 그 결과 순천 주민들은 '그저 그렇다'고 응답한 사람이 116명(41.4%)으로 가장 많았으며, '조금 아니다'에 72명(25.7%)이 응답하였다. 이 두 개의 응답 결과를 더하면 약 68%의 응답자들은 사회안정과 복지를 위해서 주민들 간에 상호신뢰와 협력이 잘 이루어지지 않고 있다고 생각하고 있다.

나주지역의 경우에는 '그저 그렇다'에 98명(39.0%), '조금 아니다'라는 응답은 56명(22.3%)으로 이 두 응답률을 합한 결과를 볼 때 약 61% 정도이다. 따라서 순천 주민들이 약 7% 정도 더 부정적으로 인식하고 있음을 알 수 있다. 한편, 이러한 결과는 보다 심층적인 연구접근을 통해서 지역이 가지고 있는 지리적 특성 또는 지역 주민들 간의 정치문화와 어떤 연관이 있는지 살펴보도록 해야겠다.

〈표 4-41〉 기술 · 애정 · 존경 · 정직가치

		순천 빈도	%	나주 빈도	%
기술 가치	아니다	13	4.6	10	4.0
	소금 아니다	26	9.3	22	8.8
	그저 그렇다	51	18.2	56	22.3
	조금 그렇다	78	27.9	95	37.8
	그렇다	112	40.0	68	27.1
	전 체	280	100.0	251	100.0

		순천 빈도	%	나주 빈도	%
애정 가치	아니다	70	25.0	33	13.1
	조금 아니다	76	27.1	63	25.1
	그저 그렇다	82	29.3	78	31.1
	조금 그렇다	32	11.4	40	15.9
	그렇다	20	7.1	37	14.7
	전 체	280	100.0	251	100.0
		순천 빈도	%	나주 빈도	%
존경 가치	아니다	28	10.0	9	3.6
	조금 아니다	13	4.6	21	8.4
	그저 그렇다	44	15.7	54	21.5
	조금 그렇다	82	29.3	97	38.6
	그렇다	113	40.4	70	27.9
	전 체	280	100.0	251	100.0
		순천 빈도	%	나주 빈도	%
정직 가치	아니다	70	25.0	57	22.7
	조금 아니다	101	36.1	78	31.1
	그저 그렇다	78	27.9	75	29.9
	조금 그렇다	21	7.5	30	12.0
	그렇다	10	3.6	11	4.4
	전 체	280	100.0	251	100.0

"우리 사회는 개인의 전문성보다는 연공서열을 중시하는 사회이다"라고 지역 주민들에게 질문하였다. 순천의 경우 '그렇다'에 112명(40.0%)으로 가장 높으며, 다음으로는 '조금 그렇다'에 78명(27.9%)이 동의하였다. 따라서 순천지역은 연공서열을 중시하는 지역이라고 말할 수 있다. 나주의 경우, '조금 그렇다'와 '그렇다'에 응답한 빈도가 전체 가운데 약 65% 정도가 동의하였다. 따라서 약간의 빈도 차이는 있지만, 두 지역 모두 연공서열을 중시하는 경향을 갖고 있다.

애정가치를 살펴보기 위해서 "우리 사회는 가난하고 어려운 이웃을 돕고 있다고 생각하십니까?"라고 질문하였다. 그 결과 순천지역은 '그저 그렇다'라고 응답한 사람이 82명(29.3%)으로 가장 많았으며, 부정적 입장을 표명한 사람은 50%를 초과하고 있다. 따라서 순천지역 주민들은 애정가치 면에서 부정적 입장을 지닌 것으로 나타났다. 나주지역의 경우 '그저 그렇다'에 응답한 사람이 78명(31.1%)으로 가장 높은 빈도를 보이고 있으며, 38% 정도는 부정적 인식, 약 30% 정도는 긍정적 인식을 하고 있는 것으로 나타났다. 두 지역 간 긍정적 입장에 관한 차이는 도시 규모, 즉 대도시일수록 개인주의를 선호하는 현상 때문에 보다 농촌도시인 나주에서 애정가치의 빈도가 높게 나오고 있다. 결과적으로 전남지역에서의 애정가치는 10명 중 3명 정도가 중간자적 입장이었으며, 순천은 부정적, 나주는 긍정적 성향을 보이고 있었다.

존경가치의 문항으로 "정당하지 않은 방법으로 높은 지위에 오르거나 사회적 인정을 받는 경우가 많다"라고 질문을 하였다. 순천지역의 경우 10명 가운데 7명 정도가 동의하고 있는 반면 나주 주민들은 10명 중 6명 정도가 우리 사회를 정당하지 않은 방법으로 높은 지위에 오르거나 인정을 받는 경우가 많다고 생각하고 있었다. 결과적으로 전남지역에서 존경가치는 나주지역에 비해 순천지역 주민들이 약간 부정적인 사고를 갖고 있는 것으로 나타났다.

"우리사회에서 정직과 준법정신이 언제나 지켜지고 있다고 생각하십니까?"라고 질문을 한 결과이다. 순천 주민들은 '조금 아니다'라고 응답한 사람이 101명(36.1%)으로 가장 높은 빈도를 보이며 그다음으로는 '그저 그렇다'라고 응답한 사람이 78명(27.9%)인 것으로 나타났다. 정직가치에 대한 주민들의 인식은 우리 사회에서 정직이나 준법정신은 잘 지켜지지 않고 있음을 의미한다. 나주지역의 경우 '조금 아니다'가 78명(31.1%)으로 가장 높은 빈도를 보이며 '그저 그렇다'라고 응답한 사람은 75명(29.9%)인 것으로 나타났으며 '아니다'라고 응답한 사람은 57명(22.7%)으로 나타났다. 이들 세 부분의 응답률을 더하여 볼 때 약 90%라는 높은 빈도율을 보이고 있다.

결과적으로 전남지역의 두 도시에서 나타난 정직가치는 아직까지도 우리
사회가 정직이나 준법정신이 매우 미약한 부분임을 잘 드러내주고 있다고
하겠으며, 이 점은 앞으로도 우리 지역사회 발전에 걸림돌 역할로 작용할
여지가 높다. 따라서 지역사회 내에서 정직과 준법정신의 올바른 확립과 확
산이 시급히 필요한 때이라고 본다.

〈표 4-42〉 차별대우 1

	순천 빈도	%	나주 빈도	%
아니다	25	8.9	17	6.8
조금 아니다	20	7.1	9	3.6
그저 그렇다	66	23.6	35	13.9
조금 그렇다	53	18.9	76	30.3
그렇다	116	41.4	114	45.4
전 체	280	100.0	251	100.0

지역사회가 다른 지역에 비해 차별대우를 받고 있었는지를 분석하였다. "우
리 지역이 김영삼 대통령 정부 때까지 타 지역보다 정치경제적으로 불공평
한 대우를 받았다고 생각한다"라는 질문을 분석한 결과이다. 순천지역의 경
우에는 지역적 차별을 받았다고 인식한 주민이 169명(60.3%)으로 5명 중
3명이 지역적 차별을 받았다고 생각하고 있다. 나주지역의 경우, 190명
(75.7%) 정도, 다시 말해 10명 중 7명 정도가 차별을 받았다고 인식하고
있다. 이는 김영삼 정권 이전까지 대통령이 영남인이었고 또한 경제개발 역
시 영남권 중심으로 행해짐으로써 호남지역이 경제개발에서 낙후, 소외지역
으로 취급당한 경험에서 이 같은 답변을 한 것으로 추정할 수 있다.

〈표 4-43〉 차별대우 2

	순천 빈도	%	나주 빈도	%
아니다	52	18.6	42	16.7
조금 아니다	56	20.0	66	26.3
그저 그렇다	122	43.6	78	31.1
조금 그렇다	27	9.6	34	13.5
그렇다	23	8.2	31	12.4
전 체	280	100.0	251	100.0

"우리 지역은 김대중 대통령 정부 이후부터 타 지역보다 정치·경제적으로 불공평한 대우를 받았다고 생각한다"라는 질문이다. 순천지역의 경우 차별도 혜택도 받지 않았다는 중간적 입장 표명 주민이 122명(43.6%), 나주는 78명(31.1%)이다. 차별을 받지 않았다는 주민은 순천 38%, 나주 43%이며, 차별받았다고 인식한 주민은 순천 17%, 나주 26%로 나타났다. 따라서 김대중 정권의 등장 이후, 순천과 나주 주민들은 지역적 차별을 받지 않았다고 생각하는 사람이 많은 반면 이 지역 출신인 김대중 씨가 대통령이 된 뒤에도 혜택 또한 받지 않았다고 인식한 사람이 많은 것으로 나타났다. 결론적으로 전남지역에서 두 도시는 김대중 정부 이전까지는 지역적 차별을 받았다고 생각한 반면, 김대중 정부 이후로는 지역적 차별을 받고 있지 않다고 주민들은 느끼고 있었다.

2. 개인주의와 집단주의 성향

순천시와 나주시에 거주하고 있는 지역 주민들을 대상으로 이들의 정치문화 중 개인주의와 집단주의에 대해 알아보고자 한다.

〈표 4-44〉 공헌·희생·눈치·인정가치

		순천 빈도	%	나주 빈도	%
공헌 가치	아니다	49	17.5	24	9.6
	조금 아니다	60	21.4	54	21.5
	그저 그렇다	91	32.5	82	32.7
	조금 그렇다	34	12.1	47	18.7
	그렇다	46	16.4	44	17.5
	전 체	280	100.0	251	100.0
		순천 빈도	%	나주 빈도	%
희생 가치	아니다	41	14.6	20	8.0
	조금 아니다	61	21.8	68	27.1
	그저 그렇다	94	33.6	82	32.7
	조금 그렇다	56	20.0	59	23.5
	그렇다	28	10.0	22	8.8
	전 체	280	100.0	251	100.0
		순천 빈도	%	나주 빈도	%
눈치 가치	아니다	41	14.6	21	8.4
	조금 아니다	41	14.6	31	12.4
	그저 그렇다	94	33.6	86	34.3
	조금 그렇다	76	27.1	82	32.7
	그렇다	28	10.0	31	12.4
	전 체	280	100.0	251	100.0
		순천 빈도	%	나주 빈도	%
인정 가치	아니다	78	27.9	40	15.9
	조금 아니다	45	16.1	57	22.7
	그저 그렇다	74	26.4	76	30.3
	조금 그렇다	59	21.1	49	19.5
	그렇다	24	8.6	29	11.6
	전 체	280	100.0	251	100.0

공헌가치에 대한 질문으로 "지역사회에 도움이 되는 일이라면 개인적 손해가 있다 해도 참여한다"라고 질문을 한 결과이다. 순천지역의 경우에는 '그저 그렇다'라고 응답한 사람이 91명(32.5%)으로 가장 많으며 그다음으로는 '조금 아니다'라고 응답한 60명(21.4%)이다. 그러므로 지역사회 발전을 위해서라면 개인적 손해를 보더라도 참여하겠다는 의지를 표명한 주민은 5명 중 3명으로 나타났다. 이 점은 앞으로 순천시정 발전에 주민참여로서 긍정적인 역할을 하리라고 본다. 나주시의 경우에는 '그저 그렇다'가 전체 응답자 가운데 82명(32.7%)으로 가장 많이 차지하며 그다음으로는 '조금 아니다'가 54명(21.5%)순으로 나타나고 있다. 지역사회 발전을 위해서라면 개인적 손해를 보더라도 참여하겠다는 의지를 표명한 주민은 10명 중 7명 정도로 나타났다. 이 점은 앞으로 나주시정 발전에 주민참여로서 긍정적인 역할을 하리라고 본다. 따라서 전남의 경우 나주시 주민들이 개인적 손해를 감수하고서라도 지역발전을 해야 한다는 당위성이 조금 높게 나타난 반면에 순천시의 경우에는 개인의 손해를 감수하면서까지 지역발전을 도모하는 데 있어서는 약간 부정적인 반응을 보이고 있다. 순천과 나주의 이러한 차이는 도시 규모가 클수록 집단주의 보다는 개인주의적 성향이 두드러지는 현상에서 비롯되고 있다.

"나는 내가 속한 집단(단체)의 이익을 위해 나 자신의 이익을 기꺼이 희생한다"라는 질문을 하였다. 그 결과 순천시 주민들은 '그저 그렇다'라고 응답한 사람이 94명(33.6%)으로 가장 많으며 그다음으로는 '약간 그렇지 않다'와 '약간 그렇다'라고 응답한 사람이 각각 61명, 56명으로 나타났다. 따라서 중간적인 입장을 지닌 사람이 많은 것으로 나타났다. 나주 주민들은 '그저 그렇다'라고 응답한 사람이 82명(32.7%)으로 가장 많으며 그다음으로는 '약간 그렇지 않다'라고 응답한 사람이 68명으로 나타났다. 따라서 두 지역에서 주민들이 지닌 희생가치에 대한 긍정적 반응은 10명 가운데 3명 정도로 나타났다. 상황에 따라 태도나 행동양식이 달리 나타날 수 있는 중간적인 입장을 지닌 응답자들 또한 30% 정도이며, 개인주의를 선택한 주민이 전체에서 40% 정도이다. 결과적으로 개인보다는 집단을 우선시하는 전통주의적 사고방식과 개인주의적 사고방식이 함께 혼재해 있는 과도기적 정치문화 의식으로 판단된다.

눈치가치를 살펴보았다. 순천지역의 경우 '그저 그렇다'라고 응답을 한 사람이 94명(33.6%)으로 중간적인 입장을 지닌 사람이 가장 많으며 그다음으로는 '약간 그렇다'라고 응답한 사람이 76명(27.1%)으로 나타났다. 전혀 남의 속내를 살피지 않는다는 응답자는 82명(29.2%)으로 10명 가운데 3명 정도로 나타났다. 따라서 순천지역의 사람들의 눈치가치는 중간적인 입장에서 가끔 집단이나 주변 인물의 속내를 살피는 것으로 나타났다. 나주지역의 경우에는 '그저 그렇다'라고 응답한 사람이 86명(34.3%)으로 가장 많으며 '약간 그렇다'라고 응답한 사람이 82명(32.7%)으로 나타났다. 따라서 많은 사람들이 의사결정을 할 때 주변 인물들의 속내를 살피는 경향이 있는 것으로 나타났다. 결국 전남의 두 도시 지역 주민들은 의사결정 과정에 있어서 주변 인물의 의견을 살피며 눈치를 보는 것으로 나타났다.

인정가치에 관한 것으로서 순천지역에서는 개인적 소신에 따라 행동한다는 부류가 123명(44.0%)이며, 상황에 따라 행동한다는 주민은 74명이었다. 나머지 부류의 합이 30% 정도이다. 나주의 경우, 개인적 소신파는 97명(38.6%), 중간적 입장은 76명(30.3%), 나머지가 약 31%로서 두 지역 간 차이가 거의 없는 것으로 드러났다. 결과적으로 두 지역 주민들은 인정가치를 중간적인 입장에서 다소 거리를 둔, 조금은 인정하지 않는다는 점이 특징으로 표출되고 있었다. 이 점은 성별, 연령별에 따른 변량 분석을 더 필요로 할 것으로 보인다.

다음은 연고주의에 관한 분석이다. 연고주의란 능력보다는 학연이나 지연·혈연관계 등을 기준으로 사람을 고르는 현상이다. 예를 들면, 동향 사람을 정부의 고위직 또는 임원직에 앉힌다는 것을 들 수 있다. 설문 문항은 "우리나라에서 지역사회의 유력인사로 활동하기 위해서는 어떤 요인이 가장 중요하다고 생각하십니까?" 다음 7가지(출신지역, 출신고교, 출신대학, 혈연 또는 가문, 개인의 자질, 도덕성, 소속단체) 요소 가운데 가장 중요하다고 판단되는 것을 순서대로 기입을 요망하였다.

〈표 4-45〉 출신지역 · 고교 · 대학 선택

		순천 빈도	%	나주 빈도	%
출신 지역	1순위	34	12.1	32	12.7
	2순위	28	10.0	25	10.0
	3순위	52	18.6	61	24.3
	4순위	81	28.9	78	31.1
	5순위	85	30.4	55	21.9
	전 체	280	100.0	251	100.0
		순천 빈도	%	나주 빈도	%
출신 고교	1순위	13	4.6	3	1.2
	2순위	13	4.6	7	2.8
	3순위	27	9.6	4	1.6
	4순위	19	6.8	13	5.2
	5순위	208	74.3	224	89.2
	전 체	280	100.0	251	100.0
		순천 빈도	%	나주 빈도	%
출신 대학	1순위	14	5.0	14	5.6
	2순위	19	6.8	14	5.6
	3순위	23	8.2	50	19.9
	4순위	52	18.6	45	17.9
	5순위	172	61.4	128	51.0
	전 체	280	100.0	251	100.0

지역사회에서 유력인사로 활동하기 위한 요인으로 출신지역을 1순위로 선택한 순천시 지역 주민들은 34명(12.1%)이며, 나주시 지역 수민들은 32명(12.7%)이있다. 두 시역에서 출신시역의 1순위 빈도가 낮은 이유는 외지인의 전입이 적은 관계로 주민 대다수가 광주 전남 출신이다. 굳이 지역내에서 군(郡) 출신을 구분하더라도 순천시 인근 군민 출신이 순천시로 전입하는 경향이 많다. 나주시의 경우는 오히려 주민 다수가 광주시로 전입하고 있다. 따라서 두 지역에서 출신지역의 변인은 그 중요성이 낮은 것으로

분석된다.

출신고교를 선택한 순천시 주민은 1순위에 13명(4.6%), 나주시 주민들은 1순위에 3명(1.2%)이 선택하였다. 출신고교 선택이 낮은 이유는 조사대상자 상당수가 여성이면서 가정주부, 또는 대학생이 많은 관계로 이들은 사회에서 출신고교의 중요성을 잘 모르고 있기 때문이다. 반면 엘리트의 선택에서는 순천시의 경우, 출신고교의 비율이 높게 나왔다. 한편 나주시는 광주시에 바로 인접한 관계, 그리고 광주시에 명문고교가 있는 관계로 광주시에 소재한 고교 출신들이 분산되어 있다. 그리하여 나주지역 주민들은 출신고교가 지역사회 유력인사로 활동하는 데 그다지 중요성을 가지지 못하는 것으로 인식하고 있다.

주민들의 출신대학 선택이다. 순천시의 경우 1순위로 14명(5.0%)이며, 나주시의 경우 14명(5.6%)이 선택하였다. 앞에서 살펴보았듯이 순천시와 나주시의 고졸 이하는 전체 가운데 64%이다. 이 점을 고려한다면 출신대학의 중요도는 낮아질 수밖에 없다. 즉 지역 주민들의 학력과 상관관계가 있는 것으로 두 지역에서 전문대 및 대졸 이상의 학력을 가진 응답자는 약 36%이다. 따라서 출신대학 요인이 지역사회 유력인사로 활동하는 데 그다지 영향을 미치지 못하는 것으로 볼 수 있다.

〈표 4-46〉 혈연가문 · 개인자질 · 도덕성 · 소속단체 선택

		순천 빈도	%	나주 빈도	%
혈연 가문	1순위	13	4.6	6	2.4
	2순위	12	4.3	5	2.0
	3순위	20	7.1	19	7.6
	4순위	36	12.9	31	12.4
	5순위	199	71.1	190	75.7
	전 체	280	100.0	251	100.0

		순천 빈도	%	나주 빈도	%
개인 자질	1순위	137	48.9	109	43.4
	2순위	65	23.2	81	32.3
	3순위	21	7.5	20	8.0
	4순위	20	7.1	18	7.2
	5순위	37	13.2	23	9.2
	전 체	280	100.0	251	100.0
		순천 빈도	%	나주 빈도	%
도덕성	1순위	55	19.6	75	29.9
	2순위	117	41.8	92	36.7
	3순위	25	8.9	30	12.0
	4순위	14	5.0	19	7.6
	5순위	69	24.6	35	13.9
	전 체	280	100.0	251	100.0
		순천 빈도	%	나주 빈도	%
소속 단체	1순위	14	5.0	12	4.8
	2순위	25	8.9	27	10.8
	3순위	111	39.6	66	26.3
	4순위	51	18.2	47	18.7
	5순위	79	28.2	99	39.4
	전 체	280	100.0	251	100.0

　지역사회에서 유력인사로 활동하기 위한 중요요인으로 혈연가문을 선택하였다. 순천시의 경우 1순위로 13명(4.6%)이며 나주시의 경우 6명(2.4%)이 선택하였다. 또한 5순위로 선정한 경우 두 지역 모두 70% 이상으로 나타났다. 따라서 혈연가문 요인은 출신대학과 마찬가지로 중요한 요인은 아닌 것으로 입증되었다.

　개인자질에 관한 요인으로 순천시 주민들은 1순위로 137명(48.9%), 나주시 109명(43.4%)이 선택하였다. 이는 7개 요인 가운데 가장 높은 빈도를 보이고 있다. 두 지역의 엘리트와 이익단체장의 선택에서도 개인자질이 지역 내에서 유력인사로 활동하기 위한 1순위 빈도로 나타났었다. 개인적 자질이 갖추어신 후, 다른 요인도 더불어 갖고 있다면 금상첨화가 될 것이다.

도덕성을 선택한 경우이다. 순천시에서 1순위로 55명(19.6%), 나주시 75명(29.9%)이 선택하였다. 순천지역에 비해 나주지역 주민들은 지역사회 유력인사로 활동하는 데 무엇보다도 도덕성을 중요시하는 것으로 나타난 반면 순천지역에서는 다소 적은 응답을 보여주고 있다.

지역사회 유력인사로 활동하기 위한 중요요인으로 소속단체를 선택하였다. 순천시의 경우 1순위로 14명(5.0%), 나주시의 경우 12명(4.8%)이 선택하였다. 순천시에서는 이 요인에 대해 3순위로 약 40% 정도가 선택한 반면 나주시에서는 5순위로 약 40% 정도가 선택하고 있다. 따라서 두 지역에서 소속단체 요인의 영향력은 적은 것으로 나타나고 있다.

결과적으로 연고주의에 따른 출신지역, 출신고교, 출신대학, 혈연 또는 가문, 개인의 자질, 도덕성, 소속단체 등 이런 모든 것들이 오늘날 순기능보다는 역기능, 즉 사회 부패와 비리의 결과를 낳기도 한다. 따라서 연고주의라는 부패의 온상을 없애기 위해서는 사회 전체의 신뢰성의 회복이 우선되어야 하며 그렇게 된다면 우리 사회의 전반적 신뢰도가 높아지게 되고 자연히 연고주의는 소멸하리라고 본다.

다음은 엘리트의 정실주의(情實主義: patronage system)와 관련된 내용이다. 정실주의는 사람을 공직에 임용함에 있어서 능력, 자격, 업적이 아니라 당파성, 개인적 충성심, 학벌, 문벌, 지연 등에 의한 승진을 하는 것으로 능력이나 실적보다는 금력이나 배경을 중시하는 것을 의미한다.

〈표 4-47〉 정실주의 1

	순천 빈도	%	나주 빈도	%
대인관계가 좋은 사람	101	36.1	104	41.4
연고가 있는 사람	12	4.3	17	6.8
자질이 우수한 사람	166	59.3	128	51.0
청탁을 받은 사람	1	.4	2	.8
전 체	280	100.0	251	100.0

"귀하께서 회사 사장이라고 가정하고, 부하 직원을 승진시키게 될 경우, 다음 중 어떤 사람을 선택하시겠습니까?"라는 정실주의 질문이다. 순천지역의 경우 '개인적 자질이 우수한 사람'을 166명(59.3%)으로 가장 높은 빈도를 보이며, 차순위로는 '대인관계가 좋은 사람'을 101명(36.1%)이 선택하였다. 나주지역 주민들은 또한 '자질이 우수한 사람'으로 128명(51.0%), 그다음으로는 '대인관계가 좋은 사람'으로 104명(41.4%)이 응답하였다.

따라서 두 도시 지역 주민들이 응답한 유형은 4가지 선택형 가운데 '개인의 능력 우선형'과 '대인관계 중시형'으로 양분되어 나타난 점을 특징으로 들 수 있다. 그리고 무엇보다도 개인의 능력을 가장 우선시하고 있다는 점에서 합리적 정치문화 유형을 가지고 있으며 이 점이 앞으로도 사회발전에 긍정적인 효과를 가져올 것으로 보인다.

<표 4-48> 정실주의 2

	순천 빈도	%	나주 빈도	%
지역연고	12	4.3	31	12.4
정치적 신념일치	105	37.5	77	30.7
지지정당	39	13.9	18	7.2
인 물	76	27.1	77	30.7
여 론	15	5.4	12	4.8
공 약	33	11.8	36	14.3
전 체	280	100.0	251	100.0

"귀하께서는 대통령 선거 시 다음 중 어떤 요인을 고려하여 투표하시겠습니까?"라는 질문에 순천 주민들은 '정치적 신념의 일치'에 105명(37.5%), '인물'로서 76명(27.1%)이 응답하였으며 '공약 또는 정책'에 응답한 사람이 33명(11.8%)인 것으로 나타났다. 이것은 순천지역의 주민들이 대통령 선거 투표 시 후보자 선정에서 정치적 신념의 일치도를 가장 많이 고려하고 있다는 것을 알 수 있나. 나주지역의 경우 '정치적 신념의 일치도'와 '인물'

에 각각 77명(30.7%), 그다음으로는 '공약 또는 정책'에 36명(14.3%)이 동의하였다.

　순천과 나주지역에서는 대통령 선거와 관련하여 후보자의 '정치적 신념의 일치도'를 가장 고려하고 있었다. 문제는 과거 여러 번의 대통령 선거에서 나타났듯이 실제 선거에서는 특정당 후보에게 몰표를 주는 경향이 많았다는 점을 상기한다면 주민들이 인식과 실제 행위 사이에 괴리감이 존재하고 있다.

제8절 주민의 지역편견25)

1. 각 지역에 대한 편견 의식

　우리 사회의 망국병이라고 불리는 지역감정도 결국은 타 지역에 대한 편견과 고정관념에 바탕을 두고 있다. 역사적으로는 매우 오래전부터 내려온 지역감정 및 지역 간의 편견이 개인 또는 집단 간의 반목과 차별 그리고 파벌을 조성하는 경우가 해방 후에도 계속하여 지속되어 내려와 지역의식 혹은 지역 간 편견으로 자리잡게 되어 반목과 질시 또는 차별 및 파벌을 조성하는 경우가 비일비재하였다. 따라서 지역감정에는 이러한 지역적 특징도 반영되어 편견 의식을 낳기도 한 것 같다.

---

25) 지역편견에 대한 이론적 논의는 제2장 6절을 참조.

　　전남지역 가운데 순천과 나주지역에 거주하고 있는 주민들을 대상으로 각
지역에 대한 편견 의식을 살펴보고자 한다. 지역편견을 유발하는 요인은
복합적이다. 강원도, 경기도, 경상도, 서울, 전라도, 충청도 지역으로 나누
어 지역에 대한 편견을 조사하였다. 문항은 1) 타산적이다, 2) 우둔하다,
3) 막무가내이다, 4) 우유부단하다, 5) 신뢰성이 없다, 6) 이기적이다 등
6개로 구성되어 있다. 6개 문항 중 특정 지역에 대한 부정적 특성을 가장
잘 나타내는 문항 1개를 선택하도록 했다. 순천과 나주지역에 거주하고 있
는 지역 주민들이 타 지역민에 대해 갖고 있는 지역편견은 무엇인가.

〈표 4-49〉 주민 강원평가

		평가내용	지역		전체
			순천	나주	
강원보기1평가	1	Count	33	30	63
		% within 강원보기1평가	52.4%	47.6%	100.0%
		% within 지역	13.6%	14.9%	14.2%
		% of 전체	7.4%	6.8%	14.2%
	2	Count	122	74	196
		% within 강원보기1평가	62.2%	37.8%	100.0%
		% within 지역	50.4%	36.8%	44.2%
		% of 전체	27.5%	16.7%	44.2%
	3	Count	17	32	49
		% within 강원보기1평가	34.7%	65.3%	100.0%
		% within 지역	7.0%	15.9%	11.1%
		% of 전체	3.8%	7.2%	11.1%
	4	Count	39	32	71
		% within 강원보기1평가	54.9%	45.1%	100.0%
		% within 지역	16.1%	15.9%	16.0%
		% of 전체	8.8%	7.2%	16.0%

		평가내용	지 역		전 체
			순 천	나 주	
5		Count	20	21	41
		% within 강원보기1평가	48.8%	51.2%	100.0%
		% within 지역	8.3%	10.4%	9.3%
		% of 전체	4.5%	4.7%	9.3%
6		Count	11	12	23
		% within 강원보기1평가	47.8%	52.2%	100.0%
		% within 지역	4.5%	6.0%	5.2%
		% of 전체	2.5%	2.7%	5.2%
전 체		Count	242	201	443
		% within 강원보기1평가	54.6%	45.4%	100.0%
		% within 지역	100.0%	100.0%	100.0%
		% of 전체	54.6%	45.4%	100.0%
Chi-Square			.019		

위의 〈표 4-49〉는 순천과 나주 주민들이 의식하고 있는 강원지역에 대한 편견을 분석한 결과이다. 강원평가1에 응답한 전체 인원은 443명이었다. 그 가운데 196명(44.2%)이 강원도에 대한 부정적 평가에서 '우둔하다'로 인식하고 있다. 10%대에서 타산적, 막무가내, 우유부단 등의 소수 의견이 제시되었다. 따라서 순천과 나주시 지역 주민들은 강원주민에 대해 '우둔하다'는 편견을 갖고 있는 것으로 드러났다. 주민들의 이 같은 평가는 엘리트, 시민사회단체장의 강원평가와 동일하게 나타났다.

〈표 4-50〉 주민 경기평가

		평가내용	지 역		전 체
			순 천	나 주	
경기보기1평가	1	Count	88	73	161
		% within 경기보기1평가	54.7%	45.3%	100.0%
		% within 지역	36.8%	36.1%	36.5%
		% of 전체	20.0%	16.6%	36.5%
	2	Count	20	20	40
		% within 경기보기1평가	50.0%	50.0%	100.0%
		% within 지역	8.4%	9.9%	9.1%
		% of 전체	4.5%	4.5%	9.1%
	3	Count	24	28	52
		% within 경기보기1평가	46.2%	53.8%	100.0%
		% within 지역	10.0%	13.9%	11.8%
		% of 전체	5.4%	6.3%	11.8%
	4	Count	23	16	39
		% within 경기보기1평가	59.0%	41.0%	100.0%
		% within 지역	9.6%	7.9%	8.8%
		% of 전체	5.2%	3.6%	8.8%
	5	Count	39	28	67
		% within 경기보기1평가	58.2%	41.8%	100.0%
		% within 지역	16.3%	13.9%	15.2%
		% of 전체	8.8%	6.3%	15.2%
	6	Count	45	37	82
		% within 경기보기1평가	54.9%	45.1%	100.0%
		% within 지역	18.8%	18.3%	18.6%
		% of 전체	10.2%	8.4%	18.6%
전 체		Count	239	202	441
		% within 경기보기1평가	54.2%	45.8%	100.0%
		% within 지역	100.0%	100.0%	100.0%
		% of 전체	54.2%	45.8%	100.0%
Chi-Square			.782		

경기평가1에 응답한 순천과 나주지역 전체 주민은 441명이며, 그중 161
명(36.5%)이 '타산적이다'라는 강한 인식을 가지고 있었다. 특히 순천 주
민들이 나주지역 주민들보다 경기도에 대해 타산적이라는 인식을 깊게 각인
하고 있는 것으로 조사되었다. 그다음으로 높은 빈도를 보이고 있는 항목은
'이기적이다'는 인식으로 82명(18.6%)이 선택하였다. 주민들의 '타산적이
다'는 평가는 경기도가 서울과 이웃해 있는 수도권 지역이라는 지리적 여건
과 함께 전국에서 몰려와 집성된 도시 형성구조, 그리고 인구집중과 과밀에
따른 사회문화적 배경이 작용한 결과, 손익관계에서 자기 이익 위주의 계산
적 행동을 하는 경우가 많았다. 결국 전남지역 주민들의 경기주민에 대한
평가는 '타산적이다'로 요약될 수 있다.

〈표 4-51〉 주민 경상평가

		평가내용	지 역		전 체
			순 천	나 주	
경상보기1평가	1	Count	44	41	85
		% within 경상보기1평가	51.8%	48.2%	100.0%
		% within 지역	18.0%	19.9%	18.8%
		% of 전체	9.8%	9.1%	18.8%
	2	Count	17	23	40
		% within 경상보기1평가	42.5%	57.5%	100.0%
		% within 지역	6.9%	11.2%	8.9%
		% of 전체	3.8%	5.1%	8.9%
	3	Count	78	53	131
		% within 경상보기1평가	59.5%	40.5%	100.0%
		% within 지역	31.8%	25.7%	29.0%
		% of 전체	17.3%	11.8%	29.0%
	4	Count	15	10	25
		% within 경상보기1평가	60.0%	40.0%	100.0%
		% within 지역	6.1%	4.9%	5.5%

		평가내용	지 역		전 체
			순 천	나 주	
		% of 전체	3.3%	2.2%	5.5%
	5	Count	34	33	67
		% within 경상보기1평가	50.7%	49.3%	100.0%
		% within 지역	13.9%	16.0%	14.9%
		% of 전체	7.5%	7.3%	14.9%
	6	Count	57	46	103
		% within 경상보기1평가	55.3%	44.7%	100.0%
		% within 지역	23.3%	22.3%	22.8%
		% of 전체	12.6%	10.2%	22.8%
전 체		Count	245	206	451
		% within 경상보기1평가	54.3%	45.7%	100.0%
		% within 지역	100.0%	100.0%	100.0%
		% of 전체	54.3%	45.7%	100.0%
Chi-Square			·.463		

경상평가1에 대한 응답한 전체 인원은 451명이며, 그 가운데 131명 (29.0%)이 '막무가내이다'라는 인식을 갖고 있었다. 그다음의 빈도는 '이 기적이다'라는 것과 '타산적이다'라는 인식으로 각각 103명(22.8%)과 85명 (18.8%)이 선택하였다. 특히 경상도에 대한 이기적이라는 평가는 김대중 정부 등장 이전까지 박정희부터 김영삼까지 영남 출신이 정권의 독점을 한 관계로 이런 평가를 내리고 있는 것 같다. 결국, 두 지역 주민들은 경상 닌늘의 처놀적 스타일에 대해 '막무가내이다'형으로 평가하고 있다.

<표 4-52> 주민 서울평가

		평가내용	지 역		전 체
			순 천	나 주	
서울보기1평가	1	Count	73	89	162
		% within 서울보기1평가	45.1%	54.9%	100.0%
		% within 지역	30.2%	44.1%	36.5%
		% of 전체	16.4%	20.0%	36.5%
	2	Count	10	5	15
		% within 서울보기1평가	66.7%	33.3%	100.0%
		% within 지역	4.1%	2.5%	3.4%
		% of 전체	2.3%	1.1%	3.4%
	3	Count	15	11	26
		% within 서울보기1평가	57.7%	42.3%	100.0%
		% within 지역	6.2%	5.4%	5.9%
		% of 전체	3.4%	2.5%	5.9%
	4	Count	19	18	37
		% within 서울보기1평가	51.4%	48.6%	100.0%
		% within 지역	7.9%	8.9%	8.3%
		% of 전체	4.3%	4.1%	8.3%
	5	Count	34	23	57
		% within 서울보기1평가	59.6%	40.4%	100.0%
		% within 지역	14.0%	11.4%	12.8%
		% of 전체	7.7%	5.2%	12.8%
	6	Count	91	56	147
		% within 서울보기1평가	61.9%	38.1%	100.0%
		% within 지역	37.6%	27.7%	33.1%
		% of 전체	20.5%	12.6%	33.1%
전 체		Count	242	202	444
		% within 서울보기1평가	54.5%	45.5%	100.0%
		% within 지역	100.0%	100.0%	100.0%
		% of 전체	54.5%	45.5%	100.0%
Chi-Square			.055		

서울평가1에 응답한 인원은 444명이며, 162명(36.5%)이 6개 항목 중 서울인을 '타산적이다'는 인식을 갖고 있었다. 나주지역 주민(20.0%)들이 순천지역 주민들(16.4%)보다 서울에 대하여 보다 더 '타산적이다'라는 인식을 가지고 있는 것으로 조사되었다. 그다음 높은 빈도를 보이고 있는 것으로는 '이기적이다'라는 인식으로 147명(33.1%)이다. 순천지역 주민들이 나주지역 주민들보다 더 서울지역에 대하여 '이기적이다'라는 사고를 갖고 있었다.

따라서 전남의 순천과 나주지역 주민들은 서울에 대하여 가지고 있는 주된 평가는 '타산적이다'라는 강한 공통된 인식과 '이기적이다'라는 인식을 함께 갖고 있는 것으로 표출되었다. 이러한 평가는 유사한 의미일 수도 있다. 즉 손익을 계산하기 때문에 항상 손해 보지 않으려는 경향 때문에 이기적 성품이 자주 표출되는 것으로 볼 수 있다.

〈표 4-53〉 주민 전라평가

		평가내용	지 역		전 체
			순 천	나 주	
전라보기1평가	1	Count	13	16	29
		% within 전라보기1평가	44.8%	55.2%	100.0%
		% within 지역	5.3%	7.9%	6.5%
		% of 전체	2.9%	3.6%	6.5%
	2	Count	20	19	39
		% within 전라보기1평가	51.3%	48.7%	100.0%
		% within 지역	8.2%	9.4%	8.7%
		% of 전체	4.5%	4.3%	8.7%
	3	Count	95	45	140
		% within 전라보기1평가	67.9%	32.1%	100.0%
		% within 지역	39.1%	22.2%	31.4%
		% of 전체	21.3%	10.1%	31.4%

		평가내용	지 역		전 체
			순 천	나 주	
4		Count	52	61	113
		% within 전라보기1평가	46.0%	54.0%	100.0%
		% within 지역	21.4%	30.0%	25.3%
		% of 전체	11.7%	13.7%	25.3%
5		Count	45	38	83
		% within 전라보기1평가	54.2%	45.8%	100.0%
		% within 지역	18.5%	18.7%	18.6%
		% of 전체	10.1%	8.5%	18.6%
6		Count	18	24	42
		% within 전라보기1평가	42.9%	57.1%	100.0%
		% within 지역	7.4%	11.8%	9.4%
		% of 전체	4.0%	5.4%	9.4%
전 체		Count	243	203	446
		% within 전라보기1평가	54.5%	45.5%	100.0%
		% within 지역	100.0%	100.0%	100.0%
		% of 전체	54.5%	45.5%	100.0%
Chi-Square			.005		

순천과 나주에서 생활하고 있는 주민들 스스로 호남인에 대한 자기 평가이다. 전라평가1에 대한 응답한 순천과 나주지역 전체 인원은 446명이며, 140명(31.4%)이 호남인에 대해 '막무가내이다'라는 평가를 하고 있으며, 그다음 높은 빈도를 보이고 있는 것으로 '우유부단하다'는 인식으로 113명(25.3%)이 선택하였다. 주민들의 평가는 엘리트, 시민사회단체장의 평가와 동일하였다. 주민들은 호남인들이 합법은 물론 비합법적 수단까지도 동원하여 목적을 달성하려는 성향을 보고 '막무가내이다'는 평가를 내렸다. 자신들에 대한 스스로의 평가 결과로서 $p < 0.005$로 아주 유의미하다.

〈표 4-54〉 주민 충청평가

		평가내용	지 역		전 체
			순 천	나 주	
충청보기1평가	1	Count	19	14	33
		% within 충청보기1평가	57.6%	42.4%	100.0%
		% within 지역	7.9%	6.9%	7.4%
		% of 전체	4.3%	3.2%	7.4%
	2	Count	60	69	129
		% within 충청보기1평가	46.5%	53.5%	100.0%
		% within 지역	24.9%	34.0%	29.1%
		% of 전체	13.5%	15.5%	29.1%
	3	Count	12	14	26
		% within 충청보기1평가	46.2%	53.8%	100.0%
		% within 지역	5.0%	6.9%	5.9%
		% of 전체	2.7%	3.2%	5.9%
	4	Count	113	65	178
		% within 충청보기1평가	63.5%	36.5%	100.0%
		% within 지역	46.9%	32.0%	40.1%
		% of 전체	25.5%	14.6%	40.1%
	5	Count	17	21	38
		% within 충청보기1평가	44.7%	55.3%	100.0%
		% within 지역	7.1%	10.3%	8.6%
		% of 전체	3.8%	4.7%	8.6%
	6	Count	20	20	40
		% within 충청보기1평가	50.0%	50.0%	100.0%
		% within 지역	8.3%	9.9%	9.0%
		% of 전체	4.5%	4.5%	9.0%
전 체		Count	241	203	444
		% within 충청보기1평가	54.3%	45.7%	100.0%
		% within 지역	100.0%	100.0%	100.0%
		% of 전체	54.3%	45.7%	100.0%
Chi-Square			.039		

충청평가1에 대한 응답한 인원은 444명이며 10명 가운데 4명 정도가 충청인을 '우유부단하다'는 존재로 인식하고 있었다. 특히 순천지역 주민(25.5%)들이 나주지역 주민(14.6%)들보다 충청지역에 대하여 '우유부단하다'는 강한 인식을 갖고 있다. 그다음 높은 빈도를 보이고 있는 것으로는 '우둔하다'라는 인식이다. 10명 중 3명 정도이다. 나주지역 주민들이 순천지역 주민들보다 더 충청지역에 대하여 '우둔하다'라는 편견을 가진 것으로 조사되었다. 결과적으로 순천과 나주지역 주민들은 충청주민에 대해 '우유부단하다'라는 공통된 인식을 가지고 있다. 이는 충청주민이 자기의 강한 주장을 내세우기보다는 항상 속내를 드러내지 않고, 눈치를 보는 성향 때문에 이러한 평가가 도출된 것으로 이해할 수 있다. $p < 0.5$로서 아주 유의미한 결과이다.

2. 자녀의 배우자 만족도

순천과 나주에 거주하고 있는 주민들에게 자녀 배우자의 출신지역 만족도를 파악하기 위해 질문을 하였다. 이 문항은 앞서 분석한 지역편견과 연결하여 작성한 질문이며, 응답자들로 하여금 보다 깊이 있는 응답을 얻어내고자 하는 의도에서 작성되었다. "다른 조건은 동일한 경우, 다음 지역의 출신자가 귀하 자녀의 배우자가 된다면 어떤 생각이 드시겠습니까? 만족스러운 정도에 따라서 매우 불만족스러울 것이다(1)에서 매우 만족스러울 것이다(5)까지의 정도를 표시해 주십시오."라고 요청하였다.

<표 4-55> 자녀 배우자의 강원 출신 만족도

	순천 빈도	%	나주 빈도	%
매우 불만족스러울 것이다	26	9.3	17	6.8
조금 불만족스러울 것이다	48	17.1	38	15.1
그저 그렇다	138	49.3	144	57.4
조금 만족스러울 것이다	35	12.5	31	12.4
매우 만족스러울 것이다	33	11.8	21	8.4
전 체	280	100.0	251	100.0

주민들의 자녀 배우자로서 강원도 출신에 대한 만족도이다. 순천지역의 응답자 경우 '그저 그렇다'라는 중간 정도 입장을 표시한 사람이 거의 절반에 가까운 138명(49.3%)으로 가장 높은 빈도를 보이고 있으며, 차순위로 '조금 불만족스러운 정도' 문항에 48명(17.1%)이 동의하였다. 나주지역의 경우, '그저 그렇다'라는 정도에 절반이 넘는 144명(57.4%)이 응답을 하여 가장 높은 빈도를 보이고 있으며, 그다음으로는 '조금 불만족스러운 정도'에 38명(15.1%)이 응답을 하였다. 따라서 나주지역 주민들 경우 자녀의 배우자로 강원도 출신이라면 대부분 중간적인 입장을 지니고 있다고 말할 수 있다. 결과적으로 전남지역 주민들 가운데 강원 출신에 대해 만족과 불만족스러운 정도가 대략 20%로 나타나고 있으며, 이는 군이 자녀의 배우자에 대해 특정 지역 출신이라고 해도 본인이 좋다면 부모로서 동의하겠나는 마음을 갖고 있는 것으로 볼 수 있다.

<표 4-56> 자녀 배우자의 경기 출신 만족도

	순천 빈도	%	나주 빈도	%
매우 불만족스러울 것이다	10	3.6	10	4.0
조금 불만족스러울 것이다	28	10.0	34	13.5
그저 그렇다	137	48.9	131	52.2
조금 만족스러울 것이다	63	22.5	57	22.7
매우 만족스러울 것이다	42	15.0	19	7.6
전 체	280	100.0	251	100.0

자녀의 배우자로서 경기도 출신인 경우에 만족도를 분석하였다. 먼저 순천 응답자의 경우, '그저 그렇다'라는 중간 정도 입장을 표시한 사람이 137명(48.9%)으로 가장 높은 빈도를 보이고 있으며, 그다음으로는 '조금 만족스러운 정도'로서 63명(22.5%)을 보이며, '매우 만족스러운 정도'로는 42명(15.0%)을 보이고 있다. 따라서 경기도 출신인 경우, 순천지역 주민들은 '그저 그렇다'라고 응답한 중간 정도 입장이 과반수 정도이며, 37% 정도가 만족, 13% 정도가 불만족을 갖고 있었다. 나주 주민들은 '그저 그렇다'라는 정도에 131명(52.2%)이 응답을 하여 가장 높은 빈도를 보이며 그다음으로는 '조금 만족스러운 정도'에 57명(22.7%)이 응답을 하였다. 따라서 나주지역 주민들 경우 자녀의 배우자로 경기도 출신이라면 대부분 중간적인 입장을 지니되 만족 정도는 약 30%, 불만족 정도는 약 17%인 것으로 나타났다.

결과적으로 전남지역 주민들 가운데 나주지역 사람들은 순천지역 사람들보다 중간적 입장을 보다 많이 가졌으며, 만족도에 있어 순천 주민들이 더 높은 만족도를 지니고 있는 것으로 나타났다. 반면 나주지역의 주민들 경우에는 경기도 출신의 배우자인 경우 불만족스러운 정도가 순천지역보다 약간 높은 약 17%를 보이고 있다.

〈표 4-57〉 자녀 배우자의 경상 출신 만족도

	순천 빈도	%	나주 빈도	%
매우 불만족스러울 것이다	48	17.1	34	13.5
조금 불만족스러울 것이다	60	21.4	38	15.1
그저 그렇다	114	40.7	117	46.6
조금 만족스러울 것이다	30	10.7	44	17.5
매우 만족스러울 것이다	28	10.0	18	7.2
전 체	280	100.0	251	100.0

경상도 출신 배우자에 대한 만족도를 보면 순천 주민들은 '그저 그렇다'라

는 중간 정도 입장을 표시한 사람이 114명(40.7%)으로 가장 높은 빈도를 보이고 있으며 그다음으로는 '조금 불만족스러운 정도'로서 60명(21.4%)이며 '매우 불만족스러운 정도'로는 48명(17.1%)을 보이고 있다. 즉 경상도 출신인 경우 순천지역 주민들은 '그저 그렇다'라고 응답한 중간 정도 입장을 지니고 있는 것으로 조사결과 나타났다. 나주지역의 경우에는 '그저 그렇다'라는 정도에 117명(46.6%)이 응답을 하여 가장 높은 빈도를 보이며 그다음으로는 '조금 만족스러운 정도'와 '조금 불만족스러운 정도'에 각각 44명(17.5%)과 38명(15.1%)이 응답하였다. 따라서 나주지역 주민들 경우 자녀의 배우자로 경상도 출신이라면 대부분 중간적인 입장을 지니고 있는 것을 알 수 있다.

전남지역 주민들 중 중산 성노는 43%로 나타났으며, 불만족 정도는 33%, 만족 정도는 약 22%로 불만족 정도가 타 지역과 비교하여 높은 편이다. 나주 주민들은 순천 주민들보다 중간적 입장을 더 많이 표출시켰으며, 만족도에 있어 나주지역 사람들이 순천지역 사람들보다 높은 만족도를 갖고 있었다. 반면에 불만족 정도에 있어서는 두 지역 모두 약 28% 정도로서 거의 차이가 없게 나타났다.

〈표 4-58〉 자녀 배우자의 서울 출신 만족도

	순천 빈도	%	나주 빈도	%
매우 불만족스러울 것이다	11	3.9	11	4.4
조금 불만족스러울 것이다	35	12.5	20	8.0
그저 그렇다	108	38.6	111	44.2
조금 만족스러울 것이다	66	23.6	70	27.9
매우 만족스러울 것이다	60	21.4	39	15.5
전 체	280	100.0	251	100.0

자녀이 배우자로서 서울 출신에 대해 만족도를 표시한 분석결괴이다. 순천지역외 응답자는 '그저 그렇다'리는 중간 정도 입징을 표시힌 사림이 108

명(38.6%)으로 가장 높은 빈도를 보이고 있으며, 그다음으로는 '조금 만족
스러운 정도'로서 66명(23.6%)이며 '매우 만족스러운 정도'로는 60명
(21.4%)을 보이고 있다. 즉 서울 출신인 경우 순천지역 주민들은 '그저 그
렇다'라고 응답한 중간 정도 입장을 조금 넘어선 '만족'의 정도를 지니고 있
는 것으로 조사결과 나타났다. 나주지역의 경우에는 '그저 그렇다'라는 정도
에 111명(44.2%)이 응답을 하여 가장 높은 빈도를 보이며, 그다음으로는
'조금 만족스러운 정도'로서 70명(27.9%)과 '매우 만족스러운 정도'에 39
명(15.5%)이 응답을 하였다. 따라서 나주지역 주민들 경우 자녀의 배우자
로 서울 출신이라면 대부분 중간적인 입장을 넘어 조금은 만족 정도 수준에
이르고 있는 것을 알 수 있다.

전남지역 주민들 가운데 나주지역 사람들은 순천지역 사람들보다 중간적
입장을 조금 많이 지녔으며 만족 정도에 있어서는 순천지역 사람들이 나주
지역 사람들보다 조금 높은 만족 정도를 지녔다. 반면에 순천지역과 나주지
역의 주민들 경우에는 서울 출신의 배우자인 경우 불만족스러운 정도가 순
천지역이 약 3% 정도 높은 것으로 나타났다.

<표 4-59> 자녀 배우자의 전라 출신 만족도

	순천 빈도	%	나주 빈도	%
매우 불만족스러울 것이다	11	3.9	2	.8
조금 불만족스러울 것이다	16	5.7	22	8.8
그저 그렇다	97	34.6	103	41.0
조금 만족스러울 것이다	62	22.1	65	25.9
매우 만족스러울 것이다	94	33.6	59	23.5
전　체	280	100.0	251	100.0

전남 출신 응답자들이 전라도 출신인 자녀 배우자에 대한 만족도를 보면 순
천지역의 응답자는 '그저 그렇다'라는 중간 정도 입장을 표시한 사람이 97명
(34.6%)으로 가장 높은 빈도를 보이고 있으며 그다음으로는 '매우 만족스러

운 정도'로서 94명(33.6%)이며 '조금 만족스러운 정도'로는 62명(22.1%)을 보이고 있다. 즉 전라도 출신인 경우 순천지역 주민들은 '그저 그렇다'라고 응답한 중간 정도 입장을 지닌 사람은 34%이지만, '만족'의 정도를 지니고 있는 주민은 55%로 자기 지역 출신 배우자를 매우 선호하는 것으로 나타났다.

나주 주민들은 '그저 그렇다'라는 정도에 103명(41.0%)이 응답을 하여 가장 높은 빈도를 보이며 그다음으로는 '조금 만족스러운 정도'로서 65명(25.9%)과 '매우 만족스러운 정도'에 59명(23.5%)이 응답을 하였다. 따라서 나주지역 주민들 경우 자녀의 배우자로 전라도 출신이라면 대부분 중간적인 입장을 넘어 조금은 만족 정도 수준에 이르고 있는 것을 알 수 있다.

위와 같이 나주지역 주민들은 순천 주민들보다 중간적 입장을 조금 많이 지녔으며, 만족 정도에 있어 순천 주민이 나주보다 약 9% 정도 더 선호하고 있었나. 반면 사녀의 배우자가 전라도 출신일 경우, 10명 가운데 1명 정도가 싫어하는 것으로 나타났다.

〈표 4-60〉 자녀 배우자의 충청 출신 만족도

	순천 빈도	%	나주 빈도	%
매우 불만족스러울 것이다	10	3.6	18	7.2
조금 불만족스러울 것이다	41	14.6	27	10.8
그저 그렇다	137	48.9	134	53.4
조금 만족스러울 것이다	50	17.9	37	14.7
매우 만족스러울 것이다	42	15.0	35	13.9
전 체	280	100.0	251	100.0

충청도 출신의 자녀 배우자에 대해 순천지역의 응답자는 '그저 그렇다'라는 중간 정도 입장을 표시한 사람이 137명(48.9%)으로 가장 높은 빈도를 보이고 있으며 그다음으로는 '조금 만족스러운 성노'로서 50명(17.9%)이며 '매우 민족스러운 정도'로는 42명(15.0%)을 보이고 있다. 즉 충청노 출신인 경우 순천 주민들은 '그서 그렇나'라고 응답한 중산 성노 입상을 지닌 사

람은 2명 가운데 1명 정도이며, 약 30%대를 넘는 응답자들의 경우에는 '만족'의 정도를 지니고 있는 것으로 나타났다.

나주 주민들은 '그저 그렇다'라는 정도에 134명(53.4%)이 응답을 하여 가장 높은 빈도를 보이며 그다음으로는 '조금 만족스러운 정도'로서 37명 (14.7%)과 '매우 만족스러운 정도'에 35명(13.9%)이 응답을 하였다. 따라서 나주지역 주민들 경우 자녀의 배우자로 충청도 출신이라면 대부분 중간적인 입장을 갖고 있었지만, 만족 정도도 약 28%에 이르고 있다.

결과적으로 전남지역 주민들 가운데 나주지역 사람들은 순천지역 사람들보다 중간적 입장을 조금 많이 지녔으며, 만족 정도에 있어서는 순천지역 사람들이 나주지역 사람들보다 조금 높은 만족 정도를 지녔다. 반면에 자녀의 배우자가 충청도 출신인 경우 두 지역 모두 약 18% 정도의 불만족 빈도가 나타나고 있었다.

지금까지 지역 출신자에 따른 자녀의 배우자 만족도를 살펴보았을 때, 순천과 나주 주민들이 가장 높은 만족도를 보이고 있는 지역 출신은 전라도 출신에 대해 자녀 배우자로 선호하고 있었다. 순천과 나주 주민 모두는 전라도 출신 자녀 배우자에 대해 약 53%의 높은 만족도를 보여주었지만, 가장 불만족 정도가 높은 지역은 영남 출신의 자녀 배우자로 나타났다.

제9절 결   론

순천과 나주 주민들의 시민의식과 주민참여의 행태를 요약하면 다음과 같다. 먼저 주민들의 지방정치에 대한 의식을 측정하는 지표로 사용한, 관심도, 효능감, 기여도, 만족도, 그리고 지식도에 대한 분석결과를 보면, 관심도에 있어서는 순천과 나주지역의 주민 70% 정도가 지방정치에 대해 보통 이상의 관심을 가진 것으로 응답하여, 높은 수치를 나타내고 있다. 그러나 자신의 참여에 대한 효능감과 기여도에서 보통 답변을 제외하면 부정적 인식이 긍정적 인식보다 거의 2배에 가깝게 나타나 전반적으로 낮은 수준을 표출하고 있다.

지방정부의 시정에 대한 만족도는 상당히 부정적인 것으로 확인되었다. 나주의 경우, 만족도가 더욱 부정적이었다. 관심도, 효능감, 기여도에서 크게 차이를 나타내지 않았던 두 지역이 만족도 조사에서 상당한 차이를 나타낸 것은 만족도와 이들 변인들 간의 상관관계가 그리 높지 않다는 반증으로 해석할 수도 있으며, 일반 중소도시와 농촌도시라는 특성이 반영된 결과이다.

한편, 지방정치에 대한 전반적인 지식도의 수준을 보면 80%가 낮은 지식도 수준을 갖고 있었다. 상대적으로는 나주와 순천의 차이가 14% 정도로 나타나고 있다. 이는 광주 인근에 위치한 농업도시인 나주가 순천에 비해 인구 유동성이 상대적으로 심하다는 점도 작용하였을 것으로 추측된다. 지방정치의 참여방식에 있어 가장 전형적인 참여방식인 투표참가율은 순천과 나주 모두에서 높게 나타나고 있지만, 보다 적극적인 참여방식인 투표권유 활동의 경험 여부에 대한 빈도는 아주 낮게 나타나고 있다. 참가유형별로는 서명에 참가한 경험이 있는 빈도가 다른 유형에 비해 압도적으로 높게 나타나고 있으며, 인터넷·공청회를 통한 민원제기가 그 뒤를 잇고 있다. 지역사회 현안에 대해 주민들이 자신의 의사를 나타내는 방법으로 서명과 인터넷을 선호하는 이유는 비교적 시간과 비용이 적게 들기 때문이다. 특히, 인터넷을 통한 참가는 앞으로도 이용 빈도가 점차 늘어갈 것으로 예상할 수 있다. 이러한 결과는, 주민참여의 활성화를 위해서는 주민들의 참여 의식을 고취시키는 방안의 모색과 함께 주민들이 손쉽게 지방정치에 참여할 수 있는 다양한 참여유형이 개발되어야 함을 의미한다.

주민들이 지역사회에 관한 정보를 획득하기 위해 주로 이용하는 매체는 TV·라디오〉신문 등을 자주 이용하는 것으로 밝혀졌다. 이러한 결과는 주민들의 지방정치에의 참여 의식수준이 그리 높지 않은 상태에서 별다른 노력을 들이지 않아도 TV·라디오와 같은 수동적인 매체에 의존하는 경향이 높다는 사실과 지방정부가 발간하는 시정홍보지가 주민들에게 정보전달 매체로서 큰 기능을 못 하고 있음을 나타내고 있다. 사회환경적 변인(성별, 연령별, 교육수준별, 가계소득별, 거주기간별, 거주지역별)과 매체(획득경로)와의 상관관계에 대한 변량 분석결과, 순천과 나주지역 모두에서 젊은 연령대일수록 인터넷을 통한 정보획득을 선호하고 있었으며, 교육수준이 높아질수록 인터넷을 통한 정보획득 빈도가 많아지고 있었다.

주민들의 지역사회에 대한 관심도, 효능감, 기여도, 지식도 등을 종합한 시민의식과 사회환경적 변인과의 관계에 대한 분석에서 남성의 시민의식이 여성의 시민의식보다 약간 높게 나타났으며, 연령층에서는 20대가 참여 의식수준에서 가장 낮다. 학력과 시민의식과는 통계학적으로 유의미한 차이를 보이지 않았다. 그리고 다소간의 차이는 있지만, 젊은 층에서 중·장년층으로 갈수록, 그리고 가계소득 수준이 높아질수록 시민의식도 높아진다는 점이 확인되었다. 현지 거주기간과 시민의식과의 관계에 있어서는 30-39년, 40-49년 거주자가 다른 거주기간자보다 높은 시민의식을 갖고 있는 것으로 드러났다.

시민의식과 참여형태 간의 관계분석에서 순천시의 경우, 조례감사 청구, 청탁 등의 상관계수가 시민의식과 부(否)의 상관관계를 나타낸 반면, 투표참가 및 권유, 공청회 참여, 집단시위, 서명, 청원/진정, 인터넷 민원 등은 시민의식과 정(正)의 상관관계를 나타내고 있다. 투표참가, 공청회 참여, 집단시위, 청탁은 통계적으로 유의미한 유의수준을 나타내고 있지만, 나머지 항목은 유의미한 관계가 확인되지 않았다.

나주시는 순천시와 마찬가지로 조례감사 청구는 시민의식과 높은 부(否)의 상관관계를 나타내고, 이것을 제외한 나머지 참가유형들에서는 모두 정

(正)의 상관관계가 나타났다. 투표참가, 투표권유, 공청회 참여, 서명, 청원 / 진정 등을 제외하고는 모두 통계학적인 유의수준을 나타내지 못하고 있다. 따라서 단순한 투표참가와 투표권유 행동에의 참가는 시민의식과 별 관계가 없는 것으로 해석할 수 있으며, 그 밖의 대부분의 지방정치에의 참여유형들에서는 정도의 차이는 있지만, 시민의식이 높을수록 참여가 높다는 점이 확인되었다.

사회환경적 변인에 따른 참여강도의 차이를 분석한 결과, 남성의 참여강도가 여성보다 높게 나타나고 있으며, 순천과 나주의 도시 간 참여강도 비교에서는 순천지역이 나주보다 다소 높게 나오고 있었다. 연령별로는 사회활동이 왕성한 젊은 층의 참여강도가 상대적으로 높으며, 교육수준이 높을수록 참여강도가 높아지고 있다는 점을 확인할 수 있다. 소득별로는 순천은 200만 원대, 나주는 300만 원대의 가계소득 수준을 가진 주민들의 참여강도가 높은 것으로 확인되었다. 현지 거주기간에 따른 참여강도는 지역에 따라 다소간의 차이가 있는 것으로 확인되었으며, 거주지(市·郡)별 변인 또한 참여강도에 거의 영향을 미치지는 않고 있다.

주민들의 정치문화를 보면 첫째, 권력가치는 순천과 나주시 주민이 거의 비슷한 정도로 지방정치에 참여하고 있었지만, 주민들은 권력에 대해 조금은 거리감을 갖고 있었다. 계몽가치는 순천지역보다 나주지역이 변화에 민감하게 반응하고 있었으며, 부(富)가치는 나주지역에 비해 순천지역이 보다 강하게 나타났다. 이는 순천시의 규모가 나주시보다 더 크기 때문인 것 같다. 안녕가치는 나주지역이 순천지역보다 지역발전을 위해 상호신뢰와 협력이 잘 이루어지지 않으며, 기술가치는 나주지역이 순천지역에 비해 연공서열을 조금 덜 중시하는 경향이 있었다. 애정가치는 나주지역이 순천지역보다 더 높은 것으로 나타났으며, 존경가치는 나주지역이 순천보다 조금은 부정적인 의미로서 가지고 있으며, 정직가치는 두 지역 모두 아주 미약한 것으로 나타났다.

둘째, 지역별 차별대우로서 두 지역 모두 문민정부 이전까지 차별을 받았다고 느꼈지만, 국민의 정부 이후부터는 차별도 혜택도 받지 않고 있다고 인식하고 있었다. 셋째, 개인주의와 집단주의 성향에서 공헌가치에 대해 나주 주민들은 개인적 손해를 감수하겠다는 의지가 강한 반면, 순천시는 개인의 손해를 감수하면서까지 지역발전을 도모하는 데 회의적인 반응을 나타냈다. 희생가치는 두 지역 모두 중간적 입장이었다. 눈치가치는 두 지역 모두 주위의 눈치를 살피는 것으로 나타났으며, 인정가치는 두 지역 모두 조금은 인정하지 않는다는 입장을 표명하고 있었다.

넷째, 순천과 나주 주민들은 개인적 자질과 도덕성을 가장 중시한 반면, 출신지역, 출신고교, 출신대학, 소속단체, 혈연가문 등의 요소는 중요치 않은 요소로 생각하고 있었다. 다섯째, 정실주의와 관련하여 두 지역 모두 개인적 능력을 중시하였으며, 대통령 선거에서 후보자에 대한 선택 기준은 정치적 신념의 일치도를 가장 중시하여 투표하였다.

순천과 나주지역의 지역편견에 대한 결과이다. 첫째, 다소 부정적인 인식으로서 강원도에 대한 편견으로는 순천과 나주지역 모두 '우둔하다'라는 평가, 경기도에 대한 편견으로는 '타산적이다'라는 평가, 경상도에 대한 편견으로는 '막무가내이다'라는 평가, 서울지역에 대한 편견으로는 '타산적이다'라는 평가, 전라도지역에 대한 편견으로는 '막무가내이다'라는 평가, 충청도지역은 '우유부단하다'라는 인식을 갖고 있는 것으로 드러났다. 영·호남 간에 지역감정이 심화되어 있는 상황에서 전남 주민들은 영·호남에 대해 '막무가내'라는 인식을 갖고 있다. 막무가내는 타인의 의견을 수렴하기보다는 자기 주장이나 고집만을 내세우는 성품을 지니고 있다. 전남 주민들의 영·호남에 대한 막무가내형 평가는 타당성을 지닌 평가로 해석할 수 있다.

셋째, 주민들의 자녀 배우자 만족도를 살펴보면, 타 지역 출신 배우자에 대해서는 중간적 입장을 표명한 주민이 많았다. 그러나 전라도 출신에 대한 선호도는 가장 높은 반면, 경상도 출신 자녀 배우자에 대해서는 불만족 빈도가 가장 높게 나왔다. 이는 현재 영·호남 간의 지역감정을 그대로 드러내는 것으로 볼 수 있다.

주민참여 연구는 정치학·행정학 분야에서 다양한 연구가 축적되어 있는 반면 정치문화에 대한 연구는 다른 분야에 비해 뒤처져 있다. 그 이유는 첫째, 우리의 정치구조가 급속히 변화하고 있으며 둘째, 정치문화는 미시적 행동변수나 제도적, 구조적 변수에 비해서 측정이 어렵기 때문이다. 따라서 정치문화 연구는 매우 부진한 편이며, 더욱이 특정 지역의 정치문화에 대한 체계적인 연구 거의 전무하다.

이러한 한계에도 불구하고 사회와 정치 분야에서 발생하는 여러 가지 변화를 이해하려면 바탕이 되는 정치문화에 대한 체계적인 연구가 필요하다. 우리 사회가 정치적으로 경험하고 있는 이념 대결, 지역주의 선거 행태, 세대 간 갈등의 증폭, 그리고 그 과정에서 젊은 유권자의 중요성 증대 및 선거운동 방식의 변화 등과 같은 현상의 이면에는 유권자의 가치변화가 자리잡고 있기 때문이다. 순천과 나주지역을 대상으로 지방정치에 대한 주민참여와 정치문화의 연구 결과는 향후 지역의 정치문화와 연관된 사회문제 해결에 대한 방안의 모색에 일조하게 될 것이며, 지역사회의 정치·사회안정과 더불어 시민사회를 육성하는 토대로서 민주주의의 발전에 기여할 것이다.

참고문헌

강혁기(1983). "지방행정에 있어서 시민참여이 결정요인에 관한 연구." 건국대학교 대학원 박사학위논문.

김영수·김기옥·황병천(1991). 「제주도 개발사업에 대한 주민참여방안에 관한 연구」. 한국지방행정연구원.

김외식·장연수(2004). "지역사회 정치문화 및 주민참여에 관한 경험적 연구." 「한국지방자치학회보」. 16(4).

박대식 외(2003).「지역사회 권력구조와 정치문화」. 2003년 한국정치학회 연말학술대회논문집.

박혜자(2000). "여성의 정치사회 참여와 새시대의 역할."「한국행정학회 기획세미나」.

배성동 외(1975). "한국인의 정치참여 행태와 그 특성."「제1회 한·북미정치인 합동학술대회논문집」.

안병만(1983). "농촌주민의 정치태도,"「한국정치학회보」. 17(1).

어수영·곽진영(2001). "한국인의 정치참여의 변화와 지속성: 남성과 여성의 참여 변화를 중심으로,"「한국정치학회보」. 35(4).

윤병구(1994). "공공주체의 도시개발 사업에 있어서 주민참여에 의한 활성화 방안 연구,"「대한국토도시계획학회지」. 29(1).

이달곤(2004).「지방정부론」. 박영사.

이홍구(1977). "한국인의 정치문화와 정치발전,"「한국정치학회보」. 11.

조창현(1995).「지방자치론」. 박영사.

지방자치실무연구소(1995).「한국의 지방자치」. 의암출판.

지충남·이상봉(2005). "중·소도시 주민의 지방정치에의 참여의식과 참여행태에 관한 변량분석,「한국지방자치학회보」. 17(2).

한국여성정치연구소(1995).「6.27 지방선거와 남녀 유권자의 투표행태 연구」.

한배호·어수영(1987).「한국정치문화」. 법문사.

Almond, Gabriel and G. Bingham Powell, Jr(1978). *Comparative Politics: System, Process, and Policy.* Boston, Mass: Little, Brown and Company.

Almond, Gabriel A. and Sidney Verba(1963). *The Civic Culture: Political Attitudes and Democracy in Five Nations,* Princeton, N.J.: Princeton University Press.

Arnstein, Sharry(1996). "A Ladder of Citizen participation," *Journal of the American Institute of Planners.* 35(4).

Conway, M. Margaret(1991). *Political Participation in the United States,* 2nd Ed. Washington D. C.: Congressional Quarterly Inc.

Lasswell, Harold(1971). *A Preview of Policy Sciences,* New York: American Elsevier.

Lasswell, Harold(1948). *Power and Personality,* New York: W. W.

Norton.

Parry, Geraint, George Moyser and Neil Day(1992). *Political Parti-cipation and Democracy in Britain*, Cambridge: Cambridge University Press.

Sabucedo, Jose Manuel and Constantino Arce(1991). "Types of Poli-tical Participation: A Multidimensional Analysis," *European Journal of Political Research*, 20.

Stewart, H. William(1976). *Citizen participation in public Admini-stration*, Alabama: Birmingham publishing Co. 11.

Stouffer, Samuel A., Cynthia Opheim and Susan Bland Day(1991). *State and Local Politics: The Individual and Government*, Harper Collins Publishers Inc.

Verba, Sidney and Norman H. Nie(1972). *Participation in America: Political Democracy and Social Equality*, New York: Harper and Row.

Verba, Sidney, Norman H. Nie and Jae-on Kim(1987). *Participation and Political Equality*, Chicago: The University of Chicago Press.

Verba, Sidney, Kay Lehman Schlozman, Henry Brady and Norman H. Nie(1993). "Citizen Activity: Who Participates? What Do They Say?" *American Political Science Review*, 87(2).

Zimmerman, Joseph F(1986) *Participatory Democracy: Populism Revisited*, New York: Praeger.

■ 저자소개 ■

지충남(池忠楠)

전남대학교 정치학 박사
현재, 전남대학교 세계한상문화 연구단 연구위원
현재, 사단법인 지방정부연구원 사무국장

* 논 문
　「호남 중·소도시민의 지역편견에 대한 고찰」
　「중소도시 주민의 지방정치에의 참여 의식과 참여형태에 관한 변량 분석」
　「연결망 분석을 통한 정책집행 과정의 엘리트 연구」
　「제17대 국회의원 선거의 환경공약 비교」
　「제16대 대통령 선거의 환경공약 비교」
　「한국정당의 환경정책에 관한 비교」
　「시민참여방식을 통한 님비의 해결방안」
　「대북포용정책과 주적개념의 조화방안에 관한 연구」
　「쓰레기 소각장 입지분쟁에 관한 고찰」

* 저 서
　『한국 지방중소도시의 엘리트』(공저)
　『한국 지방중소도시의 정치문화』(공저)
　『한국 지방중소도시의 주민참여』(공저)
　『한국 지방중소도시의 시민사회단체』(공저)
　『한국 지역사회 이익단체』(공저)
　『한국 지역사회 정치문화』(공저)
　『한국 지역사회 주민참여』(공저)
　『한국 지역사회 엘리트』(공저)
　『지역사회 권력구조 문헌이해』(공저)

지방정치와 엘리트, 시민사회단체, 주민참여

• 초판 인쇄	2006년 12월 11일
• 초판 발행	2006년 12월 11일
• 지 은 이	지충남
• 펴 낸 이	채종준
• 펴 낸 곳	한국학술정보㈜
	경기도 파주시 교하읍 문발리 526 2
	파주출판문화정보산업단지
	전화 031) 908-3181(대표) · 팩스 031) 908-3189
	홈페이지 http://www.kstudy.com
	e-mail(출판사업팀사업부) publish@kstudy.com
• 등 록	제일산-115호(2000. 6. 19)
• 가 격	31,000원

ISBN   86 551 6008 0 93360 (Paper Book)
         80 534 6000 9 98350 (e Book)